佛教观念史与社会史研究丛书

Chinese Buddhist Monasteries and Asian Social Life Space

Sheng Kai
[Singapore] Waiyim

汉传佛教寺院与亚洲社会生活空间

圣凯 〔新加坡〕惟俨 编

商务印书馆
SINCE 1897
The Commercial Press

图书在版编目(CIP)数据

汉传佛教寺院与亚洲社会生活空间/圣凯，(新加坡)惟俨编.—北京：商务印书馆，2021
(佛教观念史与社会史研究丛书)
ISBN 978-7-100-20114-8

Ⅰ.①汉… Ⅱ.①圣…②惟… Ⅲ.①汉传佛教—影响—社会生活—研究—亚洲 Ⅳ.①D731

中国版本图书馆 CIP 数据核字（2021）第 136115 号

权利保留，侵权必究。

佛教观念史与社会史研究丛书
汉传佛教寺院与亚洲社会生活空间
圣 凯 〔新加坡〕惟 俨 编

商 务 印 书 馆 出 版
（北京王府井大街 36 号 邮政编码 100710）
商 务 印 书 馆 发 行
江苏凤凰数码印务有限公司印刷
ISBN 978-7-100-20114-8

2021 年 8 月第 1 版　　开本 700×1000　1/16
2021 年 8 月第 1 次印刷　　印张 22
定价：135.00 元

《佛教观念史与社会史研究丛书》编委会

学术委员会

Benjamin Brose　常建华　段玉明　Eugene Wang　龚　隽
郝春文　洪修平　侯旭东　黄夏年　赖永海　李四龙　李向平
刘淑芬　楼宇烈　Marcus Bingenheimer　气贺泽保规
Stephen F. Teiser　万俊人　魏德东　严耀中　杨曾文
杨效俊　斋藤智宽　湛　如　张文良　张志强

主　编

圣　凯

副　主　编

陈金华　何　蓉　孙英刚　杨维中

编辑委员会

安　详　陈怀宇　陈继东　陈金华　崇　戒　戴晓云　法　净
范文丽　韩传强　何　蓉　黄　奎　李　峰　李　澜　李建欣
李静杰　刘懿凤　马　德　能　仁　邵佳德　圣　凯　石小英
孙国柱　孙英刚　通　然　王大伟　王　洁　王启元　王祥伟
王　兴　王友奎　吴　疆　贤　宗　杨剑霄　杨奇霖　杨维中
伊吹敦　张德伟　张　佳　张雪松

本丛书由国家社科基金重大项目
"汉传佛教僧众社会生活史"
浙江香海慈善基金会
资助出版

发现佛教生活世界中的行动主体
——《佛教观念史与社会史研究丛书》总序

圣　凯

编辑《佛教观念史与社会史研究丛书》，源于国家社科基金重大项目"汉传佛教僧众社会生活史"的研究尝试。由于"社会生活史"方法的研究对象与主题庞杂繁复，取径言人人殊，所以如何从佛教悠久的历史、浩瀚的典籍中确定研究的材料、主题与取径的疑惑，促使我们不得不去反思与总结近百年佛学研究的已有成果，重新构建研究方法论。经过半年多的细致研讨与反复论证，"佛教观念史与社会史方法"逐渐清晰并已略具雏形，成为汉传佛教社会生活史研究的核心思路。这一方法的确立，与我们如何理解与看待佛教关系密切。

佛教不仅是一种宗教，更是一种文明，因此我们提倡从文明的层面理解佛教的悠久历史及其在现实中焕发的活力。从陆上、海上丝绸之路沿线国家，到繁华的纽约、古老的伦敦，从古至今、由东及西，佛教在文明交流史上始终扮演着重要角色，至今仍具有巨大的影响力。若不从文明交流史的视角考察佛教，就将无法了解佛教在流经不同的文化、地区之时，究竟经历了何种斟酌损益；又是如何面对"他者"的异文明挑战，始终保持着自身的主体性。佛教的传播与发展，是一条融合文化、信仰、生活的生生不已的道路；佛教的研究，必须要重视其跨时空、具有主体性、矛盾冲突与融汇发展共在的特点。

佛教作为一种宗教，其最显著的特质在于佛教对"宗教践履"的推崇与强调。所谓"中国佛教的特质在于禅"，正是在强调"禅的观念与实践是中国佛教的特质"。信仰者的"宗教践履"受到宗教教义的指导与影响，同时也在不断地诠释与转化宗教教义。由是，信仰者的生活情境、生命体验，与时代的社会生活、宗教教义的"当下性""机用性"融汇在一起，构成了一幅展现理想与现实、理念与行动互相影响、互相激荡、互相补充的信仰实践、宗教发展的画卷。因此，佛教"宗教践履"所涵括的信、解、行、证等四个方面内容，也即信仰观念与信仰活动、经典注释与弘法、修道观念与修道生活、解脱观念，都是理解"佛教整体"所必须直面的重要议题。

改革开放以后复兴的大陆佛教研究，从研究主题来看，主要涵盖经籍文献、历史发展、宗派义理、佛教哲学、寺院经济、寺院建筑、佛教文化艺术、地方佛教、高僧传记、佛教与中国传统文化的关系等领域。从研究方法来看，主要是哲学、史学的研究，近年来，宗教与文化的比较研究也成为主要的关注对象。在社会学领域，包括佛教在内的宗教研究不受重视；在宗教学领域，社会学理论和方法的运用也不多见。日本学术界在文献校勘、整理、注释方面的成就举世瞩目，在佛教史的微观研究方面素有成就。欧美学界则有一种方法论的自觉，尤其在佛教社会史方面的成就影响了世界佛学研究的趣向。而台湾地区的佛学研究，逐渐从日本式的佛学研究路径转向欧美式的宗教学、社会学研究，取得了一定的成就。

从相关具有代表性的成果来看，佛教研究的材料、主题与取径，逐渐从经典文本转到"无意识"的史料，从儒家、道家的显性影响转向宗法性宗教的隐性影响，从政治、社会等外在视角转向佛教自身演变的内在视角，从宏观研究转向微观研究，从整体的单一性论述转向不同区域的多样性论述，佛教戒律、仪轨、修持方法、生活制度、组织结构等内容逐渐引起重视。

然而，现有的佛教研究方法论虽然在材料使用、问题意识与研究取径上各有其优势，却始终未能从整体上刻画出佛教的文明属性与践履特质。这种缺陷集中体现在对宗教践履"主体"的忽视，以及对历史情境特殊性的刻画不足之上。哲学传统的思想史方法，历史学传统的文献学、佛教史方法，社会学传统的生活史方法，因各自特殊的研究偏好，在研究对象的选择上存在一种"割裂"，解构了原本完整的宗教践履"主体"，以笼而统之的"时代背景"模糊了时代中的"真问题"与时代风貌的复杂的建构过程，以"千人一面"的群像取代了特殊历史情境中、面对不同文明挑战的各个不同的"生命"所经历的真切的信仰焦虑与行动选择。

时代与历史不是主体的行动得以展开的基础与背景，恰恰相反，正是千千万万活生生的主体的选择与行动，最终形成了时代与历史。正是通过"做事"，"人"才得以被定义，生存性的关系——包括种族、贫富等规定，才得以从抽象的定义成为生命间真切的关联。"观念史与社会史方法"的核心主题，就是要从人作为一个主体而存在、作为一个行动者而存在的视角去审视、书写历史，通过关切"行动"，从"行动"中理解作为历史主体的人。

"行动"是"佛教观念史与社会史方法"最重要的关注点。"佛教徒"是由其在信仰选择上的"决断"所定义的，正是通过"选择"这一行动，其获得了主体意义；"佛教徒"的"践履"，使生活世界得以展开，这时"佛教徒"是复数意义上的，即多元主体；对于"佛教徒"生活的研究，依"文本—历史—观念—思想"的研究层次不断展开，四者之间亦具有互动意义。生活世界具有历史意义的时代性与真理意义的普遍性，"佛教观念史与社会史方法"的研究目的在于呈现佛教信仰者生活世界的情境、生命体验与时代生活，通过文本的解读，还原历史上的"生活"，揭示与发现宗教践履展开的"行动"规律，发现生活世界背后的观念，总结与诠释佛教作为世界性宗教的普遍真理意义。

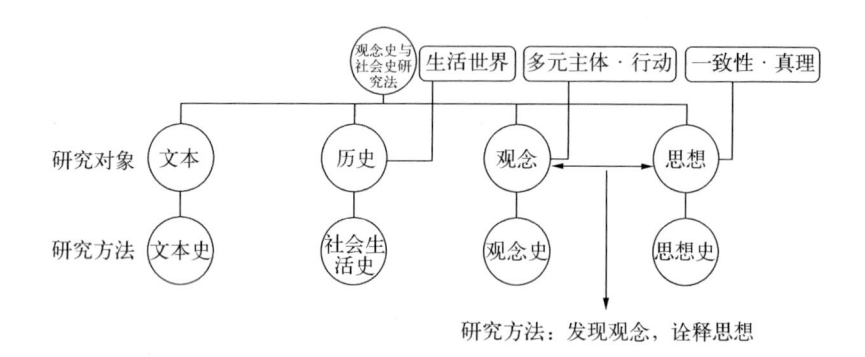

```
                    观念史与
                    社会史研    生活世界   多元主体·行动   一致性·真理
                     究法

研究对象         文本        历史         观念           思想

研究方法        文本史     社会生       观念史         思想史
                            活史

                              研究方法：发现观念，诠释思想
```

"佛教观念史与社会史方法"批判所谓"精英"和"大众"、"义理"与"实践"等二分对立的视角，强调历史中多元主体的互动，从"佛教整体"的视野理解个体信仰。生活的互动、人际的交往、观念的影响融汇于历史的情境中，这种历史情境可能是混沌的，但彰显了生活世界的真实。因此，作为我们了解过去之唯一凭据的文本，其"真实性"就变得非常重要，"文本"所经历的历史时空是考察文本真实性的重要依据，这正是"佛教观念史与社会史方法"首先强调"文本史"的原因所在。考证、辨伪等传统文献学方法，在"佛教观念史与社会史方法"中依然占有重要的一席之地。

但是，并非所有文本都能进入"佛教观念史与社会史方法"的视域。从"行动"的视角看，文本书写也是一种"行动"，既是生活世界的记录，亦是观念的展开。因此，"文本"既有可能是宗教践履主体"直接行动"的结果，也有可能是主体的行动"指导"。"佛教观念史与社会史方法"对"文本"的选择，着重关注的是其中具有行动意义的"宗教践履"者，非行动性的、不能指导践履的"文本"，基本不会被纳入考虑范围。

此外，"佛教观念史与社会史方法"在"文本"资源上不同于一般的社会生活史，留存至今的《大藏经》为佛教徒提供了稳定的观念资源，因此成为佛教徒最重要的"文本"；佛教相对稳定的观念与相续不断的生活，使当下与历史得以贯通，"当前"的佛教为观察历史上的"文本"提供了重要的参考与借鉴。佛教社会生活史中的这些特殊之处，是我们必须留意的。

佛教徒的宗教践履，既有个体生命的建立历程，也有时代的社会生活，也即我们所强调的社会生活史。一般的社会生活史研究聚焦于大量的"个案"研究，尽管其能在最大程度上还原史实，却未能与时代的观念思潮形成本质上的关联，无可避免地趋向碎片化。因此，"佛教观念史与社会史方法"从"行动"的视角对历史加以理解，以避免将历史刻画静态化、抽象化，而是尽力还原生活世界的具体情境；同时，还要强调"观念"的"在先"，以确保历史刻画在充分考虑具体情境、多元主体的同时，不会流于碎片化与"失焦"。佛教徒的宗教践履虽然具有个体性，但仍然与佛教的观念传统、时代的观念思潮保持着"观念意义"上的一致。同时，多元主体的宗教践履的"当下性"与"机用性"，亦会促进佛教观念的转化与演进。这时，教义诠释、宗教践履等皆是"行动"的呈现，而非一种静态的、逻辑的思想概念自我展开与演进。

所谓观念史，就是注重作为"文本"的经典世界与作为"历史"的生活世界之间的互动，这种互动就是观念的诠释、体验与变迁。"观念"是最贴近"行动"的思想，在行动中不断得到丰富，同时呈现出主体性、相续性与统一性。佛教作为制度性宗教，佛教的宗教践履是"观念"先行的，佛教徒的生活世界即是佛教教义观念的呈现；同时，由于中国佛教徒必须面对印度佛教与中国文化的观念冲突，通过生活世界的"行动"与宗教践履的超越性，观念冲突与观念调适成为佛教中国化的核心命题。如佛教素食传统的形成，不仅是生活史的"吃什么""怎么吃"，最关键的是"为什么吃素食"。因此，梁武帝提倡素食，涉及南北朝与印度佛教的生活传统、南朝佛教僧团的制度规范，更关涉大乘经典对"不杀生"的提倡，"不杀生戒"、修仙传统乃至梁武帝的信仰观念，是素食观念的来源；素食传统的形成，是社会生活与佛教观念互动的产物。

因此，观念不仅涉及佛教经典世界的"解"，亦关乎宗教践履的"行"，更涉及信仰心理的情感、意志等，同时亦成为主体世界所"证"的境界。同时，生活世界关涉宗教的经典世界，亦深受世俗世界的影响。在世界文明的长河之中，经济与政治虽然是极强大的力量，其所影响的观念却只与日常生活、制度规范有关。权力对隐性观念的影响有限，如信仰、幸福等是权力始终无法触及、无法规训的。经济只是实现生活的途径与工具；但是，作为观念的"经济"，如经济思想乃至财富观念，则是多元的、个体的、具有历史情境的。所以，政治、经济虽然在生活领域具有优先性，但进入"观念"领域的政治、经济与其他观念是平等的，这时信仰获得了与政治、经济等相抗衡的力量。于是，佛教徒的信仰生活、经济生活、文化生活、政治生活等主题，皆呈现出观念层面的"杂糅"与生活层面的"纠缠"。

最后，观念与思想的最大区别在于"行动"与"心理"。一般思想史方法通过文本解读，将历史刻画为静态概念的演进，忽视了具体行动者的生命践履。"历史"是由人的践履书写而成的，是一种动态的"层累"。思想与佛教的经典世界相关，佛陀的觉悟与"经典"是一种具有超历史性和普遍性的存在，成为统合多元主体、具体情境与特殊观念的一致性真理，成为佛教文明的内容与特质。但是，对于重视慧解脱的佛教而言，缘起、佛性等形而上思想仍然与佛教徒的宗教践履——"观"之间形成互动，这也说明了，统一性的思想与多元性的观念是不相违背的。如缘起既是存在的形而上"本体"根据，也是对生活世界的"观照"，更是日常生活中"随缘"观念的思想来源。所以，佛教观念史的研究是下贯社会生活史，上达思想史、哲学史的逻辑。只有从多元的差别中理解并开阐出一致的无差别，才能真正诠释出佛教的核心精神。

一切研究皆从"文本"开始，"作为文本的文本"需要扎实的考证，"作为历史的文本"需要时间、空间、生活等方面的理解，"作为观念的文本"需要经典世界的思想渗透与时代的历史性融合，"作为思想的文本"则需要呈现经典世界超时空的、普遍性的真理。如"佛性""心识"等形而上主题与"判教""末法"等观念主题，在文本的选择与诠释上有相当的区别。观念史视域中的"心识""佛性"则会转化成"修心""见性"等宗教践履主题。思想在于诠释，观念在于发现，二者有区别而又能互相转化。

一切皆从生活出发，最后无不还归生活；一切研究皆从文本出发，最后仍然要还归生活。所有的生活，皆是践履的行动；一切研究，无非是有关"他者"的生活体验。

2019 年 10 月 1 日深夜

目 录

绪论：作为"表征"和"实践"的空间
  ——论汉传佛教寺院与社会生活空间………… 圣　凯（ 1 ）

汉传佛教的信仰、制度与建筑

信仰场域、族群纽带与礼仪空间
  ——元大都万安寺多重角色与功能………… 能　仁（ 19 ）
笑面涂灰，跣足入廛
  ——浅析普庵禅师信仰……………………… 释能法（ 38 ）
佛教业观念的图像叙述
  ——以"业镜"为中心……………………〔韩〕朴范根（ 61 ）
"伽蓝七堂"发微
  ——兼谈中国佛教寺院建筑空间上的唐宋转变…… 张雪松（ 78 ）
隋代佛教寺院"三纲"的名称及其排序论考 ………… 杨维中（ 97 ）
五至七世纪的吐鲁番汉人家族与佛寺管理………… 张重洲（111）

汉传佛教寺院的社会活动

北宗禅与唐代社会
  ——以普寂的活动及其影响为中心………… 通　然（131）

i

隋唐长安寺院饮食研究……………………………… 孙英刚（153）
唐代的"巡礼"和会昌灭佛
　　——唐代后期"佛教社会"管窥 …… 〔日本〕气贺泽保规（208）
唐宋敦煌僧团的社会教育……………………………… 马　德（229）
佛教从出世到入世的嬗变
　　——以常州天宁寺为例 ………………………〔美〕宏　正（241）

汉传佛教寺院与亚洲社会生活

地方性、世界性与资本主义
　　——新加坡汉传佛教变迁的实践脉络…………… 圣　凯（253）
汉传佛教与和谐社会
　　——以汉传、南传佛教僧俗在新加坡的互动合作为例
　　………………………〔新加坡〕许源泰　〔美〕丁荷生（276）
成双成对：新加坡莲山双林寺楹联艺术概说
　　…………………………………………〔新加坡〕林　立（293）

绪论：作为"表征"和"实践"的空间
——论汉传佛教寺院与社会生活空间

圣 凯

（清华大学）

佛教在中国的传播与流行，不仅在思想观念领域深刻地影响了中华民族的文明思维，而且"天下名山僧建多"的寺院亦将佛教的信仰、思想、制度固定在大地上，从而综合呈现了佛教思想的深刻性、信仰的神圣性、制度的稳定性，以及佛教与社会历史文化互动的丰富性与复杂性。

佛教寺院是佛教三宝住世的象征，是佛教弘扬佛法、进行社会教化、满足民众的精神需要及僧俗大众修习佛法的空间。因此，寺院是佛教信仰、思想等观念呈现的"意象空间"，是佛教作为一种"制度"嵌入政治、社会的"神圣空间"，更是僧众的日常生活和社会活动的"生活空间"，是佛教的社会福利事业中心，集中呈现、保存、传承了佛教文明的精华。就寺院的社会与文化功能而言，寺院是佛教思想与本土文化的互动空间，也是政治与社会权力的交换空间、社会休闲与生活的净化空间等。如寺院的存在深刻地改变了城市的面貌，拓展与升华了山林的人文底蕴；众多寺院在南朝的建康、北朝的邺城、隋唐的长安和洛阳、北宋的开封、南宋的临安等地区，皆成为城市的商业中心、社交来往中心和文化中心。

过去中国佛教史的研究一向以人物和思想为中心，很少涉及作为"表达"和"交换"的空间——寺院。随着宗教社会学、人类学、区域社会史等方法在佛教研究领域的兴起，寺院作为"神圣空间"的提法逐渐引起人们的重视。但是，寺院作为佛教信仰、思想、制度的载体，作为佛教与社会沟通、互动的平台，其世俗性与神圣性、历史性与社会性、象征性与现实性皆是同样重要与丰富的。罗马尼亚宗教史学家、宗教现象学家米尔恰·伊利亚德（Mircea Eliade）在其名著《神圣与世俗》中提出了"神圣空间"概念，从而打开了佛教寺院空间研究的宗教学视野。另外，法国学者亨利·列斐伏尔（Henri Lefebvre）对社会空间进行剖析，构建"空间—社会—历史"三元辩证法，提出了空间理论的核心范畴：①

第一，空间实践（Spatial practice）。它包含生产和再生产，以及每一种社会形态的特殊场所和空间特性。在社会空间和社会与空间的每一种关系中，这种结合的连续性和程序在空间的实践中得到了加强。

第二，空间的表征（Representation of space）。它与生产关系紧密相连，又与受这些关系影响的"秩序"紧密联系，因而也就与知识、符号、代码和"前沿的"关系有关。

第三，再现性空间（Representational spaces）。它具体表达了复杂的、与社会生活隐秘的一面相联系的符号体系，这些有时经过了编码，有时则没有，这些同样与艺术（可能被最终定义为一

---

① Henri Lefebvre, *The Production of Space*, translated by Donald Nicholson-Smith, Oxford UK: Wiley-Blackwell, 1991, p. 33.

种表征空间符码的而不仅仅是空间的符码）紧密联系。①

列斐伏尔是将自己的空间三元辩证法应用到对整个人类社会构成、认识发展以及历史演进的考察中。但是，他亦提到"神圣的空间"，如埃及的神庙等。因此，"空间—社会—历史"的空间三元辩证法亦适合于探讨宗教场所，寺院、教堂等亦具有"空间实践""空间的表征""再现性空间"等层次结构。

因此，结合米尔恰·伊利亚德和亨利·列斐伏尔等人的空间理论，从而使寺院研究挣脱佛教史研究中人物、活动等叙事方法，将寺院提升到"关系的场所"的研究视角，成为"佛—人""人—人""僧—俗"共同停驻的空间，通过寺院的"空间实践"诠释"信仰—社会"的互动，以"空间表征"解释寺院的"神圣空间"属性、思想、信仰层面的"意象"与权力、资本等世俗表征，以"再现性空间"彰显寺院日常生活的"神圣—世俗""信仰—社会""象征—现实"等融汇。

为了探讨汉传佛教寺院与社会生活空间，2018年6月30日—7月1日，由清华大学道德与宗教研究院、加拿大英属哥伦比亚大学佛学论坛、新加坡国立大学中文系、新加坡莲山双林禅寺联合主办的"汉传佛教寺院与亚洲社会生活空间"国际学术研讨会在新加坡莲山双林禅寺举行。新加坡前社会发展部高级政务部长庄日昆先生、前《新民日报》《联合晚报》统筹总编辑杜南发先生、双林禅寺住持惟俨法师出席开幕式并且致辞。本次研讨会共有来自中国、新加坡、加拿大、美国、日本、斯里兰卡、英国等国的17位嘉宾学者出席，并且就"隋唐佛教与社会""汉传佛教寺院的结构与功能""汉传佛教僧众社会生

---

① 有关《空间生产》的中文介绍，参考张子凯：《列斐伏尔〈空间的生产〉述评》，《江苏大学学报（社会科学版）》2007年第5期。

活""汉传佛教寺院与社会生活空间""汉传佛教寺院与新加坡社会生活空间""汉传佛教寺院与亚洲文明传播"等6个分议题展开了探讨并发表论文。这些论文皆在不同层面彰显了文明史、空间史视域下汉传佛教"寺院"的观念、制度与生活，大大地推动了汉传佛教的研究。会后，经过整理与删订，由圣凯与惟俨将参会论文采编成书，交由商务印书馆出版。

一、寺院的"意象空间"与"神圣空间"

作为"空间的表征"，寺院体现了佛教信仰的神圣性与佛教思想的意象性。罗马尼亚宗教现象学家米尔恰·伊利亚德在《神圣与世俗》一书中指出，"神圣"（the Sacred）是宗教的基本因素，"神圣"通过"世俗"显现自己，于是这个"世俗"就变成完全不同的事物，这个事物就是所谓的"显圣物"（hierophany）。① 正是因为神圣的显现，人类的空间才能被神圣化。在宗教徒看来，神圣的空间和世俗的空间是可以中断的，可以从世俗的空间进入神圣的空间，这个神圣的空间与其他空间有着本质的不同。所以，寺院正是建立在现实的世界之上的"神圣空间"，是佛、菩萨在人间的宅第，应该像净土一样尽善尽美，尽可能地神圣和富于超灵验性。

能仁《信仰场域、族群纽带与礼仪空间：元大都万安寺多重角色与功能》指出，元大都城是刘秉忠在上都开平府规划设计基础上，以传统阴阳风水观念背景和《周礼·考工记》规制为基础而营筑起的儒家礼制与佛道寺观共构的都城空间格局。元大都万安寺因宗教神圣祥瑞而修建，其既充当元皇室祈福中心和皇帝权威象征的礼仪空间，也

---

① 米尔恰·伊利亚德:《神圣与世俗》，王建光译，华夏出版社，2002年，第2页。

作为以"藏—汉"佛教信仰为核心的关联蒙古、尼泊尔，以及中国西藏、中原与江南众多区域族群的象征性纽带，这一建制模式成为元朝皇家佛寺的重要范本，也成为明清帝国所继承的遗产。元大都万安寺的实例说明，佛教寺院空间既是重要的信仰场域，同时也具有族群纽带与礼仪空间的多重功能，寺院本身即是神圣空间与世俗空间的综合体。

能法《笑面涂灰，跣足入廛——浅析普庵禅师信仰》首先通过佛教文献中对普庵禅师的记载厘清其生前的教化方式，揭示了普庵禅师从一位出世高僧到符箓宗师的身份变化，这正如《十牛图》所做的诠释：修道圆满终至入廛垂手、合光同尘。其次对普庵禅师圆寂后的民众信仰及信仰分布情况进行分析，讨论普庵禅师对汉传佛教的影响；最后阐明了普庵禅师出佛入道，进入道教信仰体系的过程。这篇文章剖析了普庵禅师的身份空间变化，这也是佛教信仰中国化的个案显现。

艺术是时代精神之镜，在所有艺术中，建筑这面镜子照出了时代最真实的影像。寺院建筑不仅体现了时代的历史性，更体现了不同文明的空间性会遇。佛教建筑艺术的宗教性，要求殿堂建筑、造像、绘画作品参透"佛性"，高标彼岸性，体现佛教的出世解脱；同时，又要有"人性"即此岸性，具有入世的品格，力求反映现实。

朴范根《佛教业观念的图像叙述——以"业镜"为中心》探讨了佛教业观念之所以能够在传入东亚以后深入人心，进而发挥劝善化俗的巨大作用，是与业观念的传播形态有十分紧密的关联的。在中国，随着地狱与十王信仰的兴盛，业观念超越文献叙述的限制，以"变相"的模式呈现出图像的形态。尤其是在地狱变相中出现的业镜，其彰显业力、辨识善恶的功能以直观的方式在民众中留下深刻印象，成为业观念传播的重要载体。业镜的图像甚至进入法堂，成为法器。对业镜图像乃至于实物的考察，将有助于我们理解东亚民众在社会生活之中对业观念的接受与再塑造的过程。

寺院建筑是佛国净土的"乡愁"，是对佛国净土的"模仿"与"降临"，寺院建筑的存在使世界得以继续神圣化。伊利亚德强调：由于圣殿的建筑设计都是诸神的杰作，因此它存在于天国、与诸神在一起，所以圣殿的神圣性就能够抵御所有的世俗堕落。① 寺院建筑正是通过空间中的生活"转化"与仪式"表法"，以呈现对世俗的教化与净化作用。所以，寺院建筑是信仰的神圣性与时代精神的凝结。

第一，寺院建筑是一种信仰的象征空间与自然的环境空间。佛教寺院的主要殿堂常有"七堂伽蓝"的说法，古来认为寺院诸堂即表佛面，七堂指顶、鼻、口、两眼及两耳，或说相当于人体的头、心、阴、两手、两脚，头为"法堂"，左手为"厨库"，右手为"僧堂"，心为"佛殿"，阴为"山门"，左脚为"浴室"，右脚为"西净"。② 当然，"七"所表是完整主义。佛寺内未必只限于七堂，凡大型寺院皆具有多重殿宇，如五台山之竹林寺有六院，大华严寺有十二院，皆不局于七堂之数。到了后世，一所伽蓝的完成仍遵循"七堂伽蓝"之制，但七堂的名称和配置，也就因时代或宗派之异有所不同了。

中国的佛教寺院和道教道观，深刻体现了中国哲学天人合一、阴阳转化的宇宙观。"四方上下曰宇，古往今来曰宙"，空间与时间的无限即是宇宙。"宇"字本意为房檐，无限之"宇"则以天地为庐。这种观念古已有之，如"夫大人者，与天地合其德，与日月合其明"（《易·乾卦·文言》）、"天地与我并生，而万物与我为一"（《庄子·齐物论》）等，强调要把天地拉近人心，人与自然融合相亲。

---

① 米尔恰·伊利亚德：《神圣与世俗》，王建光译，华夏出版社，2002年，第27页。
② 无著道忠：《禅林象器笺》卷一《殿堂类上·伽蓝》，《佛光大藏经·禅藏·杂集部》，佛光出版社，1994年，第24页。

"深山藏古寺"讲究内敛含蓄，主动将自己和自然融合在一起，实际上这是另一方式的自我肯定：寺既藏于深山，也就成了深山的一部分。"托体同山阿"，建筑与自然融为一体，正是天人合一的体现，这就是中国的寺庙常选址于名山幽林之故。

第二，寺院建筑是信仰的仪式实践空间。佛教信仰的神圣性与情感需要通过仪式来表达，并且在仪式中引导和强化行为模式，从而实现佛教的教化功能。仪式是作为死与再生之范式价值的表现；是将个人融入共同体和建立一个社会整体的机制；是作为社会转变、宣泄、体现象征的价值，确定现实的本质，掌控符号的一种过程。所以，仪式是佛教实践生活的载体，而寺院建筑是佛教信仰的生活空间。而仪式需要满足集体聚会与个体静修的不同需求，故寺院建筑亦要有集体空间与个体空间，这是空间容量的要求。

张雪松《"伽蓝七堂"发微——兼谈中国佛教寺院建筑空间上的唐宋转变》揭示了唐宋寺院布局从"院"到"堂"的转变，可以被视为中国佛教唐宋转变的有机组成部分。宋代佛教丛林大量存在子院，子院成为许多僧侣的主要生活空间；而丛林寺院的公共空间，即大型的"殿宇、佛像、法堂，皆诸小院共之"，从而形成了宋代大型佛教丛林寺院的中心区域是以"堂"为核心进行建筑配置的神圣空间。虽然中国中古并不存在日本近世禅林的"伽蓝七堂制度"，但从《五山十刹图》"伽蓝配置"等相关文献中，我们实际上已经看到以"堂"为核心的伽蓝布局。寺院以院为单位，强调功能分区，主要为僧侣的日常生活、宗教仪式生活服务；而以堂为单位，则突出寺院空间的神圣性，方便普通信徒入寺烧香礼拜。

为了让仪式更具有信仰的神圣性，让信仰者能够激起、唤醒他们的信仰热情，空间布置与装饰的"意象"是非常重要的。于是，寺院建筑通过造像和壁画等内部营造，为空间赋予神圣的意义。造像与绘画，不仅要给信众以瞻拜对象，还要给人以审美愉悦。如《唐朝名画录》记载，吴道子曾于景云寺绘"地狱变相"，"时京师屠沽渔罟之辈见之而惧罪改业者，往往有之，率皆修善"。佛教的经变相就是选择佛经中富有意蕴的、适合的特殊片断加以展示，通过经变与经文的互读互释，共同趋向特定的指涉，增强了寺院壁画的神秘向度，亦增强了这种空间仪式活动的神秘效果。

因此，汉传佛教对寺院空间进行了许多"再生产"的工作，融汇了印度与中华文明、神圣信仰与世俗活动等具有一定冲突的"意象"，从而成为一种具有独特符号体系的空间。杨维中《隋代佛教寺院"三纲"的名称及其排序论考》强调作为一类社会组织，佛教寺院的管理也需要相应的权力架构。在佛寺成为修行和生活等方面的社会化组织之后，寺院的领导力尤其重要。从历史发展来说，南北朝时期，佛寺的权力架构逐渐形成。至隋代，佛寺"三纲"的架构已经清晰了——寺主、上座、都维那。在隋代，寺主地位高于上座，"三纲"以寺主为首。作为寺职的"维那"的正式称呼是什么，众说纷纭，现有资料难以明确。但是，作为"三纲"之一的"维那"与一般意义上的"维那"在当时是有区分的。对于这一区分，当时僧界和朝廷是清楚的，只是具体名目未有明确的记载。

张重州《五至七世纪的吐鲁番汉人家族与佛寺管理》探讨了中古时期的吐鲁番是典型的绿洲社会，5至7世纪吐鲁番相继经历了北凉、高昌国和唐西州三个政权的统治，期间佛教发展占据了社会主流。汉人家族大力扶持佛教势力的发展，长期管理和控制着佛教寺院，他们与寺院三纲之间的关系密切，并建立起了完善的制度来管理寺院中的僧尼和寺户。此外，僧尼必须缴纳赋税劳役，亡故后的财产继承也与家族密切相关。

二、作为"空间实践"的寺院

寺院是佛教僧尼的修道空间与生活空间。出家禁欲是世界许多宗教的共同传统。修道生活正是"神性"与"人性"的纠缠，是"人性"转化为或符合于"神性"的过程。修道生活需要特殊的空间氛围，如宁静、清净、简单，有助于静心、冥想、持戒等；同时，又必须有集体修行、个体修行等区别，对空间大小亦有不同要求。应该说，修道生活对空间是有严格要求的，所以寺院建筑要有非常高的配置，如有男女与僧俗的隔别，出家僧尼需要更多的清净、隐蔽、不受干扰的空间。

仪式是寺院作为"实践空间"的最重要活动形式。宗教仪式在本质上被看作用来表达和加强集团情感和团结的一种主要途径，也是集团进行教导和道德训诫的一种重要手段。爱弥尔·涂尔干在其《宗教生活的基本形式》一书中便对宗教仪式进行了详细的分析，他认为："宗教明显是社会性，宗教是表达集体实在的集体表现，仪式是在集合群体中产生的行为方式，它们必定要激发、维持或重塑群体中的某些心理状态。"① 不仅仪式需要通过群体发挥作用，群体也需要通过仪式产生作用。"僧众"是佛教作为宗教实体的主体。僧人、僧团、寺院这种制度性宗教的"宗教共同体"嵌入中国"汉文化圈"地区，其所引起的作用与反作用力，则是一种真实的"生活体验"与历史情景。因此，潜在的印度和汉文化的观念产生冲突，而更现实的、鲜活的、有血肉的冲突则是制度与生活。在印度佛教律制观念、生活习俗与汉

---

① 爱弥儿·涂尔干：《宗教生活的基本形式》，渠东、汲喆译，上海人民出版社，2006年，第8页。

文化传统礼制不断冲突与激荡的过程中，中国佛教逐渐采取了适应中国"礼"文化的表现形式。佛教仪式的"礼仪化"，则是汉传佛教非常明显的特征。

通然的论文《北宗禅与唐代社会——以普寂的活动及其影响为中心》主要从社会生活史的视角出发，通过对普寂弘法生涯的考察，将其分为"嵩岳寺时期"和"敬爱寺·兴唐寺时期"二期，阐明普寂在不同时期的开法重心和开法内容，以及它所带来的影响。北宗禅是中唐时期最具影响力的禅派，其集大成者普寂在开法的数十年间，不仅培养了大批优秀的出家弟子，更是通过向在家信众开法，使其思想影响了唐代社会各界。

孙英刚《隋唐长安寺院饮食研究》指出，长安城是隋唐时代政治、经济、文化和宗教的中心，其区别于其他时代城市最为重要的特点，是林立的寺院在城市生活中扮演着前所未有的角色。这是一个神文主义的时代，几乎所有的社会和文化现象乃至人类的心灵世界，都笼罩在佛光的照耀之下。佛教寺院的日常生活和戒律，使其成为长安城中带有神圣色彩的空间，区别于剩下的世俗空间。同时，佛教寺院引领的时代潮流，又不可避免地影响到整个长安城的生活场景。比如佛教所宣扬的素食和持斋，深刻地塑造了长安居民的日常生活。长安城中有大量持斋的人口，他们过午不食，虔心信佛。素食也成为长安城的一大风景，一方面是佛教感召的影响，另一方面是政治人物的有意提倡，使其成为国家规定，吃素者在人口中占据相当大的比重。国家不断地提倡断屠，必然深刻地影响长安居民的饮食结构和饮食习惯。

同时，寺院是信徒的朝圣礼拜空间、游客的参观空间。朝圣是宗教信仰中一种具有灵性意义的旅程活动，而神圣空间中的礼拜活动更具有心灵上的震撼与冲击。同时，因为信仰的感应与朝圣人群的传说，会促使某些寺院拥有更多的神秘性。寺院建筑不仅要发挥心灵家园的精神作用，更要为信徒的朝圣礼拜提供生活上的方便。根据圆仁《入唐求法巡礼行记》的记载，通往五台山的路上有寺院提供的"普通院"，所谓"普通院"就是"对巡礼者普与供养，通达五台"之意，类似今天寺院所办的上客堂、招待所等。

日本明治大学气贺泽保规《唐代的"巡礼"和会昌灭佛——唐代后期"佛教社会"管窥》通过房山有关《大般若经》的刻经活动，确认了至"会昌灭法"的前夜（会昌二年，842），在房山云居寺一带广泛地存在着支持刻经活动的"巡礼人"或"巡礼团"。结合五台山等其他信仰圈的状况考虑，这些"巡礼"人群的行动范围可能波及华北全境。"巡礼"活动是借信仰之名而移动，其主体也是无名的民众。他们是依照自己的意思，时而举家脱离日常生活去旅行，这样的活动对于当权者方面来说具有侵蚀政权基础的危险。弹压佛教具有将采取"巡礼"形式流动的民众再度束缚在土地上的明显意图，这是"会昌灭佛"的另一个重要目的，从而使会昌废佛的研究达到新的深度。

在寺院神圣性的获得手段、社会功能的展开方面，汉传佛教僧众有许多基于"汉文化"传统的创造。如云游是僧众作为"宗教人"的教育修学方式，两千年的汉传佛教云游传统，既是个人生命体验的提升，更是文化生态的变化；也是"实践主体"的"身体实践"，更是"神圣空间"的不断体验与构建过程。僧传和敦煌所保存的游记，反映出僧人游历沿途经过的寺院分布、人民的信仰状态和风土人情，但难以反映中古僧人云游状况的整体面貌，如游历的地点与路线，以及这些路线选择所反映的佛学知识的聚集地、云游沿途得到的僧俗供养状况。从佛教角度来说，天下释子一家，"一钵千家饭，孤僧万里游"，天下寺院是佛教四众弟子的共同家园。

同时，马德《唐宋敦煌僧团的社会教育》则揭示了汉传佛教寺院的社会教育情况。8—10世纪时就学于敦煌各个寺院的学士、学郎、学士郎们的作业和题记，阐明了唐宋时代的敦煌寺院面向社会开放办学，在从事佛教基础教育的同时也从事经学、启蒙、专业知识与技能、历史与现实的各类社会教育；此外，强调了敦煌寺院教育奉行的是中国传统的道德教育模式。

寺院作为社会生活空间，通过宿房为文人、士大夫提供短暂住所，加强汉传佛教对士大夫的影响。[①] 如杜甫流寓蜀地，自称"随意宿僧房"，先后客居成都草堂寺、梓州草堂寺、蜀州新津寺等处。而文人们用寺壁或寺廊题诗的形式寄思怀人，称为"寺壁诗"，如元稹题蜀江碧涧寺廊诗有句："他生莫忘灵山别，满壁人名会后稀。"文人交友数人共寓一寺，称为"宿会"，文人们对月把盏，诗文酬唱，交流情感。"佛寺宿会"成为中古佛教的一种社会现象，《文苑英华》中特集"宿会诗"，集中展示着特殊氛围中的文人情怀。如李白《友人会宿》："涤荡千古愁，流连百壶饮。良夜宜清话，浩然未能寝。醉来卧空山，天地即衾枕。"唐代中期，朝廷疑虑佛寺寄居滋生事端，宝应元年（762）八月、贞元五年（789）三月各下诏："如闻州县公私，多借寺观居止，因兹亵渎，切宜禁断，务令清肃"[②]，"自今州府寺观，不得俗客居住"[③]。

宏正《佛教从出世到入世的嬗变——以常州天宁寺为例》一文探讨了天宁寺作为都市丛林，为了保持佛教禅宗修行的优良传统，非常注重选择良才贤能的禅师充任住持，贤能的住持不仅带领大家精进修行，同时还可以更好地加强寺院的发展建设。为了更好地弘扬佛法，寺院不再固步自封、"关门修行"，而是打开大门、走出去，加强与当地有名望的士绅的联系，让他们参与寺院住持的任免寺务，以此获得

[①] 严耀中：《中国东南佛教史》，上海人民出版社，2005年，第278页。
[②] 董诰等编：《全唐文》卷四六《禁断公私借寺观居止诏》，中华书局，1983年，第508页。
[③] 董诰等编：《全唐文》卷五二《修葺寺观诏》，中华书局，1983年，第564页。

绪论：作为"表征"和"实践"的空间

广大士绅各方面的支持。明清以来，天宁寺为了以多样化的形式接引教化大众，开始注重梵呗的教授和研习，使天宁梵呗广为流传，成为全国汉传佛教寺院公认之典范。

另外，寺院举办斋会、庙会，斋会、庙会的组织者、参与者、供养者，包涵着斋会背后体现的社会关系，在此基础上可以观察斋会、庙会所体现的社会秩序。

三、寺院作为文明冲突与融合的"再现性空间"

中国佛教寺院建筑体现出印度文明与中华文明的交融，佛教寺院不仅是佛教文化的载体与传媒，本身又是融汇华梵的熔炉。佛寺自身形制与布局的演变，首先就是建筑文化华梵融变、转梵为华的过程。印度佛寺主体的形制，是四方式的宫塔。中国早期佛寺的形制都是模仿印度，如东汉洛阳白马寺、曹魏洛阳宫西寺的主体都是四方宫塔式。汉唐时代，葱岭以东至敦煌以西地区，宫塔寺始终是佛寺形制的主流，显示印度佛寺样式对我国西陲的影响强于中原。印度传统砖石宫塔寺结构在汉地同中华建筑的传统木石（砖）结构相遇，即向中华传统靠拢与接近，导致出现华梵融合的寺塔形制、结构与功能，演化出楼塔式佛寺。三国至南北朝时期，以楼塔为主体的佛寺遍及南北各寺。但是，木石传统对砖石传统进一步扬弃，导致廊院式佛寺出现；南北朝末年以来，以佛塔为中心的佛寺演变为以佛殿为中心的殿塔楼阁组群式多元主体时代，最终确定了中国佛寺的民族风格和独特的宗教文化氛围。[①] 可见，佛教寺院风格的形成是印度文明与中华文明的空间性会遇，这也是外来宗教中国化的成功经验。寺院建筑是信仰的神圣模

---

① 张弓：《汉唐佛寺文化史》上，中国社会科学出版社，1997年，第4页。

式与生活的世俗模式的融合，是一种空间场所艺术，既能表现佛教自身的历史性，又能体现不同文明的空间性融合。

因此，汉传佛教在亚洲的传播过程中，寺院作为文明的载体，成为文明交流的重要空间，"再现"了区域文明的交流与互动过程。圣凯《地方性、世界性与资本主义——新加坡汉传佛教变迁的实践脉络》，以表格统计的方法呈现新加坡汉传佛教120年的历史，以宗教人类学、宗教社会学为方法，将汉传佛教的发展放在新加坡受殖民统治、独立建国、现代治理的背景下进行论述。汉传佛教在新加坡的早期传入，是作为"文明象征"与"权力象征"，与移民社会、帮权结构紧密相关；"二战"前后，随着"人间佛教"在新加坡的传播，其菁英色彩与超越性特点获得主流社会的"文化认同"，而且在20世纪40年代出现在家女性佛教徒创建寺院的特点。随着中国大陆佛教输入的停止，汉传佛教作为"地方性宗教"完全"被嵌挂"在资本主义社会制度上，"人间佛教"的现代性与资本主义获得场域上的暗合。60年代以后，汉传佛教在教育、文化、慈善、社团组织等领域有更大的作为，呈现出"人间佛教"背景下性别意识、菁英色彩与社会行动的结合。120年的新加坡汉传佛教实践脉络，体现出汉传佛教逐渐放弃农耕文明的"地方性"向现代文明的"世界性"回归；其实践经验亦充分表明汉传佛教现代转型的困境与内在动力。

新加坡国立大学许源泰、丁荷生《汉传佛教与和谐社会——以汉传、南传佛教僧俗在新加坡的互动合作为例》以两个案例探讨了汉传佛教与南传佛教的互动与合作：一、斯里兰卡企业家兼佛教徒B. P. De Silva支持莲山双林禅寺的修建，其音译名字"息理末"出现在寺院的石柱、楹联和梁签中；二、20世纪50年代，北传佛教与南传佛教联合，申请卫塞节为新加坡公共假日，为新加坡佛教的传播与发展谱写了历史性的重要篇章。

新加坡国立大学林立《成双成对：新加坡莲山双林寺楹联艺术概说》以莲山双林禅寺的共约 91 副楹联为对象，探讨双林寺楹联的撰写年代、分布情况和题撰人，再从宗教性、功能性和艺术性等方面细致地分析这些楹联作品的文本，由此得见汉传佛教文明在新加坡宗教、文学、建筑等层面的呈现。

佛教在亚洲的传播过程中，寺院作为文化空间和社会生活空间，在亚洲文明的传承与对话方面发挥了重大作用。因此，寺院成为佛教文明与其他文明冲突与融合的"再现性空间"，呈现了亚洲汉文化圈的内在机制与创生力量。

汉传佛教的信仰、制度与建筑

信仰场域、族群纽带与礼仪空间
——元大都万安寺多重角色与功能

能 仁

(中国佛教文化研究所)

至元八年（1271），元世祖忽必烈在大都兴建释迦舍利灵通塔，并进而建大圣寿万安寺①，这是忽必烈在燕京新建的第二座皇家佛寺，内城首刹。大圣寿万安寺塔的修建历史，已有黄盛璋、于柯、宿白、黄春和、安海燕、陈高华以及德国傅海波（Herbert Franke）先生等的重要研究②。不过关于万安寺的性质，目前大多数学者一般仍倾向于将其归属为藏传佛教寺院。本文重新梳理万安寺的建造缘起和在元代的发展情况，在此基础上对万安寺的特殊地位提出一些不同的思路。

---

① 元大都万安寺即今北京白塔寺。白塔寺目前为（中国）全国重点文物保护单位，其中部分空间已归为中国佛教协会办公场所之一。
② 黄盛璋:《北京白塔寺的白塔创建年代与中尼文化交流》,《现代佛学》1961年第4期；于柯:《关于北京妙应寺白塔的创建年代》,《考古》1962年第5期；宿白:《元大都〈圣旨特建释迦舍利灵通之塔碑文〉校注》,《考古》1963年第1期；黄春和:《元代大圣寿万安寺知拣事迹考》,《佛学研究》2001年总第10期；杨小琳:《元大都大圣寿万安寺与白塔建筑布局形制初探》，中央民族大学2012年硕士学位论文；安海燕:《元大都大圣寿万安寺白塔之装藏、装饰——释注〈圣旨特建释迦舍利灵通之塔碑文〉相关段落》,《西域历史语言研究集刊》2013年第6辑；陈高华:《元大都的旧刹》,《隋唐辽宋金元史论丛》2014年；Herbert Franke, "Consecration of the 'White Stūpa' in 1279", *Asia Major: A Journal of Far Eastern Studis*, Third Series, vol. 7, no. 1, 1994, pp. 155-183。

汉传佛教寺院与亚洲社会生活空间

本文将主要集中讨论万安寺在元代社会的政治角色和社会功能，着重强调万安寺作为一座重要的宗教场域所展示出的其在政治、宗教、文化方面的多重角色和意义。

一、舍利塔、万安寺与元大都城市空间

至元八年（1271），燕京通玄关北永安寺遗址上辽寿昌二年（1096）建造的释迦舍利塔"每于净夜，屡放神光"，附近居民惊惶怀疑，以为旧塔失火，赶紧查看，发现原来是塔放光明，由此引起轰动。奉御秃列①将舍利塔放光的祥瑞禀告忽必烈，忽必烈命人开塔。至元八年三月二十五日，释迦舍利旧塔下发掘出香泥小塔"二千"、《无垢净光》等陀罗尼经五部、金珠七宝异果十种，发现"二龙王跪而守护""坚圆灿若金粟"的舍利二十粒，并且在贮藏舍利的铜瓶瓶底寻获一枚铜钱，铜钱上铸"至元通宝"四字，与"至元"年号相合。因此，忽必烈和察必皇后欣喜异常，认为是天降神瑞，于是赶紧迎舍利，命著名尼泊尔工匠阿尼哥建新塔供奉，国师亦怜真设计装藏②。

这一祥瑞事件的来龙去脉被祥迈详细记载于《圣旨特建释迦舍利灵通之塔碑文》③。从祥迈碑文来看，从旧塔发掘出舍利应是事实，至于

---

① 秃列的生平事迹不详，《元典章》中见一条相关记载："至元十八年十一月，御史台承奉中书省札付，据宣徽院呈，提点教坊司申，闰八月廿五日，有八哥奉御、秃烈奉御传奉圣旨，道与小李，今后不拣什么人，十六天魔休唱者，杂剧里休做者，休吹弹者，四天王休妆扮者，骷髅头休穿戴者。如有违犯，要罪过者。钦此。"《元典章》卷五七《刑部·诸禁·杂禁》，《四库全书·存目丛书》史部第264册，齐鲁书社，1997年。

② 有关亦怜真装藏细节的考释，参见安海燕：《元大都大圣寿万安寺白塔之装藏、装饰——释注〈圣旨特建释迦舍利灵通之塔碑文〉相关段落》，《西域历史语言研究集刊》2013年第6辑。

③ 祥迈：《圣旨特建释迦舍利灵通之塔碑文》，《辩伪录》卷五，《大正藏》第52册，第779页中。

在舍利瓶底发现"至元"铜钱一事，则真伪难辨。因为，在这一年十一月，忽必烈采纳刘秉忠、王鹗等建议，根据《易经》"乾元"之意，正式建国号为大元，并颁布建国诏。随即，至元九年（1272）二月，忽必烈迁都，改中都燕京为大都。在此前后，忽必烈的佛教活动还有：至元八年（1271）五月，修佛事于琼花岛；至元九年秋七月，集都城僧诵大藏经九会。琼华岛是元大都城的中心所在，元大都就是以琼华岛所在的湖泊为核心而兴建起来的。这项巨大的工程由刘秉忠主持，于至元四年（1267）开始兴建，至元五年（1268）冬十月宫城初步落成，至元十一年（1274）大都城宫阙全部竣工。① 以上的时间线索可梳理如下：

> 至元八年三月二十五日，从辽舍利旧塔发掘舍利和"至元通宝"铜钱。
>
> 至元八年五月，忽必烈修佛事于刘秉忠主持修建的燕京新都城中心琼花岛。
>
> 至元八年十一月，忽必烈采纳刘秉忠奏议，建国号为大元，颁布建国诏。
>
> 至元九年二月，忽必烈迁都，改中都燕京为大都。
>
> 至元九年秋七月，忽必烈集都城僧诵大藏经九会。

从这个时间线索可以看出，忽必烈于至元八年、九年间的佛教活动，正是为元朝建元和迁都的厌胜镇国。因此，从这个脉络来看，至元八年三月这个祥瑞事件，很可能是当事人奉御秃列及主持都城建设规划的刘秉忠等人一起策划的为新帝国造势的宗教神圣宣传活动。至少，在至元八年建元、迁都改制这一系列重大政治决策的关口，

---

① 侯仁之：《试论元大都城的规划设计》，《城市规划》1997 年第 3 期。

发现辽塔舍利祥瑞的时间和发现"至元通宝"铜钱事件显得太过巧合。

至元九年（1272），忽必烈敕建供奉舍利的新释迦舍利灵通塔，随后建大圣寿万安寺。在新都建寺塔，并非忽必烈定都燕京后才有的新举。早在中统二年（1261）时，刘秉忠即在其主持兴建①的忽必烈"龙飞之地"上都开平府修筑了两座新寺。志磐《佛祖统记》载："（中统）二年于桓州东梁河北之龙冈建开平府，首于城中乾、艮二隅造两佛刹，曰乾元寺，曰龙光华严寺。"② 在开平府西北乾位修乾元寺，取《周易》"大哉乾元"之意，在东北艮位修龙光华严寺，并加"龙光"号，无疑是糅合《周易》术数和佛教，为忽必烈统一中原、面南而治的祝釐祈福，这也完全体现了刘秉忠作为阴阳数术家和佛教僧人交织的双重身份。《元史》称刘秉忠"于书无所不读，至于天文、地理、律历、三式六壬遁甲之属，无不精通"③。西北乾位，在奇门遁甲中属开门，喻万物初始，为大吉之位，修乾元寺，为祝釐之意，对应"开平"府名。东北艮位，在风水中属死门，奇门遁甲中属生门，在此位上修华严寺，也具有厌胜的特殊象征意义；④ 加名

---

① 《元史》中刘秉忠本传载："（忽必烈）帝命（刘）秉忠相地于桓州东滦水北，建城郭于龙冈，三年而毕，名曰开平（府）。"
② 《佛祖统记》卷四十八，《大正藏》第49册，第433页下。
③ 刘秉忠精通阴阳术数、奇门遁甲，元人危素记载，刘秉忠曾"作祠宇于宛平之西山、开平之南屏山，以祀太乙六丁之神（即遁甲神）"。蒙元统治者向来重视阴阳术士，耶律楚材、刘秉忠皆因此而显，元世祖至元二十八年（1291）还设立诸路阴阳学，专门培养阴阳术数人才。参见马晓林：《元代国家祭祀研究》第七章《遁甲神祭祀》，南开大学2012年博士学位论文。
④ 华严寺首任住持为曹洞名宿万松行秀弟子全一至温，至温与刘秉忠交厚，故得刘秉忠举荐为华严寺首任住持，华严寺从此也成为北方曹洞宗一系住持的寺院。华严寺第二任住持是著名的雪庭福裕。详见袁桷《清容居士集》卷十六《华严寺碑》所载。刘秉忠在开平府修华严寺，或许是因华严学与易学密切相关。全一至温也精通华严。《南宋元明僧宝传》载："（行）秀公暮年常课华严，门下得法者，虽一百二十人，惟（至）温最惬公意。"

"龙光",则与"龙岗"地名对应。①

《析津志》载:"(大都)内外城制与宫室、公府,并系(忽必烈)圣裁,与刘秉忠率按地理经纬,以王气为主。故能匡辅帝业,恢图丕基,乃不易之成规,衍无疆之运祚。……自古建邦立国,先取地理之形势,生王脉络,以成大业,关系非轻,此不易之论。"② 因此,刘秉忠辨方位,以城制地,中书省"分纪于紫微垣之次",枢密院"在武曲星之次",御史台"在左右执法天门上",太庙"在震位,即青宫",天师宫"在艮位鬼户上"。建在艮位鬼户上的天师宫当即厌胜镇煞之意。坤位在奇门遁甲中属死门,为大凶之门,也是需镇煞祈福之地。至元八年(1271)前后,大都西南方"坤隅禁苑"重建释迦舍利灵通塔、新建大圣寿万安寺,当是与元大都整体城市空间规划紧密相关的神圣空间营造。依《周礼·考工记》,王城建设遵循"左祖右社"制度,一般社稷与祖庙都是左右对称而建,但是元大都城的社稷与祖庙并不对称,而是万安寺与太庙在一平行线上,社稷则依万安寺而建。元大都城是以传统阴阳风水观念背景和《周礼·考工记》规制为基础而营筑起的儒家礼制与佛道寺观共构的都城空间格局。"新都适就,先创斯塔",万安寺塔在新都"坤隅禁苑"位置兴建的特殊意义在于"托佛力之加佑,冀宝祚之永长,保大业之隆昌,享天禄于遐载"。③

---

① 袁桷的《华严寺碑》:"世祖皇帝治军和林……首建庙学,干艮二隅,立二佛寺,曰乾元,曰龙光华严,复立老子宫于东西。"详见袁桷:《清容居士集》卷二十。可见,上都开平府的兴建格局,即以传统阴阳风水为观念背景而营筑起的儒家礼制与佛道寺观共构的都城空间格局。袁桷:《清容居士集》卷二十五,《四部备要》第283种第1875册,第290页。
② 《析津志辑佚·朝堂公宇》,北京古籍出版社,1983年,第33页。
③ 《辩伪录》卷五,《大正藏》第52册,第779页中。

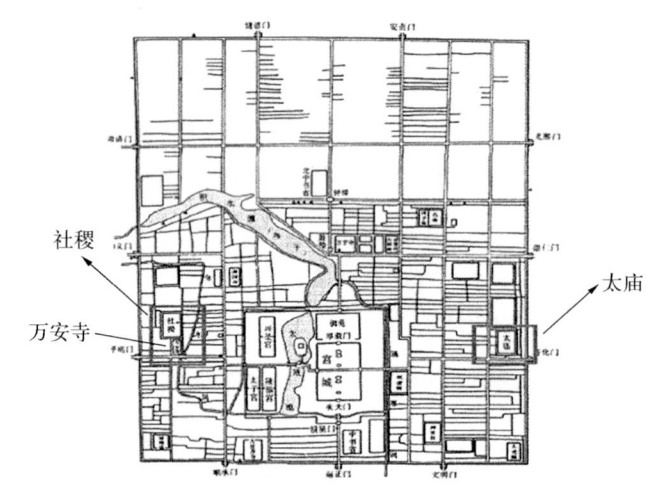

图 1 万安寺位置与元大都复原图

图片来源：杨小琳《元大都大圣寿万安寺与白塔建筑布局形制初探》

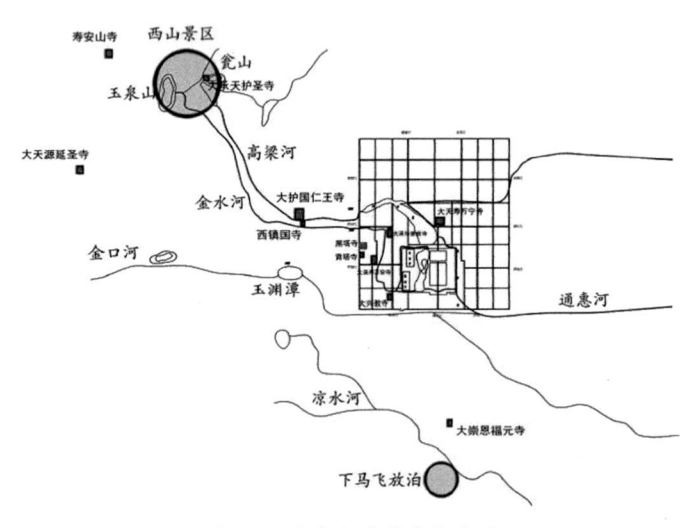

图 2 元大都敕建佛寺分布图

图片来源：姜东成《元大都城市形态与建筑群基址规模研究》

二、旃檀瑞像、阿育王舍利与转轮圣王

根据黄春和的研究，释迦舍利塔大约始建于至元八年（1271）底，万安寺于次年动工；至元十六年（1279）白塔落成，寺庙亦初具规模；至元二十二年（1285）寺庙又进行了大规模扩建，到至元二十五年（1288）终于形成"殿楹栏楯一如内廷之制"的宏大规模。《楚国文宪公雪楼程先生文集》卷七《凉国敏慧公神道碑》载："至元十六年，建圣寿万安寺，浮屠初成，有奇光烛天，上临观大喜，赐京畿良田亩万五千，耕夫指千，牛百，什器备。"[①] 其中的"浮屠初成"指的即是舍利塔落成，新塔建成又进一步显示了祥瑞。《元一统志》称，释迦舍利塔"坐镇都邑"，忽必烈以"释迦如来真身舍利宝塔统御刹中计一十九所，各颁钱帛，广加严饰，大陈供养"[②]，把舍利塔作为都城寺刹统御中心的宗教权威象征。

与之相应，以舍利塔为核心的万安寺也是首先作为宗教权威地位的象征而被修建起来的。《元史·世祖纪》载，至元九年（1272），"是岁建大圣寿万安寺"。其寺之建，是为了安置旃檀瑞像。《佛祖历代通载》载："（元世祖）帝一日曰：旃檀瑞像现世佛宝，当建大刹安奉，庶一切人俱得瞻礼。乃建大圣寿万安寺。"此前旃檀像供奉在圣安寺，至元十二年（1275）乙亥，遣大臣孛罗等四众备法仗、羽驾、音伎奉迎居于万寿山仁智殿。一直到至元二十六年（1289），旃檀像才由仁智殿奉迎居于大圣寿万安寺之后殿，"是岁，幸大圣寿万安寺，置旃檀瑞像，命帝师及西僧作佛事，坐静二十会"。《佛祖历代通载》和程

---

① 程钜夫：《程雪楼文集》卷七，《元代珍本文集汇刊》，台北"中央"图书馆，1970年，第318页。

② 念常：《佛祖历代通载》卷二十二，《大正藏》第49册，第724页下。

钜夫延佑三年（1316）所撰的《敕建旃檀瑞像殿记》记述了旃檀佛从西域之龟兹—凉州—长安—建康龙兴寺—江都开元寺—汴京滋福殿、启圣禅院—燕京圣安寺—上京大储庆寺—还燕京圣安寺—万寿山仁智殿—元大都大圣寿万安寺的流传经过。这尊旃檀木造像被认为是佛教史上著名的第一尊佛像——憍赏弥国优填王以牛头旃檀木所造释迦等身真容像。旃檀木像传自天竺，屡经迁移，代有记录，颇多灵异，是佛教流传的兴盛象征和信仰正统。旃檀佛自圣安寺移供时，圣安寺宝长老极为不愿，忽必烈称："此是皇家佛，汝心何懊恼。"① 一语道破王权与教权间的微妙关系。

宋濂《四明阿育王山广利禅寺碑铭》载：

> 元至元十三年春三月，世祖命使者奉（阿育王寺舍利）塔至开平龙光华严寺。寻迁燕都圣寿万安寺，命僧尼十万于禁庭、太庙、青宫及诸署建置十六坛场，香灯花幡奉之，备极尊崇。世祖亲幸临之，夜有瑞光从坛发现，烛贯寺塔相轮之表；又自相轮分金色光，东射禁中，晃耀夺目。世祖大悦，命僧录怜占加送塔南还，更赐名香金缯，诏江浙省臣郡长吏建治舍利殿宇。②

宋恭帝于德祐元年（1276）一月向元朝投降，三月，元世祖迅速遣使迎奉明州阿育王寺的舍利至开平府龙光华严寺供奉，同年九月迁供至燕都大圣寿万安寺。世祖忽必烈为了给国家祈福，诏集僧尼十万于禁廷、万寿山、皇太子府、镇国寺、太庙、中书省、枢密院府库等各官署设十六个坛场，把整个大都城主要的香花灯幡用以供养祈福。据称

---

① 念常：《佛祖历代通载》卷二十二，《大正藏》第49册，第724页上。
② 宋濂：《宋学士文集·芝园前集》卷三，《四部丛刊》本。

阿育王舍利塔的明州舍利大放祥瑞，贯照万安寺之塔，并向东照射忽必烈禁宫。忽必烈大悦，车驾亲临，瞻礼致敬，并赐阿育王寺名香、金银，然后遣僧录怜占加大师送舍利南还。怜占加、佛智晦机、宣使张德庆迎奉南归，所过州县导引入境，为百姓赐福。十二月，舍利抵达宁波，怜占加称，佛以慈悯"不分南北"，海东之民，皆是新帝国子民，因此送还舍利，继续"俾福是邦"。至元十三年（1276）的阿育王舍利供奉成为昭示新帝国统一的南北巡回赐福活动，新归附的江南民众不禁感受到"吾佛光明之所照，吾君圣德之所被"的恩宠喜悦。① 帝国一统的心情和元朝统治的正统性权威，通过至元十三年万安寺舍利塔的宗教祥瑞、十万僧众的佛教道场和阿育王舍利巡回赐福活动得以淋漓尽致地渲染和彰显。②

这种宗教神圣祥瑞得以实现，恰恰是王权权威力量所促成的。修建释迦舍利灵通塔与大圣寿万安寺，汇聚南北两地传说是由印度阿育王分供的佛陀舍利，在万安寺供奉源自佛在世时的旃檀等身相，这无异于昭示元世祖忽必烈可以媲美佛教史上著名的转轮圣王阿育王和优填王。③ 通过一座塔、寺的修建，以佛教神圣象征为加持，连缀起了蒙古，尼泊尔，中国西藏、中原与江南这众多区域族群，并进一步塑造出了政治与宗教的双重权威。与此同时，一个新的以大都为中枢，融汇蒙、藏、汉等多元文化的政治帝国，与"藏—汉"佛教体系正在逐渐形成和崛起。

---

① 顽极行弥：《阿育王山舍利宝塔记》，《阿育王山志》卷三《塔庙规制》，乾隆二十二年正续合刊本。
② 清水智树详细考察了至元十三年阿育王舍利供奉的相关史实和政治意涵。见清水智树：《至元十三年阿育王寺舍利宝塔奉迎をめぐって》，《佛教史学研究》2005年第48号。
③ 忽必烈至元年间，祥迈撰《圣旨特建释迦舍利灵通之塔碑》已称"阿育轮王统摄赡部（洲）……大元之有天下也。宗尧祖舜踵禹基汤，圣道协于金轮（圣王）"，《大正藏》第52册，第779页中。

三、习仪所与神御殿

大圣寿万安寺也是元朝每年举行元正受朝仪、天寿圣节受朝仪、郊庙礼成受贺仪与皇帝即位受朝仪前百官习仪之所。至元五年（1268），元廷始议朝仪，至元八年（1271），初起朝仪。据苏天爵《元朝名臣事略》载："至元五年……未遑文治，四方来朝贡者礼尤简易。太保（刘秉忠）奏起朝仪，诏公（赵文昭）及史公杠等十人共讨论之，又选近侍二百人肄习之。"①《元史·礼乐志》载，至元六年（1269）"太保刘秉忠、大司农孛罗奉旨，命赵秉温、史杠访前代知礼仪者肄习朝仪"。至元八年，忽必烈命刘秉忠、许衡始制朝仪。"自是，皇帝即位、元正、天寿节，及诸王、外国来朝，册立皇后、皇太子，群臣上尊号，进太皇太后、皇太后册宝，暨郊庙礼成、群臣朝贺，皆如朝会之仪。"至元八年"二月，立侍仪司，以忽都于思、也先乃为左右侍仪，奉御赵秉温为礼部侍郎兼侍仪司事……遇八月帝生日，号曰天寿圣节，用朝仪自此始"。②

《元史·礼乐志》"元正受朝仪"条载："前期三日，习仪于圣寿万安寺，或大兴教寺。""天受圣节受朝仪""郊庙礼成受贺仪""皇帝即位受朝仪"诸条载："前期三日，习仪于万安寺。"元人胡助（1273—?）目睹了大圣寿万安寺习仪的壮观情景："卫士金吾塞梵宫，旌麾妍丽映寒空。仿陈元会千官肃，恭习朝仪万国同。礼乐雍容全盛日，衣冠文雅太平风。小儒拭目还心醉，归对书灯守岁穷。"③元正受朝仪、

---

① 苏天爵：《元朝名臣事略》卷二二《赵文昭公行状》，中华书局，1996年，第366页。
② 宋濂等：《元史》卷六十七，中华书局，1976年，第1668页。
③ 胡助：《纯白斋类稿》卷八《万安寺观习仪》，《四库全书》本，第1214册，第599页。

天寿圣节受朝仪、郊庙礼成受贺仪与皇帝即位受朝仪元廷这几大主要朝仪的演练皆在万安寺进行，这与刘秉忠奏立朝仪密切关联，万安寺的特殊地位也可见一斑。①

元成宗时，万安寺内供奉世祖帝后与裕宗帝后的御容，仁宗、英宗御容后来也奉安于此。程钜夫《凉国敏慧公神道碑》载，至元三十一年（1294）"世祖上宾，……（阿尼哥）追写世祖、顺圣二御容，织帧奉安于仁王、万安之别殿"。大德五年（1285）"又命织成裕宗、裕圣二御容，奉安于万安寺之左殿"。《元史》载，"影堂所在：世祖帝后大圣寿万安寺，裕宗帝后亦在焉"。"世祖影堂有真珠帘，又皆有珊瑚树、碧甸子山之属。"② 至治元年（1321）、泰定二年（1325），仁宗、英宗御容分别奉安于万安寺。元许有壬《至正集》中《庆云赋·序》记载了至治元年仁宗像、泰定二年英宗像奉万安寺的两次庆云祥瑞：

> 至治元年八月十一日，仁宗绘像至自滦都，有司备礼，迎置万安寺。时有庆云见，百官无不见者。有壬在班簿后，独以不见为恨。泰定二年十一月十五日，皇上御兴圣宫，命百官迎英宗像，仍置万安寺神驭（殿）。至门，百技毗进，东南抱日，五色云见，观者惊嗟，竣事方散。有壬陪中书僚属立卫士庑下，始身见之，信乎，其为非烟非雾，郁郁纷纷者也。③

---

① 杨小琳正是依据《元史》关于万安寺习仪的记载，推定万安寺建造时间在至元九年（1272）。见杨小琳：《元大都大圣寿万安寺与白塔建筑布局形制初探》，中央民族大学2012年硕士学位论文。
② 宋濂等：《元史》卷七十五，中华书局，1976年，第1875页。
③ 许有壬：《至正集》卷一，台北新文丰出版公司，1985年，第30页。

据《元史》所载，世祖与裕宗御容影堂分别位于万安寺殿之西、东两侧。元成宗"月遣大臣致祭"。"其祭之日，常祭每月初一、初八日、十五日、二十三日，节祭元、清明、蕤宾、重阳、冬至、忌辰。其祭物，常祭以蔬果，节祭忌辰用牲。祭官便服，行三献礼。加荐用羊羔、炙鱼、馒头、饼子、西域汤饼、圜米粥、砂糖饭羹。"元顺帝至正二十年（1360）十二月丙戌诏曰："太庙影堂祭祀乃子孙报本重事。近兵兴月欠，品物不能丰备，累朝四祭减为春秋二祭，今宜复四祭。"元代太庙御容的太常礼乐国家祭祀一般为每年二祭或四祭。① 万安寺御容影堂分常祭和节祭，祭品各不相同。元永贞《真定玉华宫罢太常礼乐议》："世祖皇帝神御奉安大圣寿万安寺，岁时差官以家人礼祭供，不用（儒制国祭）太常礼乐。"从影堂设置和祭祀活动的频繁程度来看，万安寺作为元皇室专门祈福中心的地位非常明显。②

四、蒙藏汉风格与华严学宗派

大圣寿万安寺规模宏大，建筑精美，"（忽必烈）帝建大圣寿万

---

① 元代太庙太祖、太宗、睿宗三朝御容的祭期，至元十六年（1279）已定为春秋二祭，仁宗大德四年（1311）一度有旨月祭，但因中书平章完泽等人的反对，仍维持二祭，岁以为常。见许正弘：《试论元代原庙的宗教体系与管理机关》，《蒙藏季刊》2010年第3期。据洪金富研究，元太庙一年一祭的情形更为常见。见洪金富：《元〈析津志·原庙·行香〉篇疏证》，《"中央"研究院历史语言研究所集刊》2008年第79本第1分。

② 对于皇帝图像进入寺观这一现象，雷闻对隋唐时期此类现象的研究值得参考。他在《郊庙之外——隋唐国家祭祀与宗教》一书中指出，首先，从儒、道、佛结合的角度，皇帝图像进入寺观为三教结合提供了契机；其次，皇帝图像进入寺观，与佛道神灵并列，国家对其祭祀，无疑会增强当朝皇帝及其世系的神圣性，从而加重了君权神授的色彩；再次，皇帝图像进入寺观，成为社会各阶层祭祀的对象，民众对皇帝的认识也因而变得更直观、更具体、更熟悉、更亲切，这些都有助于皇权深入人心。转引自王志跃：《评雷闻〈郊庙之外——隋唐国家祭祀与宗教〉》，《中国史研究动态》2012年第5期。

安寺，帝制四方，（以白塔为中心）各射一箭，以为界至"，"其殿陛阑楯一如内廷之制"，"佛像及窗壁皆金饰之"。忽必烈之后，元代诸帝对万安寺都颇为重视，不断增修，成宗在寺内修建了世祖与裕宗的神御殿，武宗也对大圣寿万安寺进行修建，并置"万安规运提点所"，仁宗时又为五间殿与四座八角楼"塑造大小佛像一百四十尊"。直到元末大圣寿万安寺因雷击被焚之前，万安寺建设工程都未尝间断。①

《元代画塑记》记述了元仁宗时期大圣寿万安寺的建筑格局：

> 仁宗皇帝皇庆二年八月十六日，敕院使也讷大圣寿万安寺内五间殿八角楼四座。令阿僧哥提调，某佛像计并稟搠思哥幹节儿八哈失塑之。省部给所用物，塑造大小佛像一百四十尊。东北角楼尊圣佛七尊；西北垛楼内山子二座，大小龛子六十二，内菩萨六十四尊；西北角楼朵儿只南砖一十一尊，各带莲花座光焰等；西南北角楼马哈哥剌等一十五尊。九曜殿星官九尊，五方佛殿五方佛五尊，五部陀罗尼殿佛五尊，天王殿九尊，东西角楼四背马哈哥剌等一十五尊。②

据此可知，大圣寿万安寺是以白塔为中心，寺内有五间殿、八角楼各四座，四隅建有四座角楼，并有九曜殿、天王殿、五部陀罗尼殿等建筑，整体成四方形的格局。姜东成据此整理总结出万安寺以藏传佛教风格为主，蒙（九曜殿）、藏（四座角楼、五座佛殿、四出翼室）、汉

---

① 万安寺主要建造经过，参见姜东成：《元大都城市形态与建筑群基址规模研究》第七章《元大都的佛教建筑》，清华大学2007年博士学位论文。
② 《元代画塑记》，人民美术出版社，1964年，第15页。

（神御殿）元素融合的建筑风格。① 不过，这还是仁宗时期万安寺的寺院格局。

姚燧《普庆寺碑》载，武宗时期，皇太子爱育黎拔力八达于至大元年（1308）扩建大承华普庆寺，"大抵抚拟（忽必烈）大帝所为圣寿万安寺而加小其磐础之安、陛庀之崇、题橥之骞、藻绘之辉"②。大承华普庆寺以大圣寿万安寺为范本而建造，在建筑风格上理应受到万安寺影响。赵孟頫《大元大普庆寺碑铭》载③，大承华普庆寺正南为山门，其北正对山门是七间的正觉殿，供奉三圣大像。正觉殿后西偏为供奉释迦金像的最胜殿，东偏为供奉文殊、普贤、观音三大士的智严殿。最胜殿与智严殿间寺院轴线两侧对峙建有二塔，塔北有二堂。自堂至山门间以廊庑环绕，东西两庑间各起高阁，西为供奉宝塔经、藏环的总持阁，东为供奉金刚手菩萨的圆通阁，廊庑中建有供僧徒居住的僧舍。庖井与斋堂在寺院轴线东西两侧对称布置。寺院最北端设真如、妙祥二门，门南东西的两座殿堂分别供奉护法神与多闻天王。普庆寺不设中央佛殿，中轴线佛殿之后为法堂，建筑布局更接近汉地佛教寺院。④ 因此，依据姚燧的说法，我们可以推断出，忽必烈时期的万安寺建筑特点，在藏式中央佛塔与四方形格局、蒙式九曜殿之外，佛殿、僧堂、山门等内部建筑，主要应是汉传佛教规制。即在忽必烈时期，万安寺建筑特色是在藏汉融合的建筑格局中外藏内汉的佛教规制，并在此基础上容纳蒙古元素的建筑风格。

---

① 姜东成：《元大都敕建佛寺分布特点及其建筑模式初探》，载《元代佛教文化研究国际学院研讨会论文集》，中国元史研究会，2006年。姜东成在讨论到万安寺建筑时，主要依据《元代画塑记》记载仁宗时期的格局，并不是忽必烈之后万安寺内部建筑风格的变化。
② 姚燧：《牧庵集》卷十一，《四库全书》本，第1201册，第508页。
③ 赵孟頫：《松雪斋集》外集，《四库全书》本，第1196册，第752页。
④ 姜东成：《元大都大承华普庆寺复原研究》，《建筑师》2007年第2期。

1. 山门
2. 正觉殿
3. 法堂
4. 后堂
5. 连廊
6. 最胜殿
7. 智严殿
8. 塔
9. 总持阁
10. 圆通阁
11. 侧门
13. 角楼
14. 斋堂
15. 庖井
16. 护法神殿、多闻天王殿
17. 真如门
18. 妙祥门
19. 幡杆

图 3　大承华普庆寺平面复原图
图片来源：姜东成《元大都大承华普庆寺复原研究》

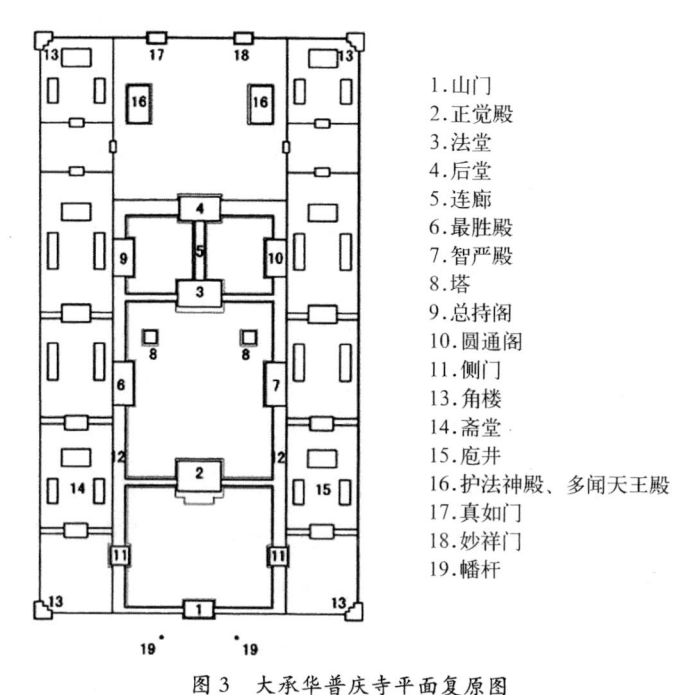

　　万安寺自建成后，元廷很多重要的佛事活动都在大圣寿万安寺举行。至元十六年（1279）十二月，"帝师亦怜真卒。敕诸国教师禅师百有八人，即大都万安寺设斋圆戒，赐衣"。至元二十三年（1286）"以亦摄思怜真为帝师"，"命西僧递作佛事于万寿山、玉塔殿、万安寺，凡三十会"。至元二十六年（1289）世祖"幸大圣寿万安寺，置旃檀佛像，命帝师及西僧作佛事、坐静二十会"。至元二十七年（1290）"命帝师西僧递作佛事、坐静于万寿山厚载门、茶罕脑儿、圣寿万安寺、桓州南屏庵、双泉等所，凡七十二会"。至元二十八年（1291）"令僧罗藏等递作佛事、坐静于圣寿万安、涿州寺等所，凡五十度"。元贞元年（1295）正月"壬戌，以国忌，即大圣寿万安寺饭僧七万"。至治三年（1323）夏四月，"敕京师万安、庆寿、圣安、普

庆四寺，……作水陆佛事七昼夜"。这些都是藏、汉等多种佛教传统混合的佛事活动，而不能仅仅视为单一的藏传佛教法会。

万安寺的住持一直由汉传佛教系统的华严学僧担任。至元二十二年（1285），"世祖皇帝建圣寿万安寺于新都，诏拣公开山主之"①。拣公即知拣，其出自燕京华严学系宝集寺，为元初华北著名汉传佛教领袖。②《宗原堂记》载知拣职衔为"领释教都总统、开内三学都坛主、开府仪同三司光禄大夫、大司徒、邠国公"，"开府仪同三司"和"光禄大夫"虽然都是文散官，但其秩正一品，已高于秩从一品管理佛教事务的宣政院使③，大司徒也无实职，但其地位已几乎可与领宣政院的帝师相当。因此，万安寺在寺院管理体制和法系传承上，属于从大都宝集寺分出的汉传佛教华严宗，是毫无疑义的。④《佛祖历代通载》记载，知拣曾受世祖忽必烈诏请询问佛法："帝问拣坛主：'何处有佛？'拣云：'我皇即是佛。'帝云：'朕如何是佛？'拣云：'杀活在于手，乾坤掌上平。'"⑤"帝问拣坛主云：'何处为最上福田？'回奏云：'清凉。'帝云：'真佛境界。'乃建五大寺为世福田。"⑥ 知拣于至元二十二年（1285）到至元二十四年（1287）间参加了《至元法宝勘同总录》的证义，同时参加的还有万安寺临坛大德崇教大师沙门应吉祥、

---

① 熊梦祥：《析津志辑佚》，北京古籍出版社，1983年，第71页。
② 《宗原堂记》载宝集寺"宗于贤首"，知拣是由宝集寺"分主"万安寺"开山"。参见黄春和：《元代大圣寿万安寺知拣事迹考》，《佛学研究》2001年总第10期。
③ 元世祖至元元年（1264）设立总制院，《元史》卷二〇五《桑哥传》谓："总制院者，掌浮图之教，兼治吐蕃之事。"至元二十五年（1288），总制院更为宣政院，秩从一品。
④ 关于元大都华严学系的传承，参见竺沙雅章：《燕京·大都的华严宗——宝集寺与崇国寺的僧たち》，《宋元佛教文化史研究》，《汲古丛书》25，汲古书院，2000年。
⑤ 念常：《佛祖历代通载》卷二十二，《大正藏》第49册，第724页下。关于元代汉传佛教对于元代帝王的神圣地位设定，祥迈在《圣旨特建释迦舍利灵通之塔碑》只称，圣道协于金轮（圣王），在知拣时出现"皇帝即佛"观念，元统三年（1335）释德辉奉诏重编《百丈清规》时，已成为当朝天子"由佛应身以御天下，化仪既终，复归佛位"的体制化形态。
⑥ 念常：《佛祖历代通载》卷二十二，《大正藏》第49册，第724页下。

万安寺传大乘戒临坛大德沙门理吉祥，分别担任校勘、证义工作。知栋的继任者是其弟子德严，延祐三年（1316），德严参与了有关旃檀瑞像源流的讨论，程钜夫《旃檀瑞像记》记载德严职衔为"大圣寿万安寺住持都坛主"。《元史》记载，至顺二年（1331），"御史台臣言：'大圣寿万安寺坛主、司徒严吉祥，盗公物，畜妻孥，宜免其司徒、坛主之职。'从之"①。至顺三年（1332），"复以司徒印给万安寺僧严吉祥，诏给钞五万锭，修帝师巴思八影殿"②。德严似乎有违戒行为，被免去了司徒职衔和坛主职务，随后又恢复了司徒职衔，似乎未见恢复其坛主职务。

总之，从建筑风格、法事活动和法系传承来看，万安寺是藏、汉佛教传统交融的一座寺院，而并非前此学者所谓的单纯"藏传佛教寺院"。与忽必烈和察必皇后为八思巴修建的藏传佛教寺院大护国仁王寺不同③，万安寺的建筑规制、法会活动与管理体制是一种"外藏内汉"，藏、汉佛教兼顾的结合式建制④。这种建制模式逐渐为元大都后来修建皇家佛寺大天寿万宁寺、大崇恩福元寺、大天源延圣寺、大承

---

① 宋濂等：《元史》卷三十五，中华书局，1976年，第791页。
② 宋濂等：《元史》卷三十六，中华书局，1976年，第804页。
③ 大护国仁王寺，元代最为著名的皇家佛寺之一，与万安、兴教二寺并称为"都城三大刹"。该寺由忽必烈皇后察必倡建，始建于至元七年（1270）十二月，历时三年，于至元十一年（1274）三月建成。因其建于大都城西高梁河之滨，故又被称作"高梁河寺"或"高良河寺"。念常《佛祖历代通载》卷三十五载："帝（忽必烈）尝问帝师（八思巴）云，修寺建塔有何功德？帝师云：福荫大千。由是，建仁王护国寺以镇国焉。"程矩夫《雪楼先生集》卷九载："至元七年秋，昭睿顺圣皇后（察必）于都城西高良河之滨，大建佛寺，而祝釐焉。"
④ 熊文彬、何孝荣以及日本学者中村淳等均倾向于将元代大都由皇室所营建的佛寺归为藏传佛教寺院一类。陈高华、张帆等学者也均认为上都大乾元寺、大都大护国仁王寺为藏传佛教寺院。顾寅森近年则指出，以大护国仁王寺为代表的皇家佛寺并不能简单地区分为藏传佛教或是汉地佛教寺院，而是兼有汉、藏两种文化因素。不过他不少论述皆是以修建于护国仁王寺之后的万安寺等寺院的情况，来反证仁王寺的性质。见顾寅森：《试论元代皇家佛寺与藏传佛教的关系——以大护国仁王寺为中心》，《宗教学研究》2014年第1期。

华普庆寺等继承①，元成宗铁穆尔元贞元年（1295）在五台山修建万圣祐国寺、大德五年（1301）修建释迦大塔更是直接复制了大都万安寺塔的体制模式②。

五、结论：作为族群纽带与礼仪空间的信仰场域

佛寺伽蓝的本质特征是"道场"，即佛教僧众借以修道并凝聚佛教信众的信仰场所。因此，佛教寺院场所的核心特征是宗教神圣空间。不过，正如段玉明教授的系列研究所指出的，佛教寺院空间神圣性的获得，是经由世俗空间转化和建构而来。③"寺"之名称，也是由古代官署名称借用而来，这说明寺院本身即带有神圣与世俗重合的二元性特征。陈金华教授则强调以多元视角研究寺庙功能的必要性，他认为学者们需要对寺庙在构建东亚经济政治、文化教育纽带以及商业、外交情报网络中所扮演的角色给予更多的关注，将那些往往易被宗教史学者所无视或忽视的非宗教因素纳入研究视野中。④

---

① 姜东成在陈高华研究（陈高华：《元代大都的皇家佛寺》，《世界宗教研究》1992年第2期）的基础上，已留意到元代皇家敕建佛寺的住持往往是汉传佛教的高僧这一现象，并认为这样的安排"是为在各种宗教派别间取得平衡，客观上促进了诸宗走向融合"，但他仍然直接把这些寺院视为"藏传佛教寺院"。见姜东成：《元大都城市形态与建筑群基址规模研究》第七章《元大都的佛教建筑》，清华大学2007年博士学位论文。

② 能仁：《元代"藏—汉"佛教体制的形成——大都释迦舍利灵通塔与五台山释迦大塔的修建与象征》，《佛学研究》2017年第2期。

③ 段玉明对于寺院空间神圣性来源有一系列的研究成果，管见即有：《从空间到寺院——以开封相国寺的兴建为例》，《世界宗教研究》2004年第3期；《从凡俗到神圣：中国汉地寺院的空间转化》，《中国社会科学报》2013年11月；《论中国早期寺院空间神圣性的获得——以〈高僧传〉为中心的考察》，载陈金华、孙英刚编：《神圣空间：中古宗教中的空间因素》，复旦大学出版社，2014年，第254页；《金阁天成：一座五台山寺的兴建》，第二届五台山信仰国际研讨会论文，2016年。

④ 陈金华：《隋唐长安东西禅定寺的多重角色》，载《汉传佛教祖庭文化国际学术研讨会论文集》，2016年。

荣新江在研究大兴/长安城的神圣空间时指出，其最初的建筑设计是以儒家的礼仪空间为主要理念，但是由于传统礼仪制度的影响和社会观念的变迁，比如儒家礼仪空间主要在郊外或者局限在宫城、皇城之中，从而让出了广阔的坊里空间，使得佛道等宗教场所逐渐占据了长安城内最为广阔的场域。这一佛道在内、儒家在外的神圣空间格局，从隋唐一直延续下来，对于中国政治进程、社会发展以及城市布局等方面，都有深远的影响。[①] 元大都城是刘秉忠在上都开平府规划设计基础上，结合传统阴阳风水观念背景和《周礼·考工记》规制而营筑起的儒家礼制与佛道寺观共构的都城空间格局。元大都万安寺因宗教神圣祥瑞而修建，其既充当元皇室祈福中心和象征皇帝权威的礼仪空间，也作为以"藏—汉"佛教信仰为核心的关联蒙古、尼泊尔，以及中国西藏、中原与江南众多区域族群的象征纽带，这一建制模式成为元朝皇家佛寺的重要范本，这些特色也为明清帝国所继承。元大都万安寺的实例说明，寺院空间既是重要的信仰场域，同时也具有族群纽带与礼仪空间的多重功能，寺院本身即是神圣空间与世俗空间的综合体。佛教寺院作为圣俗交融的特殊场域，既是承载佛法僧三宝信仰的神圣空间，也是凝聚东亚政治区域、文化族群等多重世俗力量的重要礼仪和社会空间，这正体现了佛教及其载体在东亚（乃至亚洲）文明传统形成与构建中持续而深远的影响。

---

① 荣新江：《从王府到寺观——隋唐长安佛道神圣空间的营造》，载陈金华、孙英刚编：《神圣空间：中古宗教中的空间因素》，复旦大学出版社，2014年，第10—22页。孙英刚在相关研究基础上进一步探讨了隋唐建都思想中的佛教因素，参见孙英刚：《从富楼沙到长安：隋唐建都思想中的一个佛教因素》，《社会科学战线》2017年第12期。

笑面涂灰,跣足入廛
——浅析普庵禅师信仰

释能法

(中国佛学院普陀山学院)

一、前言

普庵印肃禅师(1115—1169)是禅宗史上一位身份复杂的高僧。一方面,他是南岳下十六世孙,为正统的禅宗临济守法嗣;是中国佛教史上唯一一位自说密咒的汉地高僧,至后世时密咒还有相应的古琴曲谱传世。另一方面,他又是民间法教信仰中的"南泉教主",是道教普庵派的祖师。他不仅在佛教中被尊崇,在道教的民间法教团体中也被信奉,且在文化艺术领域占有一席之地。

一个人存在跨宗教的多元信仰形式,在史上并不多见。如唐代的泗洲大圣、万回和尚等人的信仰,也仅是发展成民间信仰,并未进入道教的信仰体系中。普庵祖师的信仰形式,可说是中国佛教史上出现的一个特例。普庵禅师,从一位出世高僧到符箓宗师的身份变化,像是对《十牛图》所做的诠释:修道圆满终至入廛垂手、和光同尘。解读普庵信仰形式的复杂性,有助于对中国传统社会对待宗教信仰的态度有更深入的认识。通过研究普庵信仰形式的发展与变化,也能更好地理解不同时代民众不同的信仰需求,为佛教的现代化适应提供参考。

普庵信仰的研究,最早提出于1992年由法国劳格文教授在香港中文大学举行的国际科技大学研讨会上,此后引起了众多学者的关注,也出现了大量的研究成果。目前的成果,更多的是从宗教人类学的角度对普庵信仰中科仪、教派等进行的研究。其中,也有少数针对《普庵咒》的音乐学研究,及对普庵祖师禅学思想进行研究的相关论文。①

缘何普庵祖师信仰出现了跨宗教的现象?究竟是何种契机造成了普庵的出佛入道?普庵禅师又给汉传佛教乃至汉民族社会生活造成了怎样的影响?针对以上问题,本文首先通过佛教文献中对普庵禅师的记载厘清其生前的教化方式;其次对普庵禅师圆寂后民众对其的信仰状况及信仰分布进行分析,讨论普庵禅师对汉传佛教的影响;最后对普庵禅师之所以出佛入道做出说明。

二、普庵禅师之思想教化

普庵印肃禅师的生平及主要思想相关记载,可见于《佛祖统纪》②《佛祖历代通载》③《释氏稽古略》④《敕赐南泉宗谱》⑤《南泉慈化寺志》⑥《普祖灵验记》⑦ 等。现存著作有《普庵印肃禅师语录》⑧《普庵

---

① 关于普庵信仰研究现状,参见王水根、杨永俊:《普庵信仰研究述论》,《宜春学院学报》2014年第36卷第2期。另有南昌大学杨霞的硕士毕业论文《普庵禅法思想初探》专门研究普庵禅师的禅学思想。
② 志磐:《佛祖统纪》,《大正藏》第49册。
③ 念常集:《佛祖历代通载》,《大正藏》第49册。
④ 觉岸编集再治:《释氏稽古略》,《大正藏》第49册。
⑤ 《敕赐南泉宗谱》,《南泉慈化寺文库》,内部出版。
⑥ 钱文荐纂修:《南泉慈化寺志》,福建省图书馆藏。
⑦ 《普祖灵验记》,《南泉慈化寺文库》,内部出版,以下简称《灵验记》。
⑧ 《普庵印肃禅师语录》,《卍续藏经》第69册。

加颂亲书金经》①《普庵咒》等。

普庵禅师字印肃，俗姓余，袁州宜春（今江西宜春）人，师未降生前，有邻居见其家祥光烛天，莲生道周，皆以为异。唐代司马头陀曾记其地能诞圣人，众皆认为师为应运而生者。师六岁时曾梦一僧点其胸云"汝他日当自省"，醒后胸口有一红点如樱桃大，遂有出家之愿。两年后师八岁，投寿隆院贤和尚处出家。年二十七具牒祝发，次年受具戒于本邑（袁州）开元寺。闻牧庵法忠禅师于沩山传法唱道，至山访问，因忠示有省。廿九归乡，胁不沾席十二载，除禅坐之外唯读《华严经》，一日读至《华严合论》中"达本忘情，知心体合"②句豁然大悟，乃曰："我今亲契华严之境界也。"并有示众语及作开悟偈，时年四十一。师年五十二迁住南泉重建慈化寺，年五十五示寂，是年奉全身于塔。

（一）为《金刚经》作颂

普庵禅师于大悟时曾云："不可说，不可说，又不可说。始信《金刚经》云'信心清净，则生实相'，实相既生，妄想相灭。全体法身，遍一切处，方得大用现前。"可知禅师功行受用得力于《金刚经》处亦颇多。师现存作品中有两部关于《金刚经》著作，皆是作颂的形式。其一为《金刚随机无尽颂》，作于隆兴元年（1163），师曾于序中自述作颂因缘：

> 偶睹贤士访次，出示前住木平亮禅师为颂卅四首，标云《金

---

① 《普庵加颂亲书金刚经》，《南泉慈化寺文库》，内部出版，以下简称《加颂金刚经》。
② 原著中作"达本情亡，知心体合"，参见李通玄：《新华严经论》卷一，《大正藏》第36册，第721页上；《大方广佛新华严经合论》卷一，《卍新续藏经》第4册，第12页上。

刚随分颂》，五言四韵八句。或以古诗，贯玄机而非异；或彰事理，总法界以圆融。字字归宗，言言见谛。且道梁昭明太子，具什么眼，便解如是？分开历落，耀古腾今，若还不得木平老，也是一场虚设。于中不见有卅一分、卅二分两颂，往往写传遗落，无因寻究。印肃不昧管见，无离实相，随经补之，圆成卅二颂。仍于一句之下，不违其韵，加以三句，联成一颂，总成二百八十八颂。题曰《随机无尽颂》。①

普庵禅师曾有幸得木平亮禅师所作的《金刚经随分颂》三十四首，称赞此颂"字字归宗，言言见谛"。木平山在宜春境，与仰山相近，同在宜春之南，距仰山十里，山中有石塔赐额"会庆"，并有兴化禅寺。史上有多位以"木平"为名的禅师，亮禅师不知为何许人，应为其世曾住于木平山之僧。师见亮颂中缺少三十一、三十二两颂，疑为传抄时所遗落。普庵禅师虽自愧"无离实相"，但"不昧管见"，将亮师颂文补全为 32 颂。又依照亮禅师作颂的形式，于一句之后，按其韵另加三句合成一颂，共成 288 颂，题为《随机无尽颂》，今收于《普庵印肃禅师语录》中。亮师的原颂文为五言八句，若如禅师自序中所言，则《金刚随机无尽颂》中的每一颂之首句皆为亮师《金刚经随分颂》之原句。亮禅师原颂文繁，限于篇幅不录。

现宜春袁州区档案馆所藏的《加颂金经》内容与《语录》中所收《金刚随机无尽颂》并不相同，为两种作品。民国时，太虚大师曾为《加颂金刚经》作题跋，言"所加注颂亦皆概括经义，揭示心宗。以知普祖不惟以灵通著，其由牧庵忠上承江西祖印，亦类超然象外之古

---

① 《普庵印肃禅师语录》卷三，《卍续藏经》第 69 册，第 431 页上。

南泉也"①，对禅师及此作评价极高，将普庵比于南泉普愿禅师。

《加颂金经》于每一分分名之下作小字注释，于经文末加书颂文，颂文内容与《随机无尽颂》相异。《加颂》作于乾道五年（1169）四月，师于序文中盛赞《金刚》之玄旨，文末云："颂经注题，而上祝吾皇，为法忘躯，而报佛恩。忠臣孝子，无非善慧，重来闻法契经，必竟回光返照。含灵蠢动，三界唯心，性等虚空，咸成正觉。尔时乾道己丑而佛生之月，普庵印肃稽首直述。"亦即是说，师于往生前的三个月，于其弟子圆通往生后的一个月血书此作。师虽总回向"含灵蠢动，三界唯心，性等虚空，咸成正觉"，但亦有"忠臣孝子，无非善慧，重来闻法契经，必竟回光返照"之说，不排除是为弟子圆通祈愿而书。通过对《加颂金经》的内容分析可知，师曾提出过"三教一体"的观点，其行文亦不乏文字禅之痕迹。

如其在注经题时有语：

罔象非形而微妙渊旷，谁见谁闻？智珠灵润而尘刹交辉，唯佛先觉。且夫生灭二义，色空两言，假使至极聪明越神乾慧，被这四字包藏，究竟出他不得，妙说先天经道德，患在有身死，凭天地以为棺。准前生灭，我道只个法身寥廓。三教一体，名殊未契，惑三曷免劳尘背觉？背觉则不识自本，逐末诤机；劳尘则执色沉空，难脱生死。若达其本，本即无生，既了无生，今即不灭，不灭之体犹若虚空。只个虚空，圆如实相，实相非相，名曰法身。佛证法身，方得常住。一切万法皆有生灭，唯一法身十方常住。住即不动，常即不变，不动不变，体若金刚，亘古亘今，无物可坏。智慧广大故称般若，竟到彼岸名曰波罗，甜无中边，意合如

---

① 《普庵加颂亲书金经》，《南泉慈化寺文库》，内部出版，第42页。

蜜，了心非外，无不是经。是故须菩提白佛言："世尊当何名此经，我等云何奉持？"佛告须菩提："是经名为金刚般若波罗蜜，以是名字汝当奉持，所以得名金刚般若波罗蜜。"①

"罔象"原意指道家虚无之相，后引申为无心、忘我之境。"智珠"即般若之喻，指佛慧甚深广大。世间智人即使再具聪慧，也不能觑破生灭色空之义理。而佛教使人明"法身"之真如理体，乃能透脱诸生灭相。要而言之，"三教一体"，因其名称有殊而不能契入，惑其三名则不免背觉劳尘，不能识自本心，也将轮回生死。只有达自本心，了不生不灭理，证实相法身，方得免于生灭轮回。师有颂："头裹包巾离色相，方袍圆顶是何人？一轮自在非他物，佛道如空一法身。"② 法身之性常住不动，无物可坏，故以"金刚"喻之；能观之智广大，所以称名为"般若"；此智能渡众生至彼岸，故曰"波罗"；了脱生死其乐无边，故以"蜜"喻；而心不在外，故一切无不是"经"。他认为三教只是宣说名称有殊，其"本"是"一"。而师将经题中的"波罗蜜"分开注释，且未采用梵语本义，而是依汉语字意而进行解释，虽难免牵强，但不失为一种创见。

普庵禅师的颂文与题注中，又能见文字禅之特色。普庵禅师为每分之名所作的注文像极《碧岩集》中每则公案前的"垂示"。普庵禅师于后书《金刚经》正文，又与佛果所列公案之"本则"相似；经文后所附之颂，又极具颂古之意。如：

无得无说分第七注曰：信风千古意，得了向谁言？说得更道

---

① 《普庵加颂亲书金经》，《南泉慈化寺文库》，内部出版，第6页。
② 撰人未详：《普祖灵验记》，《南泉慈化寺文库》，内部出版，第38页。

得，苍天！苍天！

（经文略）

颂：无得亦无说，琉璃含宝月，取舍名无定，言说成差别。一切诸贤圣，罕妙佛真觉，无心自肯人，道了无施设。①

依法出生分第八注曰：不出摩耶腹，朝夕不见娘，生从何所出，得恁雅郎当。

（经文略）

颂：依法始出生，不动意如行，七宝满世界，广施未为恩。有为无佛性，终归有漏根，此经含法界，如暗室中灯。②

化无所化分第二十五注曰：野桥山店，长松短柏，于无住本，立一切法。九十婆婆八十公，一时事毕若盲聋，吾家宝藏谁堪委，只欲贫儿富不穷。

（经文略）

颂：正化无所化，不同众生语，非言非不言，意顺无高下。汝既庐陵来，问米作么价，不落有无中，真实玄空卦。③

威仪寂静分第二十九注曰：岭南枯木，月渚烟霖，绝顶闲松，横吞古雾，不相似则威仪寂静，若拟议则六臂三头。

（经文略）

颂：威仪常寂静，目如大圆镜，乾坤不漏丝，法界非欠剩。

---

① 《普庵加颂亲书金经》，《南泉慈化寺文库》，内部出版，第12页。
② 《普庵加颂亲书金经》，《南泉慈化寺文库》，内部出版，第12—13页。
③ 《普庵加颂亲书金经》，《南泉慈化寺文库》，内部出版，第32页。

身含无尽空,鼻孔辽天迥,舌广耳周闻,如来真慧命。①

"无得无说分"的注文与颂能见典型的禅宗风格,"依法出生分"则举世尊降生之公案说理,"化无所化分"中引庐陵米价的公案,"威仪寂静分"中也是以禅师们常用的方式借景说境。普庵禅师根据《金刚经》三十二分内容,结合禅宗公案与思想,为每分题名添加注释并附颂文,使读者在读诵《金刚经》之时,不仅能读到原经的义理,更能通过注文与颂,借助禅者的视角,对《金刚经》产生全新的认识与见解。就行文内容而言,《加颂金刚经》极重修辞与境界,不失为一部优秀的文字禅作品。

(二) 禅法度化僧众文人

宋代重文,士大夫喜禅,因而影响了禅宗,从而形成了文字禅。生活于南宋的普庵禅师在化众时亦难免俗,他在说法时也会采用当时所流行的方式:"至斯慕向者众,师乃随宜为说,或书偈与之。"② 除了随宜说法之外,也会书写偈语赠予来问道者。而从《语录》来看,师的说法也与其他的禅师无异,示众间有动作,时有譬喻,根本目的是提掣,指示众人当下自见。

如师在上堂示众普说时说:

> 上堂云:三界唯心唯佛解,万法唯识更谁知?迷悟本无权立化,恰如黄叶止儿啼。涅槃生死犹如梦,十圣三贤是阿谁?有物先天无相貌,言诠不及体阿弥。只这阿弥是汝心,不劳逐相外边

---

① 《普庵加颂亲书金经》,《南泉慈化寺文库》,内部出版,第35页。
② 念常集:《佛祖历代通载》卷二十,《大正藏》第49册,第691页中。

寻。三僧祇劫随时立，心心心即是如今。若人不了心非相，执境迷真着色，了色通声无二体，山河大地说真经。敢问诸人，真经作么生说？（良久云：）今妙音无间歇，除非迦叶不闻闻。又云：还会么。若□于这里会得，便许你与佛祖同一段光明，与普庵共一个受用。如或未然，只今不惜口业，更直为诸人说破。善男子要会么？尽乾坤世界，是你一个眼睛，父母所生之身，是一个翳子。一切凡夫，不知这一只金刚妙明、圆鉴不虚的眼睛，坚执一个父母缘生、微尘翳子，所以，认空华为实相，捉水月为真形，出生入死几时休，汩没轮回何日了。①

从这段对僧众的普说法语中可见，普庵禅师在示众时是为众直说心性令其悟入的。首先直说唯心之理，后又详细解释迷妄幻相，令学人能舍妄归真。这种直说在对其他人普说时也能见到，如"为圆普二字行童普说""示徒血脉论""离垢堂训行童"中等。另外，普庵禅师在说法时也多采譬喻，如其在事关修造的说法中多次对僧众及信士示以譬喻：

示小师圆契，修袁州浮桥语
虽然如是，且好生造桥。大要平稳坚牢，更加疾速。水漂不动，风吹不移。度人无碍，诸佛欢喜。天龙守护，到处无碍。全不漏泄，通途无阻。郭匠圆契快着力，归来与你三十棒。教你一生起不得，作个无事人好。②

垩墙
众信助力，垒三身之宝塔，结万载之良因……奇哉净土，弥

---

① 《普庵印肃禅师语录》卷一，《卍续藏经》第69册，第372页中。
② 《普庵印肃禅师语录》卷一，《卍续藏经》第69册，第390页上。

勒楼阁，大家下手莫迟迟；广堃戒墙坚本智，工工计历所设不虚。①

与弟子造桥

亨老能人，宣风有幸。诸大贤长者，福应桥成，为千古之宗标，作万年之佳瑞。道安人乐，旅快轮轻，出自众心，如是圆觉。道济昌荣，立道李公。加之诸公道友，用心者皆不可说，必竟禄寿增高，道行深广。舍不断命之财，布不烦恼之力，竹木全机，成大佛事，广度有情，同登觉道。②

普庵禅师常能以譬喻说法，让人从普通的事物中明了佛教的义理。如关于修桥一事，以桥的通行之用，比喻成接引众生；造桥坚固，能得度众无碍，诸佛欢喜，一语双关。而面对信众为寺内堃墙义举，他也不忘借机说以佛法，即为寺修造，实是为己身培福，塑法报化三身之宝塔，建自心净土、自性楼阁，堃墙实是坚固心智、高筑戒墙。这种将佛法精神融入日常场景的方式正是禅宗"道在日用""运水搬茶皆是禅"的生动体现。

《语录》中还有大量普庵禅师与当时的居士、地方官员、僧众等的往来诗偈，涉及拈古、颂古、送别、悼念、警示、去病、致谢、祝赞等，内容广泛。这些诗偈也都以禅宗思想为基础而作。限于篇幅，兹不赘述。而最能体现禅师悟者风范的事件则发生于慈化寺初成时，当时有人欲施金刚像以安山门，但师却不允，说寺中自有天龙护法，即题颂"自心正直无私，安惧邪魔作乱，法海不宿死尸，悟刹岂容颠汉"于山门柱上。因师之旨，慈化寺山门内并无哼哈二将的塑像。不

---

① 《普庵印肃禅师语录》卷一，《卍续藏经》第69册，第393页上。
② 《普庵印肃禅师语录》卷二，《卍续藏经》第69册，第400页上。

拘泥于形式，反对偶像崇拜，重视自心觉悟，这一行为无疑是宗门大禅师自信的体现。

从前文的论述中，可知普庵祖师拥有正统的禅宗思想，其在日常的教化中以禅宗宗门思想及禅宗方法接引学人。虽然北宋以降文字说禅之风渐盛，普庵禅师也有假文字弘扬禅法之举，但其并未背离南宗直指人心的根本精神，说法示人，不离本心。

（三）救度利济一般民众

在普庵禅师传记中另有一段文字，记载当时为了修造寺院，普庵禅师使用种种方便法度众："有病患者，折草为药与之，即愈；或有疫毒、人迹不相往来者，与之颂，咸得十全；至于祈禳雨旸、伐怪木、毁淫祠，灵应非一。由是鼎新梵宇。或问：师修何行而得此？师当空画云：还会么？云：不会。师云：止心不须说。"① 如果说，前文中说法对象是僧众、有学识的居士、地方官员等，那此处所记的则应是当时的一般民众。他们参拜普庵禅师，不为解脱也非为求道，只因各人有各自生活中的烦恼乃至共业所感之逆境。

关于禅师的灵应，现有《普祖灵验记》两卷传世，内中记载了大量师生前与身后的灵应事迹，善本现存袁州区档案馆。在《御制普庵至善弘仁圆通智慧寂感妙应慈济真觉昭贶慧庆护国宣教大德菩萨赞》中记师："色相圆融，福慧具足，内含慈济，外示神通。降伏妖魔，消弭灾厄，遍游刹土，拯拔一切。灵应昭彰，妙不可测。"② 如《江西通志》中记："圣井，在万载县东北安仁坊。世传宋乾道间普庵禅师尝

---

① 念常集：《佛祖历代通载》卷二十，《大正藏》第49册，第691页中。
② 《普庵印肃禅师语录》卷三，《卍续藏经》第69册，第450页下。

游息于此，时值多疫，师取井水饮之遂痊。"① 志书中记普庵禅师能以泉水除疫疾，至清代时泉水尚存。万载旧志有载，称"至今水味异他井，遇旱愈冽"。《灵验记》中亦记师曾于南山上下各凿一泉，其下泉名治病祷雨，其上泉名供众。从下泉的名称即见师开挖泉水的用意是为利民济众，"其以灾患疾苦请，或书颂，或斛水，与之无不立验"②。而舀水与人为师度众的方式之一。普庵禅师书颂的行为于《灵验记》中亦有多例，如在《劈邪灵异》中记载普庵禅师曾书颂"佛身克满法界，那存邪魅？现怪若不顺吾道心，天雷劈当粉碎"。另四僧持往有异事发生的长沙刘姓宅边大樟树上贴之，并讽《楞严咒》，而树即被雷劈破，现出了失踪的二人。虽然其事于现在读来难免神异，但当时的民众确实是相信禅师亲书的颂文与佛经咒语的神力的。另一则需被特别提出的、广被多种文献记载的灵异事迹，与雷法有关：

> 袁守李公善雷法，闻师显应非常，疑以为妖，乃因公出，便道至寺，意欲驱雷以击师。至谓师曰：久闻和尚道德非常，果能动得雷否？师曰：非。曰：能之愿学焉。守曰：吾于雷法亦尝注意，但不汝之行用如何？守曰：借汝坛场以用吾事。师从命，作用三日不应，抱惭辞去。师留再住，不允。临别，师云：将天鼓相送。遂将柱杖向空一指，雷声大震，电光闪烁，雨雹交至。守乃投师忏悔，雷声即止。③

---

① 《江西通志》，《景印文渊阁四库全书》第513册，台湾商务印书馆，1985年，第301页。
② 《江西通志》，《景印文渊阁四库全书》第513册，台湾商务印书馆，1985年，第433页。
③ 撰人未详:《普祖灵验记》，《南泉慈化寺文库》，内部出版，第37页。

其事出有因，两宋朝廷打击淫祀，师巫邪神都在禁止范畴，而普庵禅师因书颂与水能治疾疫灵应非常，有人便至官府告发师为妖人。当官差去拘捕禅师时，却碰到天降异象，故未遂。李姓官员至此更加相信普庵禅师为妖类，于是请至寺作法，惜作法不成，而反被普庵禅师降伏。正因此事，才有了普庵禅师于南山天龙岩隐遁两载之行。雷法，一般称之为"五雷法"，是发端于北宋的一种道教法术，流行于南宋、金、元时期。其创始人为道教神霄派的王文卿、林灵素等人，是神霄、清微派传习的道术，后东华、天心、正一派也有兼习者。此法主要记载于《道法会元》《清微丹诀》《法海遗珠》等道教著作中。此则关于普庵禅师与雷法有关的记录，终衍变为普庵禅师曾从天一派张天师习"五雷法"，以至反映于后世"普庵教"的普祖图像中，此为后话。

普庵禅师的种种神异之举，正如祥符纪荫禅师所说，"普庵肃颇著神异，乃发源于忠"①，或许与他的老师不无关系：

> 忠出入江湖，人莫测之。宣和间，湘潭大旱，祷雨不应。忠跃入龙渊，呼曰：业畜！当雨一尺。雨随至。时以佛僧目忠。肃既见忠后，亦以神异利济含灵。藏污耐垢，不知有己；演释谈章咒，旋天地，转阴阳。世盛传之，布于弦谱，而弭灾焉。至其异迹，不可胜纪。②

跨虎出游、行事不羁的法忠之事迹，于《嘉泰普灯录》《五灯会元》《大明高僧传》中俱有载。而普庵在参谒过忠禅师后，行事也颇具乃师风范，使虎蟒皈依、祈雨祷旱、驱疾退疫也终成常事。而师与大慧

---

① 纪荫：《宗统编年》卷二十四，《卍续藏经》第86册，第239页中。
② 自融：《南宋元明禅林僧宝传》卷四，《卍续藏经》第79册，第601页下。

宗杲禅师之间的答礼灵异，更是成为在世时即有檀信开始绘师真容进行供奉现象的契机。

普庵禅师一生修道度众不可谓不精勤，无论是立寺安僧，还是利济民众，都可从他留下的语录著作中窥见。研究宋代的民间信仰会发现，在宋代的社会生活中，民众对神异法术乃至风水的态度可谓痴迷，都是信其有的。普庵禅师无时不在说法中警示众人注重自心自性，回归禅宗的本源，他甚至提出"风水禅"，明示"风水性空"，让人专注于自心智慧福德，莫借外在风水求福祐。但从后世人们对普庵禅师的多元信仰来看，此举收效甚微。人们对普庵禅师的关注，仍是因他的灵应而不因其禅法教化。

三、普庵禅师之后世信仰

因普庵禅师生时的灵应，在师圆寂后仍有大批信众，汉地一度出现众多的普庵道场，其信仰区域遍及当时的南宋大部分地区，普庵禅师更因灵应而多次受到朝廷敕封。元代以后，对普庵禅师的信仰更影响了禅宗清规与禅门课颂，规制中出现了针对普庵禅师及其普庵咒的相关记载。

（一）普庵禅师的教化区域

在天如惟则禅师的《语录》中所收的《吴郡慧庆禅寺记》云：

> 初普庵振化于袁之南泉山，道场之盛甲天下。没世虽久，扬扬有灵。凡官民旱潦病横与夫拘忌营构之事，咸祷之，厌应如响。皇元加赠大德慧庆禅师。岁时香币与民施交委，食无寸壤，居徒常数千人。①

---

① 《天如惟则禅师语录》卷六，《卍续藏经》第70册，第808页下。

天如惟则禅师是江西庐陵人（今莲花县），现在的莲花县距慈化寺不足一百五十公里，惟则禅师所描述的慈化寺盛况是可信的，也与早于他的姚燧所作《圣元重建南泉山大慈化禅寺碑铭》中所记相符。直到清代的《江西通志》中，仍记慈化寺"寺广袤宏壮，为郡刹之冠"。"香币"是官方祭祀正祀时由朝廷遣使所奉的祭祀，宋代曾一度打击淫祀，普庵禅师有"大德慧庆禅师"的谥号，慈化寺能"岁时香币与民施交委"，可见是被官方所肯定的正祀。在普庵禅师寂后约二百年间，他的身份也似乎在发生着微妙的变化，从一位禅宗的高僧变为有求必应的菩萨。人们生活中遇到问题，不论逢旱逢涝，还是患病罹横，甚或触犯禁忌及至营建构造，都向普庵祖师祝祷，且"厥应如响"。也因此灵应，使得普庵道场走出江西，于各处兴建，这才有了天如惟则为之作记的苏州慧庆寺。慧庆，即是取自普庵禅师的谥号：

> 姑苏城西五里许……慧庆禅寺也。寺视他刹虽不古，而化声藉藉，缁白归之如市者，普庵禅师之化也。……江湘淮汉之间其化殆遍，独未至于吴。其至有待于时邪？亦必待人而后行邪？延祐甲寅春，南康无瑕沙门宗璁访道至吴门，诵寒山夜钟、江枫渔火之句，恻然有感于中，乃谋结庵以延游锡。……凡利人之事靡不为，为必徵灵于普庵。江艘海舶有获冥应而脱风涛者至，则拜普庵为更生。由是施者翕然，遂建无量寿阁以祠佛，及五百尊者像阁。后为普光明殿，普庵之像居焉。①

普庵禅师的道场及教化，在延祐元年（1314）以前已盛行于"江湘淮汉"之间，亦即长江流域、湘江流域、淮河流域、汉水流域，保守估

---

① 《天如惟则禅师语录》卷六，《卍续藏经》第70册，第808页下。

计信仰区域至少遍及今江西、湖南、安徽、湖北等长江中下游省份。而到了延祐中，因江西南康（今属赣州）的僧人宗璁访道吴中有延锡久住之志，乃结庵而居。璁师居吴广行利他之事，且行事前必向普庵禅师祈祷；更有冥获普庵禅师加持者，亦感念禅师灵应。因此寺宇扩建，且专奉普光明殿以供奉普庵禅师。慧庆寺也成为姑苏著名的普庵道场。学者推断普庵信仰是经由赣西北逐渐向周边地区扩散的，作为赣州人的宗璁在吴中弘传普庵信仰，正与这一推断相符。

普庵禅师的道场，在明代遍及江南。如《湖广通志》中记宁波的"蜜岩山，县东南二十里，蜂多酿蜜岩下。嘉靖初，山顶夜忽有光，土人因祠普庵禅师"[①]。《西湖浏览志》记杭州"观桥北有普庵院，至正年建"[②]，修建时间更早。此外据《陕西通志》记载，陕西洵阳县（今旬阳县）的连尖山在"县南百五十里，山极高峻，以三峰尖耸并峙而名。深奥险僻，俗传为普庵道场。旧名连岭山"[③]。说明普庵信仰流传区域的广泛。《灵验记》中记，师建慈化寺仅十余年后"师之道化远及燕冀"[④]。现今北至山西的文殊菩萨道场的五台山上仍有普庵寺存世。[⑤]

（二）寺制清规与普庵神咒

普庵禅师对汉传佛教的影响，除了体现于历史上曾经出现大量的

---

① 《湖广通志》，《景印文渊阁四库全书》第531册，台湾商务印书馆，1985年，第216页。
② 《西湖浏览志》，《景印文渊阁四库全书》第585册，台湾商务印书馆，1985年，第251页。
③ 《陕西通志》，《景印文渊阁四库全书》第551册，台湾商务印书馆，1985年，第614页。
④ 撰人未详：《普祖灵验记》，《南泉慈化寺文库》，内部出版，第32页。
⑤ 王水根、杨永俊：《普庵信仰研究述论》，《宜春学院学报》2014年第36卷第2期。

普庵专门道场，还体现于后世几乎各大丛林中都建有专门供奉普庵禅师的殿堂，如《重修曹溪通志》中记"大雄殿之左历说法堂，东角为普庵殿"，甚而普庵禅师在六祖惠能禅师的根本道场亦占有一席之地。

供奉普庵禅师在中日佛教界都是普遍现象。成书于延祐四年（1317），由临济宗僧中峰明本禅师所作的《幻住庵清规》中，在"岁旦普回向"条目中已加入"普庵寂感妙济真觉昭贶大德禅师"的名号，清代仪润的《百丈丛林清规证义记》（1823年）的"附各堂结赞"条目中有对于普庵禅师的专门赞颂："普庵灵应，大德名称，天龙八部永随身。地境悉和平，妙法钦闻，善果植升恒。度人师。"所谓各堂结赞的偈赞，是在祖师诞辰或是年节时，于寺内的各个殿堂圣像前普供时所唱颂的赞语。普庵禅师有赞，即说明当时的丛林都供奉普庵禅师像。而在日僧无著道忠《禅林象器笺》的"六讽经"条目中，记日本临济宗僧初六日于普庵殿中（普庵像前）讽经。在同书"二十五点"条目记载，至晚间错钟鸣第三通时，"住持入殿烧香，鸣殿钟七下。盖祖堂一下，普庵一下，土地一下，三尊三下，正面礼拜一下"。普庵禅师在禅寺被尊奉，与师位的三尊主佛、祖位的寺内历代祖师及护法伽蓝同等。而日本临济宗亦有于佛殿后设普庵像（殿）之说。

不仅寺制，普庵禅师更是直接影响了禅宗清规与课颂。在汉传佛教中，普庵禅师所说的《普庵咒》至今仍在传持。《普庵咒》又称《释谈章》，是普庵禅师所说单音节梵咒。此咒功德、神威无穷，世传读诵此咒能普安十方。在《类经图翼》卷十一中，更是记载了《普庵咒》的一个特殊用法，说此咒能镇后期肺结核病菌。① 《普庵咒》最早

---

① 《类经图翼》："传尸痨：第一代虫……第六代灸三焦俞四穴。如前此证五日轻，五日重。轻日其虫大醉方可灸。又须请《莲经》并《普庵咒》镇念之。"

收录于明代的《诸经日诵集要》中，后莲池大师重辑时（万历十八年，1600年）将《普庵咒》删去，因莲池大师认为"普庵后代高僧，无说咒理"。然而，在后人重辑《禅门日诵》时，《普庵咒》与《二佛神咒》又重新被收录，只是以小字标注"朔望当念，余日或减"，也就是每月逢初一、十五课诵加念诵此咒，其他时间的课诵中随意增减。

至今，中国汉传佛教的诸多寺院于农历初一、十五早课念诵时，都会加诵《普庵咒》；而汉传佛教界在修造动土时，也必诵《普庵咒》以安土地伽蓝。《灵验记》中记师曾于建寺立柱时降九良星，因此《灵验记》创作的当时"凡今修造符法，必请普庵祖师"①。九良星为一气母所生九子，即北斗九星星官之变化。日逢九良，忌修整，主见灾殃。后世出现的修造符合法度而诵《普庵咒》行为，应与师伏九良的事迹有关。总之，《普庵咒》影响了汉传佛教的佛事仪轨，汉传佛教僧侣对《普庵咒》的持诵，是主动选择的结果。虽然在历史上《普庵咒》曾一度退出僧众日常课诵，但最终还是被保留了下来。

（三）历代敕封与加谥

普庵禅师寂后，因其灵验感应，宋、元、明三个朝代曾先后七次对他进行敕封。根据《灵验记》所载，敕封年代及其谥号分别为：

1. 宋理宗嘉熙元年（1237）五月因祈雨辄应被诏谥为"寂感禅师定光之塔"；

2. 宋淳祐十年（1250）二月再次祈雨止旱被诏封为"妙济禅师"；

3. 宋宝祐三年（1255）十月因祈止京都瘟疫受封为"真觉禅师"；

4. 宋度宗咸淳五年（1269）四月因祈雨止旱被诏封为"昭贶禅师"；

---

① 撰人未详：《普祖灵验记》，《南泉慈化寺文库》，内部出版，第37—38页。

5. 元成宗大德四年（1300）七月被加封为"大德禅师"；

6. 元仁宗皇庆元年（1312）三月二日被加封为"惠庆禅师"；

7. 明成祖永乐十八年（1420）十二月十三日被加封为"至善弘仁圆通智慧寂感妙应慈济真觉昭贶慧庆护国宣教大德菩萨"。①

　　从以上的敕封中可发现，师在南宋时四次被加谥都不单纯是因为他的禅师身份，而是诸如"祈雨止旱""止疫"等"灵验事迹彰著，护国佑民有功"之事，正如明成祖加封普庵禅师的制书中颂师"万行圆融，六通具足，端严自在，变化无方。誓觉悟于群迷，普利益于庶类"，希望禅师能"功施幽显，福四海之生灵。翊我皇明，永臻至治"。对普庵禅师的屡次加封，与宋代以降的信仰之风也不无关系。以义理著称的佛教日趋式微，以民众需求为目的的功利之风则日渐隆盛。中国民间信仰自此也逐渐兴起，信仰日趋世俗化、社会化与多元化。中国近世的普通民众是不幸且现实的，面对自然灾难与社会苦难，谁更灵应便对谁付出更多的供奉；而当朝统治者也需要普庵禅师作为精神寄托，以起到安定民心之用。

　　普庵禅师所发展出的信仰不同于其他祖师之处还在于，普庵禅师从来是作为他自己这一单独个体而被尊奉的。与金乔觉作为地藏菩萨的化身，泗州大圣作为观世音菩萨的化身，寒山、拾得作为文殊与普贤的化身，甚至万回师都是观音菩萨的再来之身等而被民众信奉不同，虽然有言普庵禅师为古佛再来，但并不明确其为何佛，师的被信仰，完全凭借他的一己灵应之功。虽然可知明代时普庵信仰已于社会大行，各地均出现了专门的普庵道场，明太祖甚至敕封慈化寺为"天下第一丛林"，但碍于文献记载缺失，普庵道场的僧众如何修道，仍是未解之谜。他们是专持《普庵咒》或者是专事礼拜祝祷普庵禅师，还是亦如

---

① 撰人未详：《普祖灵验记》，《南泉慈化寺文库》，内部出版，第2—23页。

其他禅宗僧侣一般修行，不得而知。①

四、普庵禅师之出佛入道

在普庵教的传说中，普庵禅师曾是一名道士，而在现存的佛教著述中却未见普庵修习道法的明确记载。《灵验记》中记载了普祖与吕纯阳的斗法与机锋往来，也有关于普祖建寺时使关王化供、罗王监斋、靖王监作的传说，是普祖与道教及民间信仰相关的记载。《禅林象器笺》的"普庵"条目中记载了一则普庵禅师的灵应事迹，内中明确提及普庵禅师的造像为道士形象：

> 谢肇淛《尘余》云：郑一观者，隆庆时，福清农家也。雅好持斋诵经，凡桑门之徒过者，无不留宿，罄家所有，资其衣粮。先是有一年少，不知何自而来。挟数百金，占籍于邻村，容貌清俊，器度温雅。一观因许以女，招之入赘。具日，适有道士求宿，一观以婚辞。强之，乃许。趺坐中堂，手结普安印，凝然不动。须臾婿至，鼓乐沸天，灯光载道。及入门，见道士，一时俱没。道士叱之曰：畜生来前，复汝故形，赦汝死罪。婿即化为老猴，伏地乞命。道士敕遣之。一观大惊，拜请何居。道士手指前山，化为电光而去。明日寻其迹，得废寺故基，丛莽中有普安佛像，俨然道士也。②

---

① 王水根、杨永俊：《普庵信仰研究述论》，《宜春学院学报》2014 年第 36 卷第 2 期。作者于五台山普庵寺参访时，其寺负责人向作者介绍，《普庵经》是寺院早晚课诵必须读诵的典籍。
② 无著道忠：《禅林象器笺》，《大藏经补编》第 19 册，第 113 页中。

"普安"即普庵。值得关注的是，此则故事的主人公平日斋僧诵经，是典型的佛教徒，但普庵禅师降妖时示现的却是道士的形象。同样的记载也出现在与谢同时代的藏书家徐𤊹的著作《榕阴新检》中，二书成书时间相近，且谢氏与徐氏二人都是"芝社"成员，谢书万历丁未（1607）作，徐书万历丙午（1606）作。从这则记事来看，至少在明末时普庵便已不再是单纯的禅师身份。当时的民众相信，普庵禅师会以道士的形象化现行救度之事。

在客家分布区域的赣西北、闽西北、粤北和台湾等地，普庵禅师作为道教民间法教的一支"普庵教"的教主被信仰，师被尊称为"南泉法主""南泉教主""南泉真人"等。此教派的主要信仰者为客家或与客家有渊源者，他们自称佛教俗家弟子，实为职业道士。在这一民间信仰中，普庵禅师禅宗临济宗僧侣的身份被淡化，俨然一位道教法教的神灵。正如杨永俊在《普庵信仰的宗教定位及特色》中所指出的："普庵教直接服务于百姓的日常生活。在普庵教信仰区域，民众的婚丧嫁娶、疾病、修造、诸神庆典，都会请普庵教法师作法主持仪式。普庵教法师所从事的法事名目繁多，最主要的是度亡醮，其次是菩萨庆寿醮、安龙补土醮、谱醮、生人醮等。普庵教法事仪式由众多节目组成，如请师、请水、荡秽、发铙、发奏、结界、竖幡、普请、迎真、安座、扬幡、诵经、拜忏、奏章、通程、召亡、沐浴、开咽喉、路烛、放河灯、祭社、蒙山施孤、静坛、安龙、补土、开光、造船、斩关、上锁、荐灵、化财、填库、签凭、打药师、做解、安神、送神等几十出节目。"[1] 在正统佛教徒的眼中，普庵教中的佛教成分并不明显。佛教界有其传承至今的法事仪轨，与普庵教及道教的繁复科仪有显著的

---

[1] 杨永俊：《普庵信仰的宗教定位及特色》，《宜春学院学报》2013 年第 35 卷第 5 期。

区别。但普庵教的出现，无疑丰富了民众的社会生活与民俗信仰，丰富了道场法教的信仰内容。

在湖北荆州地区的松滋市流传有一种说法：普庵禅师于山中修道时，因听泉水水滴声有感而创《普庵咒》。其时山中有一修道的蛇妖想要饮用此水，普庵禅师不允，以咒力斩杀之，却只毁蛇形未能灭其神。普庵禅师深知不妙，嘱咐弟子在他圆寂之后要立即焚毁自己的色身。但是普庵禅师的弟子们在师迁化后却并未遵行师嘱，而是如丛林常仪一般送往生、入塔。也正是因为如此，未被普庵禅师毁灭神识的蛇妖便依附于普庵禅师的色身，于人间行种种应化事。当地的"应门和尚"，便是这一派的传人。"应门和尚"即是"香花僧"的一种。他们居于俗家，生活方式与俗人无异，但在民众家中有白事时，便往人家中作法祝祷。举行仪式时，应门和尚所着法服为僧服，法事仪轨掺杂佛道二教的内容。

这则传说并未见于《灵验记》与客家关于普庵信仰的记载与传说中，忽略传说的神异部分，这则故事传达了一个重要信息：后世民间流传的普庵教法与信仰形式，并非普庵禅师的初衷，甚至与禅师毫无瓜葛。有关佛教的也好，事关道教的也罢，这种种的信仰形式无非是一种附会。

南宋至明，是三教融合的完成时期。不仅在民众心中三教并非泾渭分明，很多三教的教徒对他教也并无明显的排斥。儒道二教曾经广泛地吸收佛教教义，而佛教也表现出了对儒道的包容。第一位祷于普庵的道士已不可考，而《普庵灵验记》中的诸多传说在很长一段时间内是被当时的民众信其有的。普庵禅师的出佛入道，初始的原因是"有病患者，折草为药与之，即愈；或有疫毒、人迹不相往来者，与之颂，咸得十全；至于祈禳雨旸，伐怪木、毁淫祠，灵应非一"。正因他生前的种种灵应行为，而有身后的祈祷崇拜，禅师的形象可谓是"露胸跣足入廛来，抹土涂灰笑满腮"，为度化世人而和光同尘。只不过，这一面目全非、非佛非道的信仰形式，是因后世民众的选择被动形成，而非禅师主动塑造。普庵教，更像是近世三教融合的一种历史遗存。

五、结语

　　从普庵禅师的著作可知，禅师拥有正统的禅宗思想。其在日常的教化中，因所对僧俗二众的不同需求而有不同的度化形式。对于僧众与文士，禅师多以禅学思想教导；而对于普通民众，则更倾向于排解现实困顿以度化。及至圆寂之后，禅师仍因其灵应事迹而广被信奉，史上不仅一度出现供奉禅师之专门修行道场，甚而影响了后世的禅门寺制与清规，形成与禅师相关的规制。时移世异，普庵禅师更是出佛入道，不仅被佛教徒所尊奉，更因其灵应而发展出道教民间法教的支派——普庵教，影响且丰富了近世民间信仰与民众生活。

　　佛教的根本精神是为觉悟解脱，希望众生皆得觉悟。自融法师曾评普庵禅师："肃公现三头六臂，而传持祖道，其心良苦矣。悠悠者独以神通见推，则公之大慈悲愿足乎否邪?!"普庵禅师在世时，为了传持祖道兴建丛林，不得以使用特殊手段，众人最终关注的却是其灵应。这反映出了中国佛教的一个特性：因作为信仰者的知识分子与普通大众需求不同，佛教在中国历史上从来都具有双重的身份。一重是将之类同于黄老神仙进行崇拜，一重是对其高级哲学思想进行研究实践以期超越解脱。禅师信仰的历史演变，是其佛教的超越解脱性被忽略而其神性被推崇的过程；反映到整个佛教中，则是解脱佛教被忽视而功利佛教被推崇的过程。佛教的入世从来都是在出世的基础上而言的，而近世（宋以降）很多中国民众对佛教的一般态度则是忽略其出世的教义，而重视其入世的功能。

佛教业观念的图像叙述
——以"业镜"为中心

〔韩〕朴范根

（清华大学哲学系）

佛教传入中国后，其所倡导的"善因乐果、恶因苦果、因果报应"的业力思想对中国人的生活产生巨大影响。在佛教创立之前，印度即有多种建立在宿命论或偶然论基础上的业思想。不同于以往这种消极的业观念，佛教以缘起法统摄业力，强调通过修行改业来实现解脱，具有面向未来的积极性。具体而言，佛教认为人们在现世的善恶作业，决定了来生的福罪果报，由此将因与果报的因果关系延伸于过去、现在、未来，形成"三世二重因果"的三世轮回。人要摆脱六道轮回，就必须勤修善业，以便证得善果，避除恶报。尽管中国本土在佛教传入以前亦有承负之说，但与佛教精细的理论建构相比则难显优势。况且佛教的业观念不仅具有坚实的理论基础，更有"变相"① 形式方便进入大众社会生活之中，业镜即是用以承载业观念的主要方式。

---

① 杜斗城："'变相'是把佛籍和与其有关的文字内容用形象表现出来，即用图画或漆塑表现出来。"《〈地狱变相〉初探》，《敦煌学辑刊》1989 年第 2 期。

一、佛教的镜喻传统与业镜的观念来源

佛教一直有以镜为喻来表达教义的传统，譬如以镜喻心性与法性、智慧，另有以镜像喻诸法之无自性。典籍中以镜比喻心性与法性的内容最多，讨论亦最充分：

> 佛言：如人有镜，镜有垢，磨去其垢镜即明。其有人斋戒一日一夜，有慈心于天下，心开如明如镜者，不当有瞋怒意。其有人一日一夜斋戒，闵哀天下，净心自思自端其意，自思念身中恶露如是，如是者不当复瞋怒。①

> 佛言：道无形，知之无益，要当守志行；譬如磨镜，垢去明存，即自见形，断欲守空，即见道真，知宿命矣。②

而以镜子来比喻佛所拥有的智慧者，当以"大圆镜智"为代表：

> 大圆镜智者，如依圆镜众像影现。如是依止如来智镜，诸处境识众像影现。唯以圆镜为譬喻者，当知圆镜、如来智镜平等平等，是故智镜名圆镜智。③

如上所述，佛的智慧如大而圆的镜子，一切现象皆在其中，众生所造之业亦不例外：

---

① 《优陂夷堕舍迦经》，《大正藏》第 1 册，第 912 页下。
② 《四十二章经》，《大正藏》第 17 册，第 722 页下。
③ 《佛地经论》，《大正藏》第 26 册，第 309 页上。

> 如是如来镜智之中,能现众生诸善恶业,以是因缘,此智名为大圆镜智。①

> 佛告善现:"于汝意云何?明镜等中所现诸像,为有实事可依造业,由所造业或堕地狱,或堕傍生,或堕鬼界,或生人中,或生欲界四大王众天乃至他化自在天,或生色界梵众天乃至色究竟天,或生无色界空无边处天乃至非想非非想处天不?"②

至于镜花水月之喻,强调的则是诸法之空性。《摩诃般若波罗蜜经·序品》:"解了诸法如幻、如焰、如水中月、如虚空、如响、如犍闼婆城、如梦、如影、如镜中像、如化。"《大方广佛华严经·金刚幢菩萨十回向品》中也有"所有起法,犹如幻化、电光、水月、镜中之像,因缘和合,假持诸法,悉分别知从业因起,唯如来地是究竟处",以倏忽急逝的虚幻镜像来比喻世间存在者,揭示诸法都是由各种关系集结而成。

佛教东来以前,古代中国社会对镜子也有特殊情结。在当时人看来,镜子清明不惑,任何瑕疵在镜中都不能隐藏,因此镜子就是明亮清晰的象征,并且具有明辨一切的能力,不容许欺骗蒙混。古代官府大堂上挂有"明镜高悬"③一类匾,以显示官府能如镜子一般洞悉真假、明察隐匿、清正公平。④

---

① 《大乘本生心地观经·报恩品》,《大正藏》第3册,第298页下。
② 《大般若波罗蜜多经·初分无性自性品》,《大正藏》第6册,第1047页下。
③ "明镜高悬"源于记录西汉政治、社会、文化的笔记小说《西京杂记》的"秦镜高悬",秦镜能照见人的五脏六腑,并能看出人心中的邪念,秦始皇用该镜发现谁心里有邪念而严厉惩处之,故人们用它比喻明辨是非、判案公正、办事无私。参见陈义和:《佛教观念对中国古代法律的影响初探》,《比较法研究》2014年第4期。
④ 包丽虹、蔡堂根:《铜镜驱邪观念的心理结构》,《上海交通大学学报》2004年第2期。

"业镜"观念的产生，基于佛教的镜喻传统，特别是能照众生诸善恶业的"大圆镜智"。元魏般若流支译《正法念处经·观天品》有如下记载：

> 时天帝释复示诸天业镜之影，告诸天曰："汝等观于一切业报。若有丈夫作诸善业，集于智慧正见之灯，能知如是上中下智，漏、无漏果。……汝等观是业镜之影，种种业果中布施果。……于镜殿壁见如是相。时天帝释复示天众业之果报，……诸天子！汝当观此业镜之壁，悉皆得见。"时天帝释如是示之。①

> 如来为利众生，示如是事调伏诸天，于业镜地，令住善道，……令诸天众皆得惭愧。是故我今示于汝等，业镜之壁上中下业，汝等天子慎勿放逸也。

> 尔时，天帝释复告天众："当共汝等诣第二树，观诸业镜。往昔之时，迦叶如来于此树中示现变化，利益一切放逸诸天，观于生死诸业之网。我今示汝！"……随业流转，堕于地狱、饿鬼、畜生。顺烦恼业，不离一切生死业行，随业所作，或善不善，如是之业得如是报。如是天子观放逸天，生悲愍心。②

通过业镜显示出的影像，可以看到诸天众的功德、放逸和以上中下划分等级的种种业，更能见到他们随着自身所造之业得到相应的果报，流转于地狱、饿鬼、畜生诸道。由此使得诸天众对自己的不净行为心怀惭愧，不敢放逸。

---

① 《正法念处经·观天品》，《大正藏》第 17 册，第 177 页下。
② 《正法念处经·观天品》，《大正藏》第 17 册，第 179 页中。

佛教认为因果律是必然的，因与果之间存在着完整的对应关系，简单来说，就是种什么因，必得什么果。业镜所呈现的，就是人在人间所有的业——无论大小善恶，绝不会有丝毫损益。死后的归宿，就是一种"果"；决定这种果的，就是业镜中"如其所是"地呈现出的所有业，这些业就是"因"。镜子的隐喻，表征的正是业会被完整地呈现，不会有丝毫损益。

《正法念处经》中谈到的业镜位于"天帝释"所处天界中，其作用在于呈现天界众多天人的行状以及相应而来的"业果"。而业镜产生更广泛的影响却是在其与地狱情景紧密相连之后，后世诸多经典中的业镜均指地狱中照摄众生善恶积业的镜子，[1] 是为"幽途之业镜者也"[2]。

在佛教传入初期，《佛说十八泥梨》《佛说罪业报应教化地狱经》《佛说鬼问目连经》等与地狱相关的经典就开始被译介，南朝梁沙门僧罗、宝唱等撰《经律异相》、隋慧远撰《大乘义章》和唐道世撰《法苑珠林》等中国僧人的著述也详细描述了地狱的情况。[3] 随着上述经典在中国的传播，地狱观念也融入了中国文化的方方面面，更进一步与中国原有的魂魄鬼神以及泰山思想融合，形成了独特的冥界观，最终出现了以地狱十王信仰为核心的《佛说预修十王生七经》《佛说阎罗王受记令四众逆修生七斋功德往生净土经》《阎罗王授记经》等一系列内容大同小异的《十王经》著述。

"业镜"进入地狱，便归属于十王信仰体系，是第五殿阎罗王厅内专属之判罚工具。《佛说地藏菩萨发心因缘十王经》中有如下的

---

[1] 姜守诚：《业镜小考》，《成大历史学报》2008年第34号。
[2] 《法苑珠林》卷十四，《大正藏》第53册，第390页下。
[3] 杜斗城：《敦煌本佛说十王经校录研究》，甘肃教育出版社，1989年，第162—164页。

记载：

> 殿里有大镜台，悬光明王镜，名净颇梨镜。昔依无遮因感一大王镜阎魔法王向此王镜鉴自心事三世诸法情非情事皆悉照。然复围八方每方悬业镜，一切众生共业增上镜时，阎魔王同生神簿与人头见亡人策发右绕令见，即于镜中现前生所作善福恶业一切诸业，各现形像，犹如对人见面眼耳，尔时同生神从座而起合掌，向佛说是偈言：
>
> 我阎浮如见，今现与业镜，毫末无差别，质影同一相。
> 前知有业镜，敢不造罪业，鉴镜如削身，何此知男女。①

众生从死去之日开始先后接受十次审判，起初是每隔七天一次，连续七次；之后是死后第一百天、第一年、第三年分别受审一次。以众生所作业力为标准得出的审判结果将决定来世出生的世界。担任审判官的十王能够做出公正判断，便是因为业镜能够如实地投影出众生作的所有的业。众生不能隐瞒自己的恶行，于是"前知有业镜，敢不造罪业"，业镜观念包含着对恶行的警告。

然而业镜并不是只有警告的功能，也有彰显善行的作用：

> 在生之日，杀父害母，破斋破戒，杀猪牛羊鸡狗毒蛇，一切重罪，应入地狱，十劫五劫。若造此经，及诸尊像，记在业镜，阎王欢喜，判放其人，生富贵家，免其罪过。赞曰：
>
> 破斋毁戒杀鸡猪，业镜照然报不虚，若造此经兼画像，阎王

---

① 《佛说地藏菩萨发心因缘十王经》，《卍新续藏》第1册，第405页中。

判放罪销除。①

从引文中可知，业镜投映出的还包括众生生前的善业，譬如法施等功德，使得众生能够投胎到更好的世界。业镜观念正是如此通过"软硬兼施"的方式一边警示一边鞭策民众，发挥引导伦理生活的作用。

二、业镜图像在中国的诞生与流传

普通民众之所以对佛教接受和崇奉，不在于其高深精致的哲学体系和缜密深刻的逻辑思辨，而是要祈求本人和家庭成员的幸福安宁，希冀远离灾难和祸患。符合民众需求并对佛教的普及发挥最大作用的正是基于因果的业观念。善因乐果、恶因苦果、地狱与轮回之说深入中古中国一般民众的精神世界，特别是地狱观念以极其生动形象的方式影响着民众的社会伦理生活。

据佛教教义，由缘起所生的诸法都是基于业力的，因此一切现象和业都不可分割。② 而且关于业的判断不计较贫富贵贱的世俗问题，只对行为进行善恶评价，陈述自作自受的报应逻辑与作为罪福果报的来世生处。③ 一切众生不管世俗地位如何，在业力面前都是平等的，这种平等并不是结果的平等，而是在业力作用上的平等。十王信仰的冥界审判情景中出现的业簿、业秤以及业镜等工具，正是要以各种方式

---

① 《佛说预修十王生七经》，《卍新续藏》第1册，第408页中。
② "诸所生法皆业为本，若无业本云何能生。故知诸法皆业所系。"《大乘义章·诸业义》，《大正藏》第44册，第602页上。
③ "（业因）上下得报不同。如龙树说，不善有三，谓下中上：下生饿鬼，中生畜生，上生地狱。善中亦三：谓下中上，下生修罗，中生人中，上生天生，又更分别。"《大乘义章·诸业义》，《大正藏》第44册，第599页中。

对业进行严格判定，而业镜映照业的功能在此显得尤为必要。

在佛教传入以前，中国已有如"多行不义必自毙"①，"积善之家必有余庆，积不善之家必有余殃"② 等与业观念相似的思想；但中国传统的说法是警告式的，没有一个完整的世界观与伦理观念支撑，因而就缺乏必然性的威慑。而据佛教业与地狱观念的说法，一切众生死后一定要通过冥界十王的审判而得受其生前所作行为的果报。如此一来，不仅报应的内容由死亡和后代的不幸转向了个体在地狱及将来诸世中的遭遇，而且审判场合中出现的业镜等工具保证了其审判的公正。

业镜的经典根据最早可以追溯到《正法念处经》，到《十王经》出现以后，业镜的形象与角色更加完善，业镜图像的流传本身也与"十王变相"的流行密不可分。值得注意的是，在十王变相图中，业镜的重要性相比文字描述有所提升。因为变相图基本都包含三个要素——审判者、业的内容与受罚场景，而业的内容主要便是通过业镜的映像得以展现。

现存地藏十王图与造像充分说明了晚唐五代宋初这一时期地狱与十王信仰之兴盛。③《佛说十王经》最早于晚唐在四川地区出现④，随后信仰地域迅速扩大，到五代至宋初十王信仰到达了繁荣时期。敦煌经卷图像和石窟雕塑群像中的十王图证明了晚唐时期此信仰在敦煌及河西地区的广泛流传，这些珍贵的艺术正是在此信仰笼罩之下的民众

---

① 杨伯峻：《春秋左传注·隐公元年》，中华书局，1981年，第12页。
② 金景芳、吕绍纲：《周易全解·系辞传》，吉林大学出版社，1989年，第54页。
③ 党燕妮：《晚唐五代敦煌地区的十王信仰》，载郑炳林主编：《敦煌归义军史专题研究三编》，甘肃文化出版社，2005年，第239页。
④ 晚唐时期《佛说十王经》的出现是十王信仰发展成熟及最终形成的标志。据杜头城的研究，《佛说十王经》成于晚唐五代，全称为《佛说阎罗王授记令四众逆修生七斋功德往生净土经》，简称《十王经》或《阎罗王授记经》，经题有"成都府大圣慈寺沙门藏川述"。有关《十王经》的出现与流传状况，参见杜头城：《敦煌本佛说十王经校录研究》，甘肃教育出版社，1989年，第139—144页。

佛教业观念的图像叙述

发愿而造的。

敦煌文献中发现了一系列汉文写本《佛说十王经》，有 46 件之多。① 其中一件《佛说阎罗王授记四众预修生七往生净土经》，撰成于唐五代时期，为手抄卷，内含有几个绘本，有一幅描绘的便是第五阎罗王审判罪人的场景，木质的柱子上挂着一面圆形的镜子，照出罪人生前在杀牛。从敦煌本变相开始，许多业镜图像里出现屠宰牛的景象，一方面是因为在中国广泛流通的《梵网经菩萨戒本》中菩萨戒十重四十八轻戒的首戒就是不杀生戒；另一方面也因为牛是农耕社会的重要劳动力，杀牛本身就是社会禁忌。

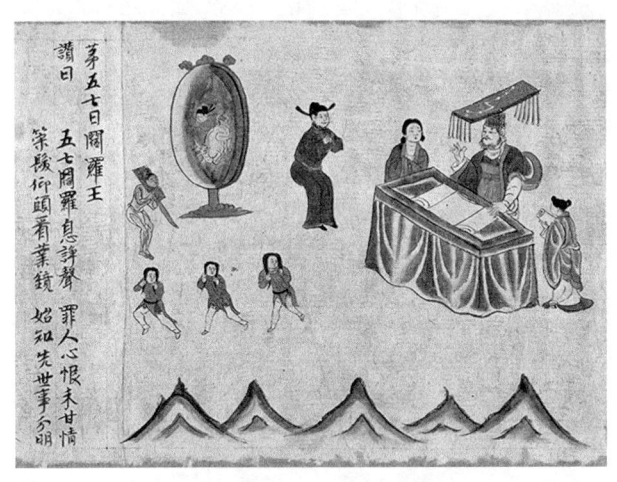

图 1　《佛说十王经》唐敦煌手卷绘本　业镜

宋以后北方敦煌地区的佛教文化逐渐衰落，与十王信仰相关的图像也渐渐消失，而四川地区的十王信仰则呈现出鼎盛之势。② 四川地区目前保存有多处十王图雕塑，比如，大足石刻中的十王变相图、安

---

① 张小刚、郭俊叶：《敦煌"地藏十王"经像拾遗》，《敦煌吐鲁番研究》2015 年第 2 期。
② 何卯平：《东传日本的宁波佛画〈十王图〉》，《敦煌学辑刊》2011 年第 3 期。

岳圆觉洞石窟以及安岳香坛寺地藏十王龛等。其中，大足宝顶山大足石刻以极具独特性的石刻题材和雕刻手法，以及高超的技巧和审美趣味，很好地展现了宋朝四川地区佛教艺术的特色。

图 2　大足石刻　业镜

图 3　大足石刻　业秤

根据《十王经》的描述，地狱不仅有查看生前造业状况的"业镜"，还有用以对亡者的善恶进行评价的"业秤"①。但就中国现存的十王绘图来看，二者未在同一幅图像中出现过。大足石刻的雕刻则生动再现了经典描述的场景，不仅二者同时出现，这里的业镜更是按照经典的叙述以"悬挂式"的形态表达，没有出现支撑镜子的底座或其他华丽的装饰。

三、走向东亚的业镜图像

在沿海地区，随着宋代中国海运的发展，十王信仰也通过东南地区的港口向日本和朝鲜地区传播，被整个东亚地区广泛接受且衍生出各自的地域特色②。根据《三国遗事》③的记录，十王与地狱信仰传入朝鲜最晚在统一新罗时代（668—901），从10世纪末到11世纪初十王寺开始修建，与此同时十王图开始成为供奉对象，并在高丽时代（918—1392）广泛传播。④ 随着十王信仰的传播，业镜的形象也被带到了朝鲜半岛，并产生了一些新的变化。

海印寺寺刊板《佛说预修十王生七经》⑤的变相中所出现的业镜

---

① "五官业秤向空悬，左右双童业薄全，轻重岂由情所愿，低昂自任昔因缘。"《佛说地藏菩萨发心因缘十王经》，《卍新续藏》第1册，第405页上。
② 有关十王信仰在日本的流传状况，参见岩佐貫三:《十王経思想の系流と日本の摂受》，《印度学佛教学研究》，1964年。
③ 一然《三国遗事》第5卷《神咒第六·善律还生》以及《感通第七·郁面婢念佛西升》。《三国遗事》是由高丽时代僧侣一然（1206—1289）所编撰，以高句丽、百济、新罗三国为记述对象的野史。
④ 金廷禧:《朝鲜时代地藏十王图研究》，韩国一志社，1996年，第97页。
⑤ 国刊板是指国家设置"大藏都监"，以君王之名制作的经板。寺刊板或私刊板是指地方官府或在寺庙以教育为目的制作的经板。《佛说预修十王生七经》木板是海印寺高丽刻板之一，共有9板16章，1—9章是变相图，10—16章是经文，末端有在郑晏（1246）制作的记录。现在在海印寺寺刊板殿所藏，被指定为宝物（韩国宝物374-4号）。

图像，是在朝鲜半岛所发现的已知造成年代最早的业镜图像。此经的刊刻不同于有国家支持的《高丽大藏经》，其经板由海印寺自己制作，而海印寺位于朝鲜半岛南部地区，可知当时这一地区已盛行十王信仰。其中描绘的业镜与敦煌出土资料一样，呈立式摆在阎罗王的面前。

图 4 海印寺寺刊板《佛说预修十王生七经》变相 高丽时代（13 世纪）

在朝鲜半岛以佛画形态表现出来的业镜中，可以确定年代的作品有 1742 年造冥府殿十王图（海印寺藏）与 1855 年造花芳寺十王图等。从高丽时代开始盛行的十王与业镜图像，到了朝鲜时代逐渐发生转变。业镜从以往的第五殿阎罗王专有物变成了其他王也使用的法具。如下佛影寺所藏一组朝鲜时代后期的十王图（1880 年造，现存七幅）① 中，除了第十转轮王以外的六位王，每位或左或右都有业镜。在其所显示出的冥界景象中，除了阎罗王以外的其他王也会依业镜审判亡者，而穿武官服装的十殿转轮王根据前九位的审判结果，决定亡者的生处，故而不需要业镜等审查业的工具。

---

① 佛影寺十王图中第五、七、九的画幅被盗。

佛教业观念的图像叙述

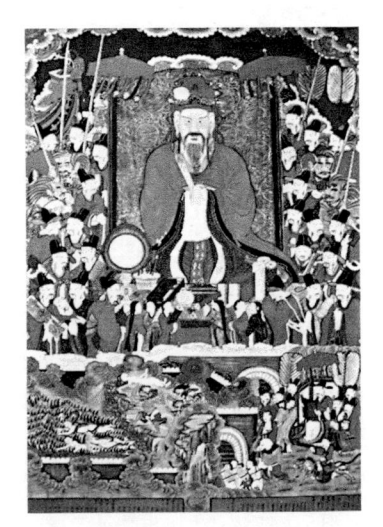

图 5 佛影寺十王图之第一殿

图 6 佛影寺十王图之第二殿

图 7　佛影寺十王图之第三殿

业镜的形态逐渐发生了变化，从以往的刻板变相转变为造型华丽，例如华丽的柱形上方挂着以莲花与火焰纹样装饰的镜子。外形的精细化与出现场所的增加，一方面反映的是艺术创作的精细化与活化，另一方面反映的是业镜重要性的提高。

图 8　桐华寺所藏业镜

业镜在朝鲜半岛最重要的嬗变在于脱离绘画与雕刻，进入实物形态。韩国的许多寺庙中都可以找到业镜的实物，可以确认年代的有传灯寺藏1627年造木雕业镜一双、表忠寺藏1688年造业镜一座。

这些实物业镜得到了极高的重视，甚至有专门的"业镜殿"。朝鲜半岛的实物业镜一般由上半部的业镜与下半部的柱形或类似狮子的动物形态的台座构成。上部通常采用青铜制圆形业镜，大多以华丽的彩色火焰纹样装饰，安立于莲花台上，这些形象很容易令人联想到佛坐在莲花台上的形象。台座的动物色彩绚丽，多为蓝色或黄色，但其本体究竟是哪种动物则难以定论。存在以下两种主要的可能性：其一，狮子。地藏十王图里有时会出现名为"金毛狮子"的狮子图像，作为"文殊菩萨"变身，审判死者时在地藏菩萨身边辅佐。[1] 其二，獬豸。作为古代传说中能辨善恶忠奸的异兽，獬豸由能辨曲直的特征延伸出清正廉洁、公平正义的意涵，成为司法公正的化身。[2] 朝鲜王朝后期，在寺庙佛堂的佛坛、业镜台、鼓台以及烛台等法器上出现了獬豸的形象。[3]

与业镜实物类似的法器还有明镜，这是指修行法器的镜子[4]，青谷寺藏一对铜镜有"康熙三十二年癸酉正月日青谷寺法堂明镜化主三学"的铭文。

---

[1] 地藏旁有一狮子，道明问其缘由，地藏云"此是大圣文殊菩萨化现在身，共吾同在幽冥救诸苦难"。参见王惠民：《中唐以后敦煌地藏图像考察》，《敦煌研究》2007年第1期。

[2] 钟俊昆、曾晓林：《獬豸：图像象征的来源与意义》，《中华文化论坛》2015年第3期。

[3] 根据韩国学者尹烈秀的研究，朝鲜时代后期，特别是在19到20世纪，獬豸和狮子的区分变得越来越难，可能出现了狮子与獬豸的形象融合的倾向。如果这一推测成立，那么作为业镜台的动物形象也就可能是二者融合的结果。参见尹烈秀：《遗物中的动物象征》，《韩国文化遗产基金会》2012年。

[4] Kim Soon Ah：《佛教法器业镜台考察》，韩国东国大学博物馆《佛教美术》2015年第26号。

图9 青谷寺业镜殿匾额

图10 青谷寺明镜

图11 青谷寺明镜与铭文

《大毗卢遮那成佛神变加持经》中，明镜偈云：

持真言行者，复当执明镜，为显无相法，说是妙伽他。
诸法无形像，清澄无垢浊，无执离言说，但从因业起。
如是知此法，自性无染污，为世无比利，汝从佛心生。①

由此可见，明镜的比喻所展现的内涵是：从业因起诸法，而且众生都具备无差别之佛性。因而面对法堂中明镜的人，通过镜子看到的就是具备佛性而有成佛之希望的自己。明镜与业镜的实物同样出现于法堂之中，前者的意义在于赋予众生解脱和成佛的希望，后者的意义则在于警示众生时时自我省察。

四、结语

佛教在传播过程中，不仅使用佛经的文字叙述来弘法，还善于利用劝善书、感应记、法事法会等多种方式，其中最有效的方式之一就是利用变相图宣扬业观念，这种方式吸引了大批信徒，扩大了佛教在民间的影响，客观上起到了劝化世风、导人向善的作用。

佛教业与地狱观念和中国固有思想结合产生的十王信仰以及《十王经》的撰述，进一步巩固了业观念的影响力；表达十王信仰的十王图与地狱变相中出现的业镜，作为业观念的符号象征，更是超越以往表达方式的限制，在法堂中以实物的形态出现。业镜在东亚的巨大影响，反映出其所蕴含的众生平等、随业而得等佛教哲理在东亚地区广受欢迎。

---

① 善无畏、一行译:《大毗卢遮那成佛神变加持经》卷二，《大正藏》第18册，第12页上。

"伽蓝七堂"发微
——兼谈中国佛教寺院建筑空间上的唐宋转变

张雪松

(中国人民大学佛教与宗教学理论研究所)

中古以来,日本佛教寺院禅林有"伽蓝七堂"之说。20世纪上半叶,"中国营造学社"的一批中国建筑史研究者,将"伽蓝七堂"的概念引入中国佛教寺院建筑史研究中,随后宋代以来中国佛教寺院建筑是"伽蓝七堂制"的观点普遍流行。近年来,也有不少学者对此提出质疑,认为中国佛寺建筑中从来没有存在过"伽蓝七堂制"。本文将就此问题展开讨论,并兼及中国佛教史上的唐宋转变问题。

一、"伽蓝七堂"与《五山十刹图》

日本曹洞宗传法时,除了授予嗣书外,还会秘传"切纸"。现存较早的禅林七堂切纸是埼玉县正竜寺所藏,日本天正十七年(1589)五月廿八日,六世大久寅硕所传。在日本曹洞宗"切纸"中将禅林七堂,即法堂、佛殿、食堂、浴室、山门、东司、僧堂,与人体的七个部位（头、心、左手、左脚、阴、右脚、右手）一一对应。①

（端里）七堂图切纸

禅林七堂图切纸

禅林殿堂何只限七，祖师堂、土地堂、照堂、经堂等不胜枚举，故中华禅林无七堂说，但于此方禅林，唤上所图者谓之七堂也。或家有马祖七堂切纸、山门切纸、门训切纸、烧香切纸、七堂参话头等，并是后人私说，全非家传，不可信用也。

住持之人以伽蓝界内为自己一身，是故一切时中，不离法堂，语默动静，常转法轮。一切时中，不离佛殿，开眼闭眼，常观如来。一切时中，不离食堂，法喜禅悦，常转食轮。一切时中，不离浴室，净触宣明，常悟水因。一切时中，不离山门，一出一入，常了三脱。一切时中，不离东司，知惭知愧，常得清净。一切时中，不离僧堂，坐卧经形，常证大定。如是不可不知，大凡诸堂各处，有所主圣像，日日巡堂，烧香问讯，或行礼拜，或诵经咒，殷勤郑重，答护念德也。但如法堂，住持之人演法处故，虽不设圣像，座是须弥灯王所坐座，堂是善眼罗刹王所主堂，切须念想灯王、善眼，以致烧香问讯也。

右嫡嫡相承至今

现在瑞龙良准授与愚谦

（印）（印）

---

① 相关研究可以参考石川力山：《中世曹洞宗切紙の分類試論（七）：堂塔・伽藍・仏・菩薩関係を中心にして》，《駒澤大学佛教学部研究紀要》（44），1986年，第250—267页；冲本正宪：《禪宗樣伽藍配置と身體メタファー：身體投射の動機付け》，《苫小牧工業高等専門学校紀要》（48），2013年，第31—63页。

日本曹洞宗传法，得法之人亦为一寺住持；寺院殿堂被观想为住持者的身体器官，一切时中，常相护念。又佛寺各殿堂都有圣像，即便没有设置圣像的法堂，也有神明护佑，故须时时念想护持。中国道教有"体内神"的观念，人体的五脏六腑各个器官都有神明。中国佛教亦很早有"身土不二"的观念，宋代钱唐沙门释智圆《维摩经略疏垂裕记》卷二就明确提出了"身土不二"的概念，并进一步解释说："离身无土，离土无身，故身成时即土成也。"元代僧人普度编辑的《庐山莲宗宝鉴》卷二中有一首偈子专门讲身土不二："毗卢即是寂光土，寂光即是大毗卢。身土本来无二相，皇城元是大京都。"中国古代净土信仰中的身土不二，讲的是佛身（毗卢）就是净土（寂光土），即人身成佛，其所居的地方也自然会是净土，佛身与佛所居的净土不二。日本曹洞宗传法时密授的"切纸"，与上述观念有近似的地方，但也不完全相同，是住持寺院之人，人身器官与寺院殿堂不离不异，体现了得法者住持、护念佛寺、正法之意。

伽蓝七堂的观念，并非日本曹洞宗独有，日本临济宗学者、京都妙心寺龙华院无著道忠（1653—1744）在其名著《禅林象器笺》第二类"殿堂门"的"伽蓝"条中，也有类似的论述：

伽蓝。

慧苑《华严音义》云："僧伽蓝，具云僧伽罗摩。言僧者，众也。伽罗摩者，园也，或云众所乐住处也。"

忠曰：法堂、佛殿、山门、厨库、僧堂、浴室、西净，为七堂伽蓝。未知何据，各有表相，如图：

法堂（头）

佛殿（心）

> 僧堂（右手）　厨库（左手）
> 　　　　山门（阴）
> 西净（右脚）　浴室（左脚）
>
> 《止观辅行》云：如《大经》云：头为殿堂。
>
> 《摩诃僧祇律》云：厕屋不得在东、在北，应在南、在西。
>
> 忠曰：此图净所在西南，则合《僧祇律》说。①

日本禅宗研究专家伊吹敦教授在《禅的历史》中专门讨论过日本禅林的建筑：

> 在这些建筑物中，佛殿、法堂、库院、东司、浴司最重要，称为"七堂伽蓝"（这一说法始自一条兼良［1402—1482］，是中世日本禅林的说法，在中国似乎并不存在。而在黄檗宗中，将本堂［大雄宝殿］、禅堂、斋堂、祖师堂、伽蓝堂［祭祀护伽蓝神的场所］、鼓楼［设置大鼓的楼阁，与钟楼相对］、钟楼，称为"七堂伽蓝"）。东司、浴司在南都六宗中不属于七堂伽蓝，而在禅宗中，基于清规，这些也是修禅办道的场所，所以被列入七堂伽蓝。其配置，以仿真人体为最理想……（见于江户时代木匠的秘本《匠明》［1608］和曹洞宗的《禅林七堂》等）。
>
> 具足七堂伽蓝的，只是诸宗的本山等少数的大寺院，在中小寺院，通常将几种建筑的功能集约到一处，以减少建筑物的数量。如将众寮与东司、浴司并入库院（库里），将佛殿与法堂合为本堂等。所以一般寺院通常由本堂、库里、开山堂（许多寺院兼有

---

① 无著道忠编著，河北禅学研究所编辑：《禅林象器笺》，中华全国图书馆文献缩微复制中心，1996年，第12页。

供奉檀信徒牌位的"牌位堂"的功能)、钟楼、三门等构成。①

15世纪,一条兼良的《尺素往来》首先提到伽蓝七堂:"七堂者,山门、佛殿、法堂、库里、僧堂、浴室、东司也。"将伽蓝七堂比拟住持之人身体的七个部分,是迟至两百年后的16世纪末17世纪初才流行的观念,出现在《匠明》、无著道忠的《禅林象器笺》,以及曹洞宗的禅林七堂切纸中。此外,伊势贞丈(1717—1784)的《安斋随笔》后编十四中亦提到禅宗佛寺有七堂。

前引早期文献中都说"中华禅林无七堂说","未知何据"。不过正如以往很多学者都已经指出的,入宋日本僧侣游历南宋禅林"五山十刹"时,描绘的《五山十刹图》(亦称《大宋诸山图》等名),已经可以看出"伽蓝七堂"的形制。(1)《五山十刹图》中"僧堂戒腊牌"中所记最晚的戒腊是"淳祐七戒"(淳祐七年为1247年),故《五山十刹图》应该作于1247年之后。(2)"念诵回向文"中提到"念白大众,如来大师,入般涅槃,至皇宋淳祐八年丁未,已得二千一百九十七年",淳祐八年为戊申年,不过佛灭年代中日均流行唐初法琳的公元前949年说,按此计算佛历二千一百九十七年,即1248年,就是淳祐八年。(3)"告香图"题记"礼天目和尚丛林告香之图",天目文礼禅师淳祐十年(1250)圆寂,故《五山十刹图》应该作于1250年之前。基于以上三点,现在学术界一般都认为《五山十刹图》作于宋淳祐八年,即1248年。②

《五山十刹图》二卷,现今日本所存古抄本达数十本之多,其中

---

① 伊吹敦:《禅的历史》,张文良译,国际文化出版公司,2016年,第271—272页。
② 参见张十庆:《五山十刹图与南宋江南禅寺》,东南大学出版社,2000年,第6—7页。

以大乘寺本和永平寺本（仅存一卷）最为重要。此外，有无著道忠抄录校订的龙华寺本，也具有重要的参考价值。而常高寺本是最早引起我国学者关注的《五山十刹图》抄本。日本学者田边泰依据《五山十刹图》福井常高寺本（《大唐五山诸堂图》）撰写的《大唐五山诸堂图考》，最早由梁思成先生翻译，并发表于《中国营造学社汇刊》第三卷第三期（1932年9月），梁思成先生指出："《营造法式》乃一部理论的、原则的著述，而《大唐五山诸堂图》乃一部实物的描写，两者较鉴，释解发明处颇多……实我国建筑史中之重要资料也。"前述"伽蓝七堂"的早期文献，与《五山十刹图》也颇有渊源。

首先被翻译介绍到中国的《五山十刹图》常高寺本，是以永平寺本为底本抄录而成的。永平寺是日本曹洞宗重要的祖庭。1227年日本曹洞宗师祖道元在中国学成归国，后受到比叡山的压迫，于1243年退居越前（福井县），次年入驻波多野氏创建的大佛寺，1246年大佛寺改称永平寺。1253年道元在京都病逝，世寿五十四岁。最初永平寺的僧团规模较小，后逐渐壮大，成为日本曹洞宗的祖庭，得到后圆融天皇"日本曹洞宗第一道场"的敕额，并被定为"出世道场"。15世纪以后永平寺逐渐荒废，1539年奈良天皇（1526—1557在位）再次赐予"出世道场"的称号，永平寺再度确立了在曹洞宗内的地位。16世纪永平寺在一向宗（净土真宗）暴动中全部被毁，18世纪全面修复重建。现今日本曹洞宗永平寺是"伽蓝七堂"最典型的代表。

无著道忠于日本元禄十六年（1703）三月，用七日时间，对《五山十刹图》大乘寺本进行了临摹抄录，补充完成了龙华寺本，并制作内容目录、"蓝图校讹"，当年三月十七日还撰写《记写道元和尚将来名蓝图事》，因为时间短促，"故图中零碎省略，期重补者多矣"。宝永七年（1710），无著道忠依据东福寺本的转写本光云寺本进行校对，并撰写《记东福寺开山将来名蓝图誊写事》。亨保元年（1716），无著道忠再次得阅大乘寺本，进行补缺，始成完璧，并于当年十月初五撰写《记补龙华写本阙略事》。

无著道忠《记写道元和尚将来名蓝图事》云：

> 元禄十六年癸未三月三日，天□座元先容率智则首座者来相看，智则乃浓州崇福寺物堂和尚之受业，以本巢郡本田村通玄寺龙云座元为法兄。其现住高门座元，盖龙云之法子也。（智）则寓居彼寺数年已来，锐志于《百丈清规》……天□先出去，（智）则曰："某曾在嘉州大乘寺时，住持人称良高和尚，一日就问禅刹堂殿之位置，和尚窃告言：'此山有道元和尚在唐写来《名蓝堂宇图》，宇所谓《一夜碧岩》同秘重。'（智）则又是披袈裟入室，恳请一览，和尚怜其真情，借所藏副本，诸弟子知者希矣。（智）则乃锁一室次第摹写。功毕之后，更请出道元真本，逐一校雠，无复疑惑。今师尽力于《清规》，故某者回赍持来，欲备高览。"余闻说惊喜，欲必观之。①

引文中的《一夜碧岩》是指我国宋代释重显颂古、克勤评唱的《碧岩录》（《佛果圆悟禅师碧岩录》），相传道元在即将回国时，于临行前一夜时间内书写完成《碧岩录》（题名为《佛果碧岩破关击节》），故别称《一夜碧岩集》。将《五山十刹图》与《一夜碧岩集》并称，显然是为了突出《五山十刹图》在日本曹洞宗中的尊崇地位。如前所

---

① 张十庆：《五山十刹图与南宋江南禅寺》附录三《大宋五山图说》之无著道忠校写宋本《大宋名蓝图》，东南大学出版社，2000年，第170页。

述,道元在1227年已经回到日本,而《五山十刹图》大约作于1248年,《五山十刹图》不可能是由道元携回日本的。而《五山十刹图》在早期流传过程中,传说为道元带回日本,说明《五山十刹图》的早期流传亦与日本曹洞宗有密切关系。现存《五山十刹图》最早的抄本是大乘寺本。而大乘寺也是日本曹洞宗的重要祖庭。永平寺第三代住持继承权,在义介和义演之间产生争端。彻通义介被迫离开永平寺,移居加贺(石川县)的大乘寺。义介门下的名僧莹山绍瑾(1268—1325),在1299年继承了大乘寺。在莹山绍瑾的努力下,日本曹洞宗宗风大振,得到了长足的发展。

《五山十刹图》开篇"伽蓝配置"中描绘了宁波天童寺、杭州灵隐寺、天台万年寺的伽蓝配置,大体可以与"伽蓝七堂"有所对应。现依据张十庆教授的相关研究[①],列图如下:

方丈	方丈
大光明藏	前方丈
寂光堂	祖师堂　法堂　土地堂
祖师堂　法堂　土地堂	卢舍那殿
僧堂　佛殿　库院	僧堂　佛殿　库堂
观音阁　山门　钟楼	轮藏　　　钟楼
	山门
(南宋天童寺伽蓝主体配置)	(南宋灵隐寺伽蓝主体配置)

---

① 以下参见张十庆:《五山十刹图与南宋江南禅寺》,东南大学出版社,2000年,第37—47页。

方丈

大舍堂

法堂

罗汉殿

僧堂　佛殿　库院

山门

（南宋万年寺伽蓝主体配置）

由此张十庆教授认为，中国宋代伽蓝配置的基本格局为：

方丈

法堂

僧堂　佛殿　库院

山门

禅宗于宋代传入日本，道元虽然未携带《五山十刹图》回国，但他对宋代中国禅宗丛林寺院规制应该是熟悉的；稍后《五山十刹图》传入日本，日本禅林寺院建筑学习、模仿中国禅宗寺院丛林模式，更是有案可稽。日本禅林出现的"伽蓝七堂"，是省略了南宋丛林寺院主体建筑中常见的"方丈"，而突出了厕所与浴室的设置，从而成"七堂"规模。至迟在17世纪初，日本曹洞宗又将伽蓝七堂与住持之人的七种人体器官相比拟，这与日本禅宗寺院"一流相承刹"的流行应该有直接的关系，即"十方选贤丛林"逐渐衰落，禅宗寺院的住持由特定禅宗门派法嗣的师徒继承。嗣法住持者的身体即是丛林寺院，从而加强了嗣法者住持寺院的合法性与神圣性。这也与17世纪初江户幕府受儒家影响，开始加强对佛教寺院的管理，着手制定各种"寺院诸法度"的背景有关。在这一背景下，寺院虽然受到较多限制，但寺领得到优待，伽蓝制度进一步规范和完备。在这一时期，"伽蓝七堂"逐渐见诸文字，成为明文规制。与此大约同时，黄檗宗在晚明时期传入日本，黄檗宗徒去掉了厕所与浴室，增加钟、鼓楼，并将原有殿堂加以改造，形成了具有自己宗派特色的"伽蓝七堂"。此外，天台宗、真言宗也都有本宗派的伽蓝七堂。

二、从唐宋转变看中国寺院丛林建筑变化

"伽蓝七堂"原本是日本近世禅林伽蓝配置的一种说法，近代日本学者伊东忠太（1867—1954）等人开始提出日本中古佛寺建筑中可能存在"七堂"制度。1932年9月，曾经留学日本的刘敦桢先生（1897—1986）在《中国营造学社汇刊》第三卷第三期发表《北平智化寺如来殿调查记》最早提到"唐宋以来有伽蓝七堂之称"；同年11月，《中国营造学社汇刊》第三卷第四期里，梁思成、林徽因在其名著《平郊建筑杂录》中引用了刘敦桢先生"唐宋以来有伽蓝七堂之称"，并认为北京卧佛寺"虽不敢说这就是七堂之例，但可借此略窥制度耳"。① 近年来，唐宋佛教寺院有"伽蓝七堂"的规制，这一观点广泛流行，但也有不少反对意见，戴俭在《禅与禅宗寺院建筑布局初探》中认为："中国历史上寺院甚至禅寺并未存在过'伽蓝七堂'制度。"② 而对"伽蓝七堂制度"进行过比较系统批驳的是清华大学袁牧博士，他认为："在中国历史上，并未存在过一种叫做'伽蓝七堂'的佛寺建筑制度。""伽蓝七堂说，主要是日本僧人对南宋大型佛寺的

---

① 相关研究综述，可以参见袁牧：《中国当代汉地佛教建筑研究》，清华大学2008年博士学位论文，第42—44页。

② 戴俭：《禅与禅宗寺院建筑布局初探》，东南大学建筑系硕士学位论文，收于《中国佛教学术论典》第75卷，台北佛光山文教基金会，2001年，第59页。

中心部分或者小型佛寺的一种简化的理解方式，是一种以偏概全的误读。""伽蓝七堂说局部上符合南宋佛寺中心区'山门朝佛殿，厨库对僧堂'的十字布局模式，可能在日本形成了制度并得以执行，但对于中国古代大型佛寺则显然不足以上升为制度，也确实没有形成制度。"①

袁牧博士的相关考证和结论，笔者认为是可以成立的。即便在日本，"伽蓝七堂"也主要被视为禅宗丛林寺院神圣性的象征，而僧侣日常生活与宗教活动的功能区，则主要在"塔头"，这可以从"伽蓝七堂"的衰落中看出，正如伊吹敦教授指出的，近世日本佛教存在丛林寺院衰落、塔头林立的局面：

  在作为官寺代表的五山中，东福寺和相国寺等皆为特定门派师徒相承的寺院。这在中国虽然难以想象，但在重视师承关系和门派的日本，这又是极为自然的事情……当然，日本人的这一性格也必然影响到实行十方住持制度的南禅寺、建长寺等寺院。担任过五山住持的高僧常常在山内筑庵而居，而在他们去世后，这些庵作为塔院留存下来，这一门派的人以此为据点而活动。于是五山各寺院各门派的塔头林立，在各塔头除了开山之祖的墓塔，还设有祭祀用的昭堂、客殿和库房、书院、门等。禅僧的生活中心，逐渐从本寺（七堂伽蓝）转移到塔头。伽蓝完全按禅宗的规则建造，而塔头则按日本书院的样式建造，所以对日本人来说，在塔头生活起来更舒适。

  但塔头的发展也同时意味着伽蓝的衰落。与塔头的数目不断

---

① 参见袁牧：《中国当代汉地佛教建筑研究》第二章《历史：汉地佛教建筑的演变》，清华大学 2008 年博士学位论文，第 41 页。

增加形成对照的是七堂伽蓝的破败。回廊和僧堂等即使遭遇火灾等也往往得不到修复，因为以僧堂为中心的集团修行不再举行，这些建筑物失去了存在的必要。山内僧众会集一堂的机会，也仅限于在佛殿和法堂举行的仪式而已。①

实际上，上述日本佛教寺院存在的现象，在宋代以来，特别是明清佛教中也大量存在，这在中国也不是"难以想象"的事情。中国佛教更多是以"房头"的形式来实现日本"塔头"的作用，其具体运作形式有十分相似的地方。② 以往学界比较重视中国佛教寺院十方丛林与子孙庙（甲乙制）的探讨；但在丛林和子孙庙之间有一个不容忽视的类型模式，即房头。在传统社会中，一个丛林大寺有数目不等的房头是非常普遍的，而且常常有各房轮流管理丛林的模式；房头内部，则十分类似子孙庙的模式。简单来说，子孙庙类似于（剃度）家庭，丛林类似于（传法）宗族，而房头是在宗族之下、家庭之上的。如一个宗族下面有大房、二房、三房等，而房又由一个或若干家庭组成。一般来说房头是由十方丛林分化的；但也有几个子孙庙合成一个房头，再由几个房头合成一个大庙的（类似于合股）。

一寺内各房头一般有以下几个特点：（1）各房头内部，基本上都是各自独立的庵堂；（2）各房头，地理位置接近，都在丛林寺院附近；（3）各房头的创立者，都被认为是丛林以往历代祖师之一。丛林寺院的财产，各房、房内各支都有权享受收益，而财产每年的经营则由各房轮流管理。如果一房势力大，能几年轮一次，小房可能十几年

---

① 伊吹敦：《禅的历史》，张文良译，国际文化出版公司，2016年，第178—179页。
② 中国佛教寺院的房头问题，参见张雪松《明清以来中国佛教法缘宗族探析》（台湾《辅仁宗教研究》2009年第19期）及张雪松《佛教法缘宗族研究：中国宗教组织模式探析》（中国人民大学出版社，2015年）中的相关论述。

轮一次，一个房头过于庞大也可再分几房，这些都要看具体寺院的情况，不可一概而论。轮到哪一房经营，则有完粮纳税、维持丛林寺院日常开销等义务，但也有从中牟利的好处。这种房头制度，在近代连同"法派""剃派"被中国佛教改革者视为流弊；而日本禅宗寺院中也存在住持轮流担任的"流住制"。

房头主要在明清佛教中流行；而在宋代，大量出现的子院尤其值得重视，对于宋代子院的研究，以日本学者石川重雄和中国学者游彪教授用功最勤。子院，又有下院、支院、属院、别院、小院等名称，是一座大寺即母寺所下辖的若干小寺，母寺与子院之间在人员管理和财产所有权等方面有隶属关系。除了子院远离母寺的情况外，还有许多子院是与母寺共处一地的。

在远离母寺的地方设立分支机构（子院），比较容易理解，石川重雄对宋代接待寺、施水庵做过大量研究，也说明了这一点："接待、施水庵是具有寺院和旅店两种机能的设施，分布于从山间到城乡的交通要冲，自宋代起，它与以两浙地区为中心的江南的开发同步发展。这种趋势，元代以后亦同，这些庵由僧俗双方共同修建，使用时亦共同受益。"① 游彪教授也指出宋代"寺院田产来源复杂，因而是不可能联成一片的，导致寺院田产往往极为分散，某些占有田产多的寺院甚至跨州连郡"②，因此必须下设子院管理，起"二地主"的作用；再者"许多新建的寺庙、僧庵不得不依附于那些祠部有名额的寺院，即政府认为是合法的寺庙"③，游彪教授认为这也是子院产生的一个契机。以上诸原因的探讨，主要是针对子院远离母寺的情况，在这种情况下，

---

① 石川重雄：《宋元时代漳州的开发与寺僧》，韩昇译，《法音》2003年第5期。
② 游彪：《子院：特殊经济关系之一环》，载《宋代特殊群体研究》，商务印书馆，2006年，第338页。
③ 《宋代特殊群体研究》，商务印书馆，2006年，第341页。

母寺与子院之间上下级科层隶属关系表现得比较明显。

但是，笔者比较关心的是母寺与子院共处一地的情况，在这种情况中，上下级科层关系并不是十分明显，呈现了许多新的发展变化，值得我们重视。对于母寺与子院共处一地，一般认识是由于教派不同形成不同的僧侣集团，以及"成百上千的僧侣长期居住在一起，管理起来当然很困难，尤其是饮食、居住等问题……因此将一座寺庙划分成若干区，也是势所必然，唐宋以来在一所寺庙中分房管理的子院多半是这样形成的"①。

唐宋时期大"寺"由数个乃至数十个"院"组成，是十分常见的现象，我们从佛教艺术和寺院建筑史中都可以清楚地看到这一点。关于宋代子院，遗留下来的文字数据很少，学界最为关注的是《名公书判清明集》"客僧妄诉开福绝院"中关于子院的记述，现节录如下：

> 今将广渊赍公据、断由送金厅照对，得见开福之为寺，系敕赐祖额，乃本县圣节祝圣之所，其中分二十三院，各有名目。盖自本朝天禧间以至于今，二十三院之中，废坏者八，八院之中，有一院亦以开福为号。以子房而用本寺之总名，盖犹邵武军之有邵武县，南安军之有南安县，两不相妨也。二十三子院，皆总系开福寺物业，分头佃作，一门而入，则中间殿宇、佛像、法堂，皆诸小院共之，子房徒弟不相接续，以至废坏，则产业并归常住，以为祝圣、焚修、起造、修葺、常住之费，其来已久，岂容外来客僧作绝院，而不由本寺拘桩乎！乾道四年，有保正刘时发者，将本院常住作绝产请佃，僧志珠经转运司陈诉，委官看定，照得开福寺系本额内小房，乃子院，上件物业难作绝产给佃。况本寺

---

① 《宋代特殊群体研究》，商务印书馆，2006年，第342页。

系祝圣道场，其田业岂可令外人妄有篡佃。乾道元年朝旨，建、剑等处州县管下寺院田产，为形势、豪富之家妄作绝产请佃，今合尽数给还。本司已照朝旨及转运司所断，持上件田照砧基，尽还开福寺为产。给断由与志珠为照。又乾道七年，有陈祺者入状，请佃释迦院绝产。本寺出给公据付志珠，亦明言建阳知县申，照对本县开福寺系敕额寺院，其释迦院是开福分房，非是别立寺院，止系分佃前项物业，既非绝产，合并还开福寺管佃，保明诣实。又本县出给公据，明言开福所管二十三院，居住虽殊，而佛殿、斋堂、三门共一处，若开福俱无僧房，是绝院，若一房无僧，自当并归常住为业。其事可为明白。今本院有僧四十余人，而四僧之妄诉乃如此，以利动官府，以公报私仇，岂不大为可罪……今详金厅书拟，已极详明，但欲将二十三院之田混为大众，选僧住持管干，此说甚公当。然诸子房之分裂者，非一朝一夕之故，一二百年之间，兴废、盛衰、多寡已若十指之不齐，今欲比而同之，恐作作扰扰，自此无宁日矣。①

在这个判例中，在子院没有僧徒继承的情况下，将其田产归于母寺管理，而不作"户绝"处理。由此，学界一般的结论是，子院与母寺间有严格的隶属关系，子院对其名下的财产只有使用权，而所有权归母寺所有。从表面上看，上述看法是有一定道理的，这则判例结尾时还说，"欲将二十三院之田混为大众"实际上已经是行不通的了，也就是说各个子院之间财产实际上是互相独立的，"兴废、盛衰、多寡已若十指之不齐"，而且这种情况已经延续了一二百年，由南宋乾道年间上

---

① 中国社会科学院历史研究所宋辽金元研究室点校：《名公书判清明集》，中华书局，1987年，第407—408页。

推二百年已到北宋初年。从名义上说，子院是隶属于母寺的，而从实质意义上看，子院的财产是相对独立的，我们在前面引用宋代大相国寺的例子时，也看到各子院是"各具庖爨"，分锅异财的。因此在地保（"保正"）及"外来客僧"眼中，子院早已经是独立的"户"，所以才申报"户绝"，而且在这次判决前，以前也有判决"户绝"成立，"作绝产请佃"。

实际上，作为母寺的十方丛林，在宋代是在官府监督下的十方选贤制，常住人员流动性较大，作为"本县圣节祝圣之所"的开福寺，应该为官府控制。而相对来说，各个"子院"则是师徒甲乙相承，应该被视为坐地户，是固定的实体，而且一旦无徒弟或徒弟早亡或离开，是有可能出现"子房徒弟不相接续"的（十方选贤制不会出现户绝这种情况[①]）。而《名公书判清明集》中这个判例，从表面上看，是确认了母寺对子院的财产所有权，但是从实质上看，很可能是诸子院的一次胜利。子院拥有自己本院的私产，这是造成各子院贫富分化的原因，不能"混为大众"；但是作为母寺公产，很可能子院能分享收益，因为从引文中看开福寺"中间殿宇、佛像、法堂，皆诸小院共之"，很可能开福寺的田产收益也是"诸小院共之"。因此把一个已经"户绝"没有僧徒的子院田产充公，实际上增加了"诸小院共之"的财产，同时将地方"保正"等俗人及云游挂单的"外来客僧"排除在外，因此说是诸子院的一次胜利。

---

① 宋代寺院制度中，十方丛林不存在户绝的问题，师徒相承的甲乙制寺院，出现户绝的情况也远比世俗血缘"绝后"的可能性要小得多，因此宋代世俗家族多委托寺院进行祭祖及其他需要常年维护的公益事业。参见张雪松：《中国古代慈善公益事业与佛教制度文化：以宋代寺院传承的制度化保障与优势为例》，《佛学研究》2017年。当然，宋代甲乙制寺院也存在"户绝"，不过这与唐代僧侣的户绝是有区别的，前者是以寺院为单位的，而后者是以僧侣的世俗家庭为单位的，"如果亡僧的世俗家庭已无人，亲戚亦绝，其在寺外的不动产由官府支配"。（郝春文：《唐后期五代宋初敦煌僧尼的社会生活》，中国社会科学出版社，1998年，第374页。）

由此，我们可以初步得出一个结论，宋代佛教丛林大量存在子院（这也是明清佛教"房头"的重要源头），子院成为大量僧侣的主要生活空间，而丛林寺院的公共空间，即大型的"殿宇、佛像、法堂，皆诸小院共之"。这样，从前文《五山十刹图》"伽蓝配置"等相关讨论中，我们实际上已经承认南宋大型佛教丛林寺院的中心区域是以"堂"为核心进行建筑配置的，虽然"堂"的数目并不限于"七堂"，也没有明确的"伽蓝七堂制度"。清华大学袁牧博士反对中国宋代存在伽蓝七堂制度，背后有更重要的原因：

> 隋唐佛寺建筑布局开始向多建筑群演化，功能更加复杂。其规划思想上出现了重要的发展，集中表现在北齐高僧灵裕撰写的《寺诰》和唐代律宗大师道宣所著的《关中创立戒坛图经》和《中天竺舍卫国祇洹寺图经》中。前者已经失传，后两者便成为最重要的隋唐佛寺布局的历史文献。《戒坛经》和《寺经》经当代学者复原分析，其描述的寺院布局大体一致，都是以方格网道路为平面骨架，中轴对称的中院为核心，布置主要佛殿、佛塔、戒坛等；周围设立大量别院，负担各种其他功能。功能分区明确，而且都以大道分隔南北区，南区对外接待，北区为寺院内部使用。
>
> ……
>
> "堂"这一概念也不足以表达佛寺布局规律。如前所述，唐宋时期的佛寺布局，从《戒坛经图》《五山十刹图》的记载以及相关实例来看，显然是以院为单位，按照格网道路来组织的，这也是中国传统规划思想的基本方法。仅仅说明主要殿堂的功能、位置和数目，是不能正确描述唐宋寺院的实际情况的，更不能用于指导寺院布局规划，充其量只能描述中心区部分的概况（而实

际上僧堂和厨房又都不是属于中心佛院的)。①

以院为单位还是以堂为单位,这是东亚中古佛教寺院建筑布局共同面对的一个重大理论问题。寺院布局以院为单位,强调功能分区,主要为僧侣的日常生活、宗教仪式生活服务;而以堂为单位,则突出寺院空间的神圣性,主要为普通信徒入寺烧香礼拜服务。

我们应该承认,大型佛教寺院丛林的中心区域,在宋代开始确实逐渐出现了以"堂"为核心的配置;无论中国还是日本,都逐渐打破了以往以"院"为中心的寺院功能区配置,而开始出现以"堂"为中心的寺院神圣空间构建。这种转换在中、日之所以能够成立,很大程度上是由于中国寺院"子院"及其后房头、子孙庙,日本寺院"塔头"(塔林)开始更多地承载起僧侣日常生活等各项实用功能;这样大型寺院的中心区域,则以"堂"为核心,主要为普通信徒入寺烧香礼拜乃至整个佛教十方丛林制度构建出一种理想的神圣空间。

在中国,佛寺中心区域从"院"到"堂"的转换,是在宋代发生的,也是"唐宋转变"的一个有机组成部分。如果仅从寺院经济来看,唐代有安史之乱、两税法、会昌灭佛,晚唐五代以降,以封建领主经济为主体的寺院经济逐渐被打破;宋代商品经济日趋繁荣。在封建领主经济条件下,寺院主要为僧侣日常生活与仪式活动的场所;而封建领主经济被打破后,僧侣被迫开始"经营"寺院,寺院必须着眼于为普通信徒服务,从而增加收入。在唐宋转变的大背景下,寺院的功能发生调整;寺院原本主要为僧侣修行、生活的空间,而此后寺院中普通信徒烧香礼拜的空间比重不断加大。

---

① 袁牧:《中国当代汉地佛教建筑研究》,清华大学 2008 年博士学位论文,第 35、39 页。

中国佛教寺院建筑格局从"院"到"堂"的转变，也提示我们应该如何给僧侣、寺院定位。19世纪以来，对于如何翻译"僧人"这个概念，曾经有过长期的讨论，即是将僧人理解成主要为普通信徒服务的佛教"牧师"（buddhist priest），还是以自我修行为主的修士（monk）；同样道理，如何理解佛教寺院也存在类似的情况，即应该把佛教寺院理解为牧养信众（烧香礼拜）的"教堂"，还是僧侣隐修的"修道院"。在这种"洋格义"的背景下，虽然没有明言，但我们实际上更多的是将僧人理解为修士，而将寺院理解为教堂（烧香礼拜的场所），这种理解实际上存在一种张力，但也隐含着一种内在的平衡。

隋代佛教寺院"三纲"的名称及其排序论考

杨维中

(南京大学哲学系)

关于佛教寺院最高的管理者,历来有"三纲"的说法。对于佛寺"三纲"的形成过程,学术界已经大致搞清楚了。但是在一些细节方面,目前的论著都存在若干似是而非的说法。如谢重光先生认为"寺院基层僧官制度的'三纲'制在隋代已经确立"[1]。再如,隋代佛寺"三纲"应该是寺主、上座、都维那,但作为僧职的"维那"的正式称呼是什么,对此众说纷纭。白文固先生认为南北朝时期还没有把寺主、上座等视为寺庙之"纲",到了唐代才正式有了以上座、寺主、维那组成的寺院"三纲"。[2] 有学者说:"隋与唐初,佛寺'三纲'中的'悦众'一职,称作'直岁'。"[3] 本文就隋代佛寺"三纲"的职名等问题以及其排序做较为细致的考订,以供佛教史学界参考。

---

[1] 谢重光:《晋—唐僧官制度考略》,载何兹全主编:《五十年来汉唐佛教寺院经济研究》,北京师范大学出版社,1986年,第328页。

[2] 参见白文固:《南北朝隋唐僧官制度研究》,载何兹全主编:《五十年来汉唐佛教寺院经济研究》,北京师范大学出版社,1986年,第275页。

[3] 张弓:《汉唐佛寺文化史》,中国社会科学出版社,1997年,第365页。

一、佛寺"三纲"的缘起

检之于佛教僧传,"三纲"一语的最早用例在《高僧传·僧导传》中:"至孝武帝升位,遣使征请。导翻然应诏,止于京师中兴寺。銮舆降跸,躬出候迎。导以孝建之初,三纲更始,感事怀惜,悲不自胜。帝亦哽咽良久。"① 考之史实,此处所说的"三纲"是指刘宋元嘉之后的政治变乱,并非佛寺之"三纲"。从现存文献考察,佛教中用来指称寺职的"三纲",最早出现在北魏的文献中。北魏永平元年(509),沙门统慧深宣称:"诸州、镇、郡维那、上座、寺主,各令戒律自修,咸依内禁。若不解者,退其本次。"② 北周武帝时,卫元嵩在请求造平延大寺的上书中说:"推令德作三纲,遵耆老为上座,选仁智充执事,求勇略作法师。"③ 对于这两段文字的理解,也有疑义。前者所列"三纲"的顺序将维那排在前,而将"寺主"排在后;后者在"三纲"之后,又单独提出"上座",且提出上座以耆老任之。这与后来的文献记载有差异。

寺院的寺职,北朝称"三纲",南朝称"三官"。隋统一南北后,采纳了"三纲"的说法,二者的分歧也消失了。隋文帝于仁寿四年(604)下诏曰:"今更请大德奉送舍利,各往诸州依前造塔。所请之僧必须德行可尊,善解法相,使能宣扬佛教,感寤愚迷。宜集诸寺三纲详共推择,录以奏闻。"④ 此材料的重要性在于,"三纲"一词正式出现在皇帝的诏书中,说明社会上已经习用这种称谓了,更说明官方

---

① 慧皎:《高僧传》卷七,《大正藏》第50册,第371页中。
② 魏收:《魏书》卷一一四《释老志》,中华书局,1974,第3040页。
③ 道宣:《广弘明集》卷七,《大正藏》第52册,第132页上。
④ 道宣:《续高僧传》卷二十一,《大正藏》第50册,第611页下。

已经正式认可了以"三纲"管理寺院具体事务的模式。

二、隋代"寺主"和"上座"

隋代"三纲"包含"寺主"和"上座"是没有疑义的。这方面的记载较多。然而，也有例外。在隋朝修建的最重要的寺院中，有"寺主"被称为"道场主"的情况，也有"上座"被称为"知事上座"的记载。

如隋代费长房编《历代三宝纪》卷十二记载，开皇二年（582）在京城设立的那连提黎耶舍译场就是由"京城大德昭玄统沙门昙延、昭玄都大兴善寺主沙门灵藏等二十余德监掌始末"①。释法愿（524—587）于北齐时"为大庄严、石窟二寺上座。皇隋受命，又敕任并州大兴国寺主"②。法愿在隋王朝建立之初就被任命为并州大兴国寺寺主。释僧凤（560？—636？）在大业年间（605—617）为崇敬寺寺主。③

隋代最为重视的是皇家功德寺。功德寺中，隋文帝在仁寿三年（603）为献后所立的禅定寺以及炀帝在大业元年（605）为文帝所立的大禅定寺最为宏伟，有文称赞说"天下伽蓝之盛，莫与为比"④。其初建之时，几乎将当时有名望的高僧硕学囊括殆尽。道宣《续高僧传》中屡见某某僧敕住的记载。

关于禅定寺的"寺主"，《续高僧传·昙迁传》记载，僧昙迁（542—607）为首任寺主："自稠师灭后，禅门不开，虽戒、慧乃弘而

---

① 费长房:《历代三宝纪》卷十二，《大正藏》第49册，第103页上。
② 道宣:《续高僧传》卷二十一，《大正藏》第50册，第610页上。
③ 道宣:《续高僧传》卷十三，《大正藏》第50册，第526页下。
④ 宋敏求:《长安志》卷十《永阳坊》，《宋元方志丛刊》第1册，中华书局，1990年，第129页下。

行仪攸阙,今所立寺既名禅定,望嗣前尘,宜于海内召名德禅师百二十人各二侍者,并委迁禅师搜扬。有司具礼,即以迁为寺主。既恩敕爰降,不免临之。"① 大业三年(607)十二月六日,昙迁圆寂于禅定寺,时年六十六岁。从《续高僧传·保恭传》的记载推测,昙迁在仁寿末年应该已经从禅定寺寺主位上退居。

至于昙迁的继任者,根据《续高僧传·保恭传》记载,应为保恭(542—621)。《续高僧传·保恭传》记载:"仁寿末年,献后崩背,帝造佛寺,综御须人,佥委声实,以状闻奏,下敕征入为禅定道场主,纲正僧网,清肃有闻。迄于隋代,常莅斯任。"② 道宣此文有一错误,即"仁寿末年"应为仁寿初年,因为禅定寺是在仁寿三年建成的。之所以发生这样的错误,是有原因的。也许,道宣是想叙述,保恭是在仁寿末年(604)被征调就任"禅定道场主"的。二事合说,易引误解。当时,保恭在金陵住持栖霞寺,在此任上于仁寿末年被敕召至长安任禅定寺寺主。根据《续高僧传·保恭传》的记载,保恭"以武德四年十二月十九日卒于大庄严寺,春秋八十"③。关于保恭任禅定寺寺主之事,《续高僧传·僧定传》也有记载:"沙门保恭,道场上首,定之徒也。"④ 此中说,作为僧定(540?⑤—624)弟子的保恭,为禅定寺的"上首"。僧定"以武德七年六月因有少疾,跏坐如常,不觉已逝。春秋八十余矣"⑥。僧定圆寂于武德七年(624)六月。保恭任禅定寺寺主直至唐初。

---

① 道宣:《续高僧传》卷十八,《大正藏》第50册,第573页下。
② 道宣:《续高僧传》卷十一,《大正藏》第50册,第512页下。
③ 道宣:《续高僧传》卷十一,《大正藏》第50册,第513页上。
④ 道宣:《续高僧传》卷十九,《大正藏》第50册,第579页中。
⑤ 道宣仅仅说僧定春秋八十余岁,具体年寿未明。而从僧定为保恭之师,保恭圆寂于621年,且享年八十,则可推知僧定可能享年八十五以上。不过,道宣在《保恭传》中未提及僧定与保恭的关系,也许二人之师徒关系仅仅是辈分或者请益层面的。
⑥ 道宣:《续高僧传》卷十九,《大正藏》第50册,第579页下。

关于大禅定寺之寺主，根据《续高僧传》的记载，释静端（543—606）为大禅定寺第一任寺主。《续高僧传·静端传》记载："属高祖升遐，隋储嗣历，造大禅定，上福文皇。召海内静业者居之，以端道悟群心，敕总纲任，辞不获免，创临僧首。"① 这条资料未曾明言静端为寺主，但考虑到《续高僧传》中已经有大禅定寺首任"上座"的记载，加之从文中所述对静端的赞语看，静端不大可能就任三纲之末，因此基本上可以确定，大禅定寺首任寺主为静端。不过，静端以大业二年（606）冬十二月圆寂，春秋六十四，住寺未久。

《续高僧传·童真传》记载，释童真（543—613），"大业元年，营大禅定，下敕召真为道场主。辞让累载，不免登之。存抚上下，有声僧网"②。从文中所说辞让数年以及前文已经指出的释静端为大禅定寺第一任寺主的事实可知，释童真大概是在静端圆寂之后继任大禅定寺寺主的。童真在大业九年（613），"因疾卒于寺住，春秋七十有一"③。《续高僧传·觉朗传》记载，释觉朗"大业之末，敕令知大禅定道场主，镇压豪横，怗然向风，渐润道化，颇怀钦重。不久，卒于所住"④。可见，童真和觉朗先后为"大禅定道场主"，而童真和觉朗都是昙延（516—588）的弟子。不过，上述引文的叙述不足以证实觉朗直接接任童真。有两种可能：一是童真圆寂之后，由其他僧人接任数年；二是道宣所说"大业之末"年也许应为"大业之中"，大业年号共十四年，大业九年处于"大业之中"和"大业之末"两可间。

道宣《续高僧传》关于禅定寺和大禅定寺寺职的记载有一难解之处，即三次出现了"道场主"的职名。现在的问题是："道场主"是

---

① 道宣:《续高僧传》卷十八,《大正藏》第50册, 第576页下。
② 道宣:《续高僧传》卷十二,《大正藏》第50册, 第518页上。
③ 道宣:《续高僧传》卷十二,《大正藏》第50册, 第518页上。
④ 道宣:《续高僧传》卷二十一,《大正藏》第50册, 第612页中。

一独立的寺职,还是"寺主"的另一种提法?

"道场"本是指修道之所,而有关史籍都记载,隋炀帝下令将佛寺改名为"道场",但关于改名的范围则颇多异说。《隋书》卷二十八《百官下》记载,隋炀帝仅仅将"郡县佛寺改为道场"①。而《佛祖统纪》卷三十九则有另外的说法:大业九年(613),"诏改天下寺曰道场"②。禅定寺和大禅定寺属于国家大寺,如果认同前一说法,则禅定寺不该作"禅定道场";如果跟从后一说法,则禅定寺可称为"禅定道场"。从"禅定道场"的寺名言之,"道场主"其实就是"寺主"的另外称呼。笔者起先倾向于将其作为独立寺职看待,后来从上述资料所显示的两座寺院"寺主"任职时间的可连续性考虑,基本认定"道场主"就是"寺主",二者异名同实。

禅定寺的首任寺主昙迁,大业三年(607)在其六十六岁时圆寂,而保恭在仁寿末年接任。这可能是在昙迁离任的情况下发生的,而《昙迁传》说,昙迁"夙感风痪之疾,运尽重增"③,可见昙迁于圆寂前几年辞职也是可能的。而大禅定寺的三位"寺主"的任职时间恰好是可以连贯起来的。第一任寺主静端圆寂于大业二年(606)。而关于童真,《续高僧传·童真传》说大业元年(605)就有敕命其任职的想法,不过其推辞数年,因此在静端圆寂之后就任也是顺理成章的。童真圆寂之后或者数年后,觉朗接任大禅定寺寺主。

关于禅定寺的上座,《续高僧传》明确记载为慧因(539—627)。《慧因传》说:"(释慧因)仁寿三年,起禅定寺。搜扬宇内,远招名德。因是法门龙象,乃应斯会。既德隆物议,大众宗归,遂奉为知事

---

① 魏征、令狐德棻:《隋书》卷二十八,中华书局,1973年,第802页。
② 志盘:《佛祖统纪》卷二十九,《大正藏》第49册,第362页上。
③ 道宣:《续高僧传》卷十八,《大正藏》第50册,第574页上。

上座,训肃禅学,柔顺诱附,清穆僧伦,事等威权,同思启旦。"① 慧因"以贞观元年二月十二日卒于大庄严寺,春秋八十有九"②。《续高僧传·明赡传》记载,释明赡(559—628)于大业二年(606)之后引起隋炀帝的注意,后来隋炀帝"敕令住禅定,用崇上德故也。众以赡正色执断,不避强御,又举为知事上座,整理僧务,备列当时"③。明赡先是被隋炀帝下敕招入禅定寺,尔后被推举为知事上座。释明赡圆寂于唐贞观二年(628)十月,春秋七十。从这两条资料看,慧因并未任职到圆寂,而可能在大业二年之后的某年去职,尔后禅定寺上座由明赡接任。应该指出,这两则史料中所用的"知事上座"的名称未见于其他资料。

隋炀帝所立的大禅定寺的上座为灵幹。释灵幹(535—612),俗姓李氏。开皇七年(587),文帝下敕令其住于大兴善寺,为译经证义沙门。仁寿三年(603),灵幹住持大兴善寺。道宣《续高僧传·灵幹传》记述:"仁寿三年,举当寺任,素非情望,因复俯从。"④ 隋炀帝建大禅定寺⑤,"有敕擢为道场上座,僧徒一盛,匡救有叙"⑥。大业八年(612)正月二十九日,灵幹圆寂于大禅定寺,春秋七十八。

上述引证材料的字里行间似乎透露出隋代寺主的地位要高于上座。大致言之,《续高僧传》在叙述某僧任寺主时的文字会比某僧任上座时的文字稍多,且语调稍见昂扬。典型的例子是大兴善寺创立时的寺主释灵藏(519—586)。

---

① 道宣:《续高僧传》卷十三,《大正藏》第50册,第522页中。
② 道宣:《续高僧传》卷十三,《大正藏》第50册,第522页中。
③ 道宣:《续高僧传》卷二十四,《大正藏》第50册,第633页上。
④ 道宣:《续高僧传》卷十二,《大正藏》第50册,第518页中。
⑤ 道宣在此处说:"大业三年,置大禅定"(道宣:《续高僧传》卷十二,《大正藏》第50册,第518页下)寺。
⑥ 道宣:《续高僧传》卷十二,《大正藏》第50册,第518页下。

关于创立大兴善寺的经过,《续高僧传》卷二十一记载:"藏与高祖布衣知友,情款绸狎。及龙飞兹始,弥结深衷,礼让崇敦,光价朝宰。移都南阜,任选形胜而置国寺。藏以朝宰惟重,佛法攸凭,乃择京都中会,路均近远,于遵善坊天衢之左而置寺焉。今之大兴善是也。自斯已后,中使重沓,礼遇转隆,厚味嘉肴,密舆封送,王人继至,接轸相趋。又敕左右仆射两日一参,坐以镇之,与语而退。时教网初张,名德云构,皆陈声望,莫与争雄。宫闱严卫,来往难阻。帝卒须见,频阙朝谒,乃敕诸门不须安籍,任藏往返。及处内禁,与帝等伦,坐必同榻,行必同舆。经纶国务,雅会天鉴,有时住宿,即迩寝殿。赒锡之费,盖无竞矣。"① 从文中叙述可知,灵藏是隋文帝登基之前的好友,文帝登基之后,便受命择址建立新佛寺。灵藏确定在遵善坊建寺,这就是大兴善寺的来由。作为修建大兴善寺的功臣,灵藏自然成为大兴善寺的寺主。如《历代三宝纪》卷十二记载,开皇二年(582),那连提耶舍在大兴善寺翻译佛典,"京城大德昭玄统沙门昙延、昭玄都大兴善寺主沙门灵藏等二十余德监掌始末"②。现存文献中,未能查找到关于首任大兴善寺上座的记载。灵藏与隋文帝的关系及其地位无与伦比,似乎很难有高于灵藏之身份的僧人担任在寺主之上的上座。如此推理成立,则可以佐证,隋代寺主地位高于上座,"三纲"以寺主为首。

三、隋代的"维那"

在隋代寺院"三纲"职名上,最复杂的是最后一"纲"。北朝的

---

① 道宣:《续高僧传》卷二十一,《大正藏》第 50 册,第 616 页中。
② 费长房:《历代三宝纪》卷十二,《大正藏》第 49 册,第 103 页上。

有关文献已经明确地将"三纲"固定为"寺主""上座""都维那"。按理,在许多方面都继承北周制度的隋朝应该将"都维那"作为"三纲"之一。然而,从现存资料中不大容易确认隋代"三纲"之末的确切职名,因此学界的歧见不少。

蓝吉富先生《隋代佛教史述论》对于隋代的寺职考证颇详,唯以下判断不大能够成立:"其中都维那(又称维那)一职,为寺内三纲(寺主、上座、维那)之一。从碑文或造像记可知,隋代之寺院维那,是僧俗皆可出任的。"① 蓝先生的根据是王昶《金石萃编》与陆增祥《八琼室金石补正》所收碑文或造像记的相关记载。根据二书的材料,寺院寺职较重要者可分为二类:其一,僧人出任者,如寺主、知事上座、断事沙门、都维那比邱、平等沙门、正定沙门、邑师等衔。其二,居士出任者,有都维那、维那、法义、典座、典录、营寺居士等职。② 笔者以为,现存文献中尽管发现有僧任都维那(或简称为"维那")和俗士都维那之分,但俗任都维那属于附属于寺院的居士组织之都维那,而并非作为寺内"三纲"的"都维那"。由居士担任的"都维那"及其他与寺职相同者,并非寺院"三纲"和寺职之一,而是依附于寺院的民间会社。如《全唐文·结金刚经会碑□□石弥勒像赞》记载:"济州历城县维那刘长清等八人,为(阙一字)中《金刚经》邑会之长。曾同邑内信直者十数公,俱礼南灵台山禅大德僧(阙一字)方为出世之师。师以太和六年授灵严寺,请命诣阙,进本寺图。将圣旨再许,起置镇国般舟道场之鸿泽。师行能二备,慕止京畿。首末三秋,无疾而谢世。维那刘公等,痛惠焰绝照,法镜□光,无明益昏,大道荒塞。乃率邑内诸人等家财,同心奉为没故禅大□建此弥勒像一躯,

---

① 蓝吉富:《隋代佛教史述论》,台湾商务印书馆,1993年,第93页。
② 参见蓝吉富《隋代佛教史述论》中的论述(台湾商务印书馆,1993年,第93页)。

侍菩萨两躯，于南灵台山先师宴坐之地，上答生前法海之恩惠矣。"①
"维那"之义在佛教组织中也就是监督者和承担一定管理责任者，并非一定得理解为由朝廷任命的寺职。

张弓先生则说，隋代佛寺"三纲"中的"悦众"一职，称作"直岁"。② 这一观点是不符合事实的。张先生所举的例子不能证明"直岁"就是"三纲"之一。如张先生所说，隋汴州修福寺昙伦（547？—626？）③ 确实担任过直岁，但这是在出家受大戒不久的事情。《续高僧传》卷二十记载："进具已后，读经礼佛都所不为，但闭房不出，行住坐卧唯离念心以终其志。次知直岁，守护僧物。"④ 这些大致是在汴州修福寺之事，一个出家不久的僧人，不大可能就任寺院"三纲"。"仁寿二年，献后亡背，兴造禅室，召而处之。还即撝关，依旧习业，时人目之为卧伦也。"⑤ 此文说，在文帝建成禅定寺在各地征发高僧时，昙伦应召住于禅定寺。武德末年，昙伦圆寂于庄严寺（即隋代的禅定寺），年八十余岁。再如张先生说，道英曾"任禅定寺直岁"⑥，这其实是一个误解。释道英（560—636），"开皇十年，方预大度。乃深惟曰：'法相可知，心惑须晓。'开皇十九年，遂入解县太行山栢梯寺，修行止观，忽然大解"。从开皇十九年（599）始，道英修习禅定，渐入佳境。"后在京师，住胜光寺，从昙迁禅师听采《摄论》。""然其常坐，开目如线，动逾信宿，初无顿睫，后入禅定，稍程异迹。大业九年，尝任直岁，与俗争地，遘斗不息。便语彼云：'吾其死矣。'忽然倒仆，如死之僵。诸俗同评：'道人多诈。'以针刺甲，

---

① 董诰等编：《全唐文》卷九八八，中华书局，1983年，第10223—10224页。
② 张弓：《汉唐佛寺文化史》，中国社会科学出版社，1997年，第365页。
③ 张弓：《汉唐佛寺文化史》，中国社会科学出版社，1997年，第365页。
④ 道宣：《续高僧传》卷二十，《大正藏》第50册，第598页上。
⑤ 道宣：《续高僧传》卷二十，《大正藏》第50册，第598页上。
⑥ 张弓：《汉唐佛寺文化史》，中国社会科学出版社，1997年，第366页。

虽深不动，气绝色变，将欲洪膑。傍有智者令其归命，誓不敢争，愿还生也。寻言起坐，语笑如常。"①此引文中的"禅定"不是禅定寺之禅定，而是坐禅之禅定。道英在任"直岁"之时，利用禅定诈死，迫使与寺院争夺土地的俗人让步。从这件事看，道英不像是专管寺僧纲纪的"维那"，而是专门经营土地的寺院执事。此外，《续高僧传·僧善传》还记载了僧善（？—605）之弟子僧袭（578—641），"本住绛州，结心定业，承习善公，不亏其化。晚住晋州宝严寺，充僧直岁，监当稻田，见杀水陆诸虫，不胜其酷"②。此位僧袭也是专营稻田的。张弓先生引用了这一例子③，但从原文中看不出僧袭是"三纲"之一。

从上述事例看，"直岁"实际上是专营农耕寺庄者，并不在寺院"三纲"之内。至唐代禅林始将其立为六知事之一。"直"为"当值"之义。赞宁说："或立直岁，则直一年，或直月，直半月，直日皆悦众也。"④佛教寺职在"百丈清规"流行之后，整体设置为之一变。所以不能用中唐之后的名称逆推而解释隋代寺职。

下文依据隋代京城最重要的两座佛寺——禅定寺、大禅定寺的相关资料来分析说明隋代"三纲"之末的情形。

《续高僧传》保存的禅定寺和大禅定寺僧官资料很杂乱。我们首先分析可能为"三纲"之一的人员之资料。

其一，《昙藏传》记载："献后既崩，召入禅定。性度弘裕，风范肃成，故使道俗推崇，纲维领袖，恒为接对之役也，宾客席上之美，谈叙旷世之能，见之今矣。"⑤从这段记载看，昙藏（567—635）在仁

---

① 道宣：《续高僧传》卷二十五，《大正藏》第50册，第654页上。
② 道宣：《续高僧传》卷十七，《大正藏》第50册，第596页上。
③ 张弓：《汉唐佛寺文化史》，中国社会科学出版社，1997年，第366页。
④ 赞宁：《大宋僧史略》卷中，《大正藏》第54册，第245页上。
⑤ 道宣：《续高僧传》卷十三，《大正藏》第50册，第525页下。

寿三年（603）禅定寺初建之时，肯定是寺内"三纲"之一，"道俗推崇，纲维领袖"就是证据。此外，根据《续高僧传》的记载，仁寿年间禅定寺的"上座"另有其人，在"寺主"和"三纲"之末的职务中，昙藏任"三纲"之末的可能性最大，时为三十七岁。昙藏在唐初颇受重视，屡任大寺院的"三纲"。

其二，《法喜传》记载，释法喜（572—632）"仁寿年内，文帝敕召追入京师，住禅定寺。供礼隆异，俭行为先，接抚同伦，谦虚成德。爰有佛牙舍利，帝里所珍，檠以宝台，处之上室，瑱宝溢目，非德不知。大众以喜行解潜通，幽微屡降，便以道场相委，任其监护。喜遂纲维供养，日夕承仰。"①法喜于贞观六年（632）圆寂，春秋六十有一。《续高僧传·善慧传》记载，大业末年（617）孟冬十月，善慧归属"禅定寺，沙门法喜便脱衣迎之，引至房中，智观无滥。慧又师喜，两振芳规"②。这些资料显示，法喜在禅定寺担任一定寺职，但未明言时间，而且《善慧传》仅言"沙门法喜"。法喜在仁寿年很年轻，即便是担任"三纲"之末也可能是在大业年间。而且，从文中的表述推测，法喜似乎是主管佛牙舍利供养的僧人，不一定是"三纲"之末的"维那"。

其三，《智兴传》记载，释智兴（588—632），住禅定寺。"大业五年仲冬，次掌维那，时钟所役，奉佩勤至，僧徒无扰。"③这位智兴，先住于禅定寺，后于大业五年（609）任禅定寺维那。不过，文中强调说，智兴专门掌管敲钟。所引文字后仔细叙述了他掌钟的传奇和重要性。这是道宣唯一留存的有关两禅定寺"维那"一职的记载。可惜，凭借此资料无法确认智兴是大业年后禅定寺的"三纲"之一。因

---

① 道宣：《续高僧传》卷十九，《大正藏》第50册，第587页中。
② 道宣：《续高僧传》卷二十八，《大正藏》第50册，第688页中。
③ 道宣：《续高僧传》卷二十九，《大正藏》第50册，第695页下。

为智兴圆寂于贞观六年（632）三月，春秋四十有五。隋大业五年（609），他年仅二十二岁，而且传文中特别强调其执掌敲钟的职责，似乎暗示此"维那"非"三纲"之"维那"。

其四，《普旷传》记载，释普旷（548—620），"隋高晏驾，禅定郁兴，乃召居之。大业末年，又登纲任。大唐启运，别奉诏书，曩积芳猷，日别相见。武德三年三月，卒于慈门寺，春秋七十三"①。释普旷在周武帝灭法之后先被敕为通道观学士，"不久废观，听士随才赋任。旷力怯躬耕，糇粒无委，寄禄登庸。复任岐山从事，奉遵旧约，不黩情染，衣故毡装，倨傲临官，剃发留须，头戴纱帽，缨其咽颔，用为常轨"②。普旷在隋代颇受僧俗尊敬，从文中看，他就任的是大禅定寺"三纲"应该毫无疑义，时年六十多岁。

上述四僧，前三位驻锡于禅定寺，最后一位驻锡于大禅定寺。

我们将上文已经考证出的禅定寺的寺主（包括"道场主"）、"上座"的就职年龄做了统计，发现最低年龄为五十八岁。尽管任佛寺寺职不一定完全依靠年资，但是，在这样一座僧众三四百人，连入寺院常住都要报告皇帝批准的国家大寺里，年资和僧腊不够的僧人是不大可能进入"三纲"行列的。

在《续高僧传》中有关隋代寺院维那的四五例都表明任维那的僧人都很年轻。如释道兴（593—659），《道兴传》记载："兴知都维那。于时官府急切，不许客住，诸寺无停者，咸来即安抚。寺主曰：'依官制不许。何得停之？'兴曰：'官不许容针，私容车马，寺主岂不闻耶？'寺主大怒，曰：'年少不用我语！'兴曰：'此三宝也。敬则见善，嫌则感恶。'寺主愤恚还房。"③ 这一则故事发生在隋末的蜀地。根据

---

① 道宣：《续高僧传》卷十一，《大正藏》第50册，第512页中。
② 道宣：《续高僧传》卷十一，《大正藏》第50册，第512页中。
③ 道宣：《续高僧传》卷二十二，《大正藏》第50册，第623页中。

道宣的记述，道兴在大业十三年（617）时仅二十五岁。从上文的语气看，道兴很有可能也不是"三纲"之一。

总体而言，关于隋代佛寺的"三纲"之末，准确名称不易确定，"维那"并非专指、专名，所指宽泛。但是，可以肯定的是，当时朝廷及僧界、佛寺是有办法来区分作为"三纲"之一的"维那"与一般意义上的"维那"的，尽管目前我们还无法确知其限定词为何。

五至七世纪的吐鲁番汉人家族与佛寺管理[①]

张重洲

(兰州大学敦煌学研究所)

中古时期的吐鲁番社会中,佛教势力发展兴盛,以汉人为首的大家族长期控制着吐鲁番政权,在绿洲社会的地理环境中,两者逐渐形成了互相依存的关系。但吐鲁番并非家族势力控制下的宗教社会,而是在世家大族的主导下,利用佛教及其他宗教作为统治手段,来维持整个基层社会的运转。在以往的研究中,学者们只注意到家族势力对佛教寺院的保护与支持,才导致了佛教势力的兴盛和寺院经济的高度发达,或认为佛教寺院是世家大族牟利的工具,而忽略了以家族为代表的世俗政权对寺院的管理和控制。因此,本文拟就此问题进行探讨。

一、家族成员与寺院三纲

中古时期的吐鲁番寺院中,汉人家族与佛教的关系密切,家族势力控制着寺院上层僧侣,以寺主为首的寺院三纲受雇于家族,负责管理普通僧尼以及寺院的依附人口。佛教寺院除了要向官府缴纳正常的

[①] 本文为兰州大学"双一流"引导专项-国际合作交流项目资助成果(项目编号:227000-560001)。

赋税劳役外，还要通过各种方式获得财产，增加收入，来维持寺院本身的运转。通常家族成员在将土地和财产捐赠供养给寺院之前，都要在造刻的碑铭中予以记载。《高昌新兴令麹斌芝造寺施入记》中记载了高昌国新兴县令麹斌芝之子为其父施舍土地和钱财给寺院的事情，以此做功德，同时强调"后若有不肖子孙，内姓外族，依倚势力，□侵寺物，及寺主不良、费用非理，令千载之福，断于当时，斋餐僧供，绝于一人。罪□之科，如经诫言。兼以□□罚黄金廿斤、十斤入时主，十斤入寺"[1]，以此表明不允许任何人侵吞与本寺一切有关的财产，不论是自己家族中"不肖子孙"，还是其他外姓家族的成员，并邀请高昌王及众多世俗官员出席作证。不仅俗人入道需要批准，而且寺院的土地流转，从俗产转为道产，抑或是道产转道产，在名义上都需要最高统治者批准。阿斯塔那99号墓出土的《高昌侍郎焦郎等传尼显法等计田承役文书》中记载"交河王渠常田一亩半，次承厚田二亩半，次小泽渠常田三亩半，合厚田七亩半役"[2]，即索寺寺主德嵩要将这些田地从俗产转为道产作为永业田，上报官府后，通事张益最终判列此文书，表明已经特许索寺寺主可以将所得的土地入道役，得到了官方的承认。

寺院经济的发展使上层僧人拥有较多的财产，其个人财产本身也属于家族财产的一部分。以唐初的佛教寺院为例，高祖武德九年（626）五月的一份诏书中便形容出家僧尼对钱财贪得无厌，"驱策田产，聚积货物；耕织为生，估贩成业"[3]，推测能够拥有较多财产的也一定是上层僧侣。吐鲁番家族成员入道后往往出任寺院三纲，他们拥有大量的地产和房屋，并通过高利贷等方式，不断增加个人财产。阿

---

[1] 池田温：《高昌三碑略考》，谢重光译，《敦煌学辑刊》1988年第1—2期。
[2] 唐长孺主编：《吐鲁番出土文书》第4册，文物出版社，1983年，第64页。
[3] 刘昫：《旧唐书》卷一《高祖纪》，中华书局，1975年，第16页。

斯塔那326号墓文书《高昌某人从寺主智演边夏田券》记载"寺主智演边夏力渠田南长田三亩，□与夏价小麦贰斛五斗。若渠破水涡，仰耕"①，寺主智演将自己的三亩土地出租，租种人按亩缴纳小麦二斛五斗。阿斯塔纳153号墓出土的《高昌曹张二人夏果园券》中载"□葡桃行，若曹张二人与冯寺主梨两斛。若桃水□葡桃，二人还寺主葡桃"。曹张二人当为承租人，所得为水果，以实物地租的方式支付给冯寺主。除了出租土地外，上层僧尼还会出租个人房屋，《高昌卯岁尼高参等二人赁舍券》中"卯岁五月十二日女□□尼高参二人从索寺主□□□赁。二人各赁舍一间，□□□赁价钱二文，高□□赁价钱三文，二人要经一年□□□□遮余人。不得病死，若病死者，罚钱□□□与钱一文，高参交与钱二文□□□，□主和立□□之后，各不得反悔，□□□□要，三行三主，各自署名为信。倩书索善口，时见□□□"②，记载了比丘尼高参二人因无处居住，向索寺寺主借贷房屋并缴纳租金的事情，反映了寺院僧尼群体之间存在着相互借贷的情况，两位尼僧是否属于索寺没有明确记载，但索寺明显属于家族寺院。同时，根据寺主主掌寺院外务的职能，她们与索寺寺主发生了借贷关系并被加以苛刻的条件来看，应该分别属于不同的寺院。由于与家族千丝万缕的联系，不仅其个人财产是家族财产的一部分，而且这些上层僧尼也成为家族产业的管理者。

在高昌《新兴令麴斌芝造寺施入记》中还提到"及寺主不良、费用非理"③，说明这座寺院的寺主和三纲，都是由寺院的建立者聘任。寺主主持寺务，管理整个寺院的寺产和僧尼，他们的职能不仅是要监

---

① 唐长孺主编:《吐鲁番出土文书》第5册，文物出版社，1983年，第159页。
② 唐长孺主编:《吐鲁番出土文书》第9册，文物出版社，1981年，第199页。
③ 池田温:《高昌三碑略考》，谢重光译，《敦煌学辑刊》1988年第1—2期。

督僧尼向官府缴纳赋税徭役，还要负责维持寺院的日常正常开支。如果寺主"不良"，使得寺院没有正常运转或是损害了寺院的利益，就要遭到聘任者及其家族的处罚，可见寺主的职能之一是管理和监督。麹氏家族并非直接控制寺院，而是由寺主代为管理。即使到了唐西州时期，遇到纠纷时寺主也要代表寺院出面，唐《马寺尼诉令狐虔感积欠地子辞稿》所见："柳中县百姓令狐虔感负（二年地子青麦一石六㪷□□□。住高宁城）〇右件常住地在高宁城，被上件人每强力遮护佃种，皆欠三年，二年子，不与地子。常住无人，尼复□□弊。其人倚老纵，往人往征，又被□□□打。尼女人不□□□（后缺）。"① 这是一份马寺的尼僧为维护自己寺院的利益向官府上诉的诉讼词，记录的是百姓令狐虔感强行佃种马寺土地却不缴地租的事情，反映了寺主不仅担任着教职，还拥有着相对较多的个人财产，代表并维护着尼寺的利益而存在。总体来看，家族对佛教寺院间接的管理方式是卓有成效的。寺院三纲依据流程对各寺院进行有序管理，建立了严格的财务制度，来控制寺院收支；组成了一定规模的生产团体，进行相对统一的集约化管理，促进了基层社会的稳定和寺院经济的发展，成为当时整个吐鲁番地区重要的财政支柱之一。

二、家族势力对僧尼和寺户的管理

北凉沮渠无讳在西迁之前，曾征求僧人法进的意见，沮渠安周继位后仍然是"周既事进"，虽然没有明确记载北凉是否设国师，但考虑到鸠摩罗什在长安之时，后秦已经设立僧官制度，以及僧人法进在割肉之后被信众"因与之还宫"，国师之职也应当在北凉政权中存在。

---

① 唐长孺主编:《吐鲁番出土文书》第10册，文物出版社，1983年，第294页。

《大慈恩寺三藏法师传》记载玄奘到达高昌国之后，高昌王麴文泰命令八十多岁的"统王法师"与玄奘同住，"统王法师"地位相当于敦煌归义军时期的"都僧统"，是高昌国中的僧团领袖。玄奘虽然声名远传，却只是一个二十多岁的年轻僧人，两人同住后，"统王法师"还根据高昌王的命令请求法师留在高昌国。由此看来，"统王法师"虽然为数千僧人的首领，却完全听命于高昌王，理应是像玄奘在龟兹国主动登门拜访高僧的木叉鞠多一样，高龄的统王法师还要与玄奘同住，并且恳求其留下。从高昌王"拟师至止受弟子供养以终一生，令一国人皆为师弟子"①的承诺来看，给玄奘的地位也必定高于统王法师；统王法师明知如此，却仍要恳求玄奘留下，只能是屈从于高昌王的威严；说明高昌王能够直接干预宗教活动，甚至更换释门领袖。此后的记载中，再也没有出现统王法师的身影，反而玄奘在一个月的讲经过程中，直至最后离开高昌，全部是由高昌王亲自陪同，所以"统王法师"在高昌国的佛教界虽然地位崇高，但在家族领导的世俗政权中却未得到相应的地位。

以高僧慧嵩的个人命运为例，大家族势力干预佛教界的情况则更为明显。慧嵩本身出身儒学世家，"其宗族皆通华夏之文轨焉"，其祖上跟随沮渠氏家族西迁至吐鲁番。高昌国时期，由于家族门第的影响，慧嵩的兄长担任高昌国的博士，为王族所器重，慧嵩自己也十分聪慧，"高昌王欲使释门更辟，乃献嵩并弟，随使入朝"②，明确记载了高昌王想要更换释门领袖，慧嵩正是在这样的机遇下，才有机会进入了高昌王庭。高氏家族成员高欢出任宰相后，慧嵩更得到器重，地位不断上升，有机会被派遣到北魏都城，来专攻毗昙学和成实学。但是慧嵩

---

① 慧立、彦悰：《大慈恩寺三藏法师传》卷一，中华书局，2000年，第19页。
② 道宣：《续高僧传》卷七《释慧嵩》，《大正藏》第50册，476页。

学成之后，明知回国能获得极高的地位，内心中却十分看不起高昌的义学水平，"以吾之博达，义非边鄙所资也"①，认为高昌满足不了自己的博学，三次拒绝了高昌王的邀请和征召，执意不归国，因此惹恼了高昌王，导致在高昌国的家族成员被夷灭三族，慧嵩一生中再也没有回到高昌国。

慧嵩有此结局仅仅是因为他个人不愿归国，却连累了整个家族成员，即使是家族中仍有人在朝为官也未能幸免。慧嵩家族最终被夷灭三族，笔者推测还有其他原因：一是慧嵩本人信仰小乘佛教，"流闻西秦有高昌国慧嵩法师，统解小乘，世号毗昙孔子"②，虽然大小乘在高昌国中均流行，但始终是大乘占主流，慧嵩作为小乘的代表，尤其是在不愿归国的敏感时期，必然会遭到国内大乘势力的排挤。二是慧嵩家族世代为儒学世家，更重要的是与前朝沮渠氏家族的关系密切，慧嵩的行为直接导致了高昌王族对其整个家族的不信任。三是高昌国时期慧嵩家族是在高氏家族的支持下，家族成员才能在新朝为官，后来高昌国逐渐变为由麴氏与张氏联合执政，其他家族被排挤出权力核心圈，与其相关的人物和家族成员自然不受重用。四是慧嵩本人是高昌少有的高僧之一，已经具有一定的社会影响力，屡次征诏不归，更是对高昌王权威的挑战。五是慧嵩不归也引发北魏政权与高昌国之间的外交关系的动荡，高昌王认为慧嵩很可能受到北魏政权的利用，进而殃及慧嵩所在的家族。唐长孺先生认为"高昌豪族不仅控制政权，同时也控制宗教"③，因此慧嵩家族被夷灭不只是单一的成因，还应当综合考虑其他方面的因素，尤其是与家族势力间的关系。所反映的根本

---

① 道宣：《续高僧传》卷七《释慧嵩》，《大正藏》第 50 册，第 476 页。
② 道宣：《续高僧传》卷十一《释志念》，《大正藏》第 50 册，第 508 页。
③ 唐长孺：《新出吐鲁番出土文书整理发掘系经过及文书简介》，《东方学报》第 54 册，1982 年，第 94 页。

问题也是高昌王族对于佛教势力的掌控与利用，佛教势力屈从于家族势力所代表的世俗政权。

对于下层僧尼的管理，除了有最高的"国师"或"统王法师"外，在魏氏高昌国时代，多件出土的《随葬衣物疏》中还记载有"比丘大僧统果愿"；"果愿"其人很可能只是虚构，但是"大僧统"这一职位却是实际存在的，或指统王法师。具体到各个寺院中，供养人所在的家族聘用寺院三纲进行管理，寺院三纲从高昌郡时期就已经设置，有各自的职能，对内负责具体管理寺院内部的大小事务，对外代表寺院处理外务纠纷。吐鲁番作为绿洲社会，由于自然条件的限制，人口数量有限，但在五至七世纪之间，僧尼人数却保持着庞大的数量，北凉时期已有大量的僧尼从河西地区迁徙而来，加上本地原有和新受戒的僧尼，相较前一时期，人数已经有较大增长。高昌国历代统治者均信仰佛教，佛教界上层被世家大族控制和把持，佛教寺院蜕变成家族寺院，寺院成为家族势力控制基层社会的一级组织，僧尼人数在百年间呈爆发性增长，管理庞大僧人群体就需要依靠僧尼名籍，如在哈拉和卓50号墓文书《樊寺等寺僧尼名籍》中记载的人数有近二十三纸，虽然残缺不全，却记载了高昌国时期数十位僧尼的名字，以及他们各自所属的寺院，同类文书还有阿斯塔那122号墓出土的《信相等寺僧尼名籍》等。总体来看，僧尼人数与整个社会人口结构极不相符。唐军灭亡高昌国之后对佛教寺院进行改革，大量放良寺领人口之后，僧尼人数才有所下降。其中唐政府又重新造僧尼籍，龙朔二年（662）的《西州高昌县思恩寺僧籍》中就详细记载了每位僧尼的法号、籍贯、俗姓，剃度时间及据今年数，以及诵读的经名卷数等。僧尼籍无疑是大家族和世俗政权管理基层僧人的基本手段和方式。相较而言，唐西州时期的僧尼籍记载较为准确和完备，如三件与弘宝寺相关的名籍中不仅记载有僧尼的名字，还记载有依附于寺院的奴婢。高昌国时期由于僧俗道役的不同，大家族往往故意隐匿劳动人口于寺院之中。

中古时期百姓是社会的主要生产力，其所缴纳的租赋徭役有道俗之分，相较而言，僧尼所纳赋税较轻甚至得以免除。如果百姓大量出家，势必会减少整个国家的劳动力人口和相应的赋税劳役，因此对于吐鲁番僧尼的出家及受戒，有着严格的规定和限制。北凉和高昌国时期，普通百姓及家族成员要出家，至少在形式上必须经过最高统治者的批准认可，唐初则由西州都督府审核后颁发度牒才能成为正式僧尼。武周长安二年（702）《西州泞林城主王交行牒为勒僧尼赴县事》中记有尼僧"观音""妙□""□尚"[①]三人，其中在三人名字的右侧，均用小字记载有"别准"二字，表明僧尼的出行活动受到了严格的管理和限制，要征得世俗政权和家族领袖的许可。家族管理者还在寺院中建立了互相监督的体制，僧人之间可以相互状告，哈拉和卓96号墓出土的北凉真兴某年《道人德受辞》中完整记载了一位普通僧人向官府状告寺主的事："应甘心。然受素自贫薄，岂可自活。为维 那 所逼，无（中缺） 可 当使圣上获无穷之福。恩□之诚，事□…… 今 为维那所……道人德受，正月十五日上。户曹张万，道允道人法真兴□□□"[②]。文书虽然只有寥寥几句，却勾画出一个完整的诉讼事件，即僧人"德受"向官府提交了诉状，称自己生活"贫薄"，控诉当寺的维那欺逼。官府受理了诉状，文书上有户曹张万的签署，从本件后部有黑色的大书"可"字批示来看，已经做出了判决，结果是官府并没有支持维那，反而站在了普通僧人一方。值得探究的是，一位普通的僧人如何有胆量直接状告寺院的寺主？维那在寺中往往意味着权威，这间接说明了以大家族为首的官府可以干预寺院的内部事务，甚至直

---

① 唐长孺主编：《吐鲁番出土文书》第2册，文物出版社，1986年，第318页。
② 唐长孺主编：《吐鲁番出土文书》第1册，文物出版社，1981年，第71—72页。

接决定。《高昌新兴令麹斌芝造寺施入记》第十七行记载"不肖子孙，内姓外族，依倚势力，□侵寺物，及寺主不良、费用非理"①，很多家族的寺院都是聘用维那来进行管理，不允许任何人侵夺寺产，联系来看，官府之所以能够站在普通僧人的一方，维那虽然压榨僧徒"德受"，却间接损害了家族寺院的利益，因此是不被允许的。对比唐代丁谷寺的僧人惠静向官府起诉同寺的僧人义玄，称其打骂诬陷自己的案件，表面上看来，两者都是向官府诉讼，反映的却是家族势力的退出与世俗政权的进入。

吐鲁番的佛教寺院中，除了寺院三纲、法师、比丘、比丘尼等寺院僧侣，以及信教的居士外，寺领人口也与家族有着直接关系，统治者经常以供养的方式，将作人、使人分配给寺院，这些都来源于世家大族施舍的民户或放良的奴婢、部曲。同时，僧人也可以在世俗社会中买卖奴婢，哈拉和卓96号墓出土北凉时代的《悬募追捕逃奴赏格》记载：

…………
还奴妇口隗参军□□□
浮游不出也，去九 日 □□□
得者募毯十张。得者将诣唐司马祠收检。
受募，不负言誓也。
五月十日 僧 □ 渊 班②

唐司马祠即为佛教寺院，这张告示也应当是由寺主" 僧 □ 渊 "所颁

---

① 池田温：《高昌三碑略考》，谢重光译，《敦煌学辑刊》1988年第1—2期。
② 唐长孺主编：《吐鲁番出土文书》第1册，文物出版社，1981年，第76页。

布的，养老令中对家人、奴婢的规定是，"若出家后犯还俗及自还俗，并追归旧主"①，此处宣告追捕到逃亡奴婢，奖赏是"募毯十张"。其中有"隗参军"出现，联系同墓出土的《买奴残文书》，其中记载某道人买奴一人，隗参军即使没有参与买奴婢，也与这座寺院有关，说明对寺院中奴隶的管理从北凉时期就已经存在，能够进行奴隶的买卖。阿斯塔那135号墓出土一件粟特文女奴买卖的交易文书的副本，记载了公元639年汉族张姓僧人和粟特商人之间买卖胡奴的交易，两人商定成交价格为波斯制银币120文，并约定奴隶还要被派出服徭役或受雇做工。哈拉和卓99号墓出土《康长受从道人孟忠边岁出券》中，记载高昌延昌二十二年（582），"康长受从道人孟忠边岁出，到十一月卅日还入正作"②，康长受是僧人孟忠边的奴隶，两人签订契约允许康长受外出受雇。

高昌国时期，寺领人口中还有作人和使人。阿斯塔那377号墓出土《高昌乙酉、丙戌岁某寺日用支出帐》中，据统计寺院中有僧人六人、沙弥一人、作人二人、使人二人，共计十一人。③其中作人多为手工业者，是能够被买卖和继承的，且地位要高于使人。高昌王送玄奘西行之时，"为法师度四沙弥以充给侍……马三十匹、手力二十五人"④，从麴氏高昌时期开始，吐鲁番地区就已经起建立一套完整的客使制度，其中寺院的使人就经常被传唤充当役人。唐初寺院经过改革，大量的民寺官方化，寺领人口被放良，在寺院中建立有完备的手实和僧尼籍，家族控制寺产的情况不复存在。到了唐代，"使人"的称谓变为"家人"，寺院中还存在着良口和贱口之分，这些人仍然存在于

---

① 道端良秀：《唐代佛教史の研究》，《东洋史研究》，1985年，第131页。
② 唐长孺主编：《吐鲁番出土文书》第1册，文物出版社，1981年，第191页。
③ 唐长孺主编：《吐鲁番出土文书》第3册，文物出版社，1981年，第225—234页。
④ 慧立、彦悰：《大慈恩寺三藏法师传》卷一，中华书局，2000年，第21页。

寺院之中，一般记载在僧尼籍中的最后部分。唐宝应元年《五月节度使衙榜西州文》载："使衙榜西州：诸寺观应割附充百姓等。……遂与僧道商度，并放从良，充此百姓。割隶之日，一房尽来，不能有愧于僧徒。……榜西州及西海县。以前件状如前，建午月四日，使御史中丞杨志烈。"① 可以看出，唐政府为了赋税人口及征集兵员而对寺领人口进行放良，虽然经过了唐初中前期的改革，但西州寺院仍然有着很强的家族式经营色彩，从"割隶之日，一房尽来"的表述来看，这些家人往往是整户依附于寺院。

高昌国时期是汉人大家族势力发展的鼎盛时期，也是佛教势力最为兴盛、寺院经济高度发达的时期；虽然表面上看整个国家佛法极盛，但佛教势力都笼罩在王权之下。之所以没有高僧大德对这一情况加以改变，很大程度上是因为上层的僧尼领袖基本全部由大家族成员担任，或是由家族来聘任寺院三纲。他们的生活供给、寺院日常的运转的费用等全部来源于此，因此反对王权的压迫，即反对自己家族的统治。寺院内又有相互监督体制，前文中向官府上诉就是典型案例，寺院矛盾在家族领袖的调节下能够被相对公正地解决和化解，因而整个体系一直维持正常的运行。

三、家族势力与寺产管理

家族势力除了在行政体制上控制寺院人口外，管理寺院财产也是重要的手段之一。高昌郡时期，佛教势力在众多宗教中并不占据明显的优势地位。随着北凉流亡政权的入主及其对佛教的大力扶持，寺院经济开始快速发展。唐西州建立后，对佛教寺院的大力改革，使得高

---

① 唐长孺主编：《吐鲁番出土文书》第9册，文物出版社，1990年，第126—127页。

度发展的寺院经济盛极而衰。因此只有在高昌国时期，寺院经济的发展贯穿始终，家族势力主掌世俗政权，两者的关系最为密切。佛教寺院经济是一种特殊的经济模式，殷晴认为其发展受到全社会的经济发展水平和宗教势力两方面的制约。① 高昌国统治时期，政权相对稳定，丝路贸易畅通，吐鲁番成为交通要道和贸易的集散地。在统治者的支持下，寺院林立，僧人人数高达数千。同时，西域各国原有的农奴制崩溃，封建租佃制兴起，吐鲁番的土地经济形态也发生改变。家族势力在支持寺院经济发展的同时，也严格控制寺院财产，一般是由家族势力聘用或直接出任寺院三纲，再由三纲具体领导寺院僧尼和寺领人口，负责寺院中的具体事务及财政管理。

家族主政的时代，吐鲁番的寺院与中原相比，寺院和僧人同样需要向官府缴纳赋税徭役，这虽然是当时社会中的特有现象，但与整个国家不合理的赋税结构有关。最大的汉人家族如沮渠氏、阚氏、马氏、张氏、麴氏等本身作为统治者代表着世俗政府，因此两者可以部分等同。寺院中的僧尼向世俗政府缴纳赋役，家族成员和寺院三纲是具体赋税徭役的执行人和监督人；基层寺院中的财富先上交至大家族控制的世俗政府，再进行统一的流转和分配。相对于世俗社会来说，至唐西州建立之前，赋税分为僧租和俗租进行征收，阿斯塔纳138号出土高昌延寿十三年（636）《赵寺法嵩入当僧租酒条记》记载：

高昌丙申岁僧租口口住下赵寺法嵩

叁斛贰斗，参军张口口口欢海、杜海明

---

① 殷晴：《3—8世纪新疆寺院经济的兴衰》，《西域研究》1997年第2期。

十二月四日入①

其中的"僧祖"即指"僧租",记载"俗租"的文书也大量出现。寺院的赋税徭役分为寺院和僧尼两部分缴纳,寺院本身就是一级社会团体和经济组织,要向世俗政权缴纳田地税、役负、杂税,其中仅杂税一项就包括税草、税柴、物助祭、大小调、纳酢酒等。对僧尼个人来说,他们等同于世俗百姓,赋役相对较轻;百姓缴纳的部分,僧人也同样需要缴纳,常见的赋税徭役有僧租、调薪、计田承役、纳钱。根据学者研究,执行土地赋税的标准并未沿袭魏晋以来中原地区所推行的均田制。由于吐鲁番特殊的地理和自然环境,以及相对开放的土地买卖政策,征收赋税的标准则严格以占有土地数量为依据②,即"计田承役"。同时还要根据占有土地的贫瘠程度,将土地分为"常田""厚田""薄田"等,其各自的负担也不同。官寺占有的土地较多,承担的赋役也相对较多;民寺虽然占有的土地数量少,但以寺主为代表的僧尼群体,广泛参与民间的商业贸易活动。

此外,寺院中还有奴婢等地位较低的常住人口,他们不仅是寺院中的主要劳动力,还要参与充当各级官府的使人等征派活动。除上层僧尼受到供养外,大多数普通僧人都需要亲自劳动,《高昌乙酉、丙戌岁某寺条列月用斛斗帐历》中所记载的六名普通僧人与寺院中的使人、作人一样,在处理日常的寺务外,还要从事生产劳动,部分寺院中僧尼还要承租自己寺院的土地。但是,世俗政府明显为寺院中的上层僧尼和出身家族的僧尼减免了一定的赋役。《高昌侍郎焦郎等传尼显法等计田承役文书》中"侍郎焦郎传张武儁寺主尼显法田地隗略渠桃一亩

---

① 唐长孺主编:《吐鲁番出土文书》第3册,文物出版社,1981年,第308页。
② 芦开万:《曲氏高昌未推行均田制度论》,《敦煌学辑刊》1986年第1期。

半役听断除"①，其中"听断除"即裁断减免租税或徭役的意思②，可见官府免除了对寺主显法所占一亩半田地的劳役。

根据佛教戒律，出家人在受戒之后意味着与世俗无关，死亡僧侣的遗产和遗物通常应该由寺院和僧尼大众共同继承并进行处理。但在吐鲁番出家的僧尼，不仅可以参与家族中重大事务的决策，还能继承家族财产。高昌延昌十七年（578）的《道人道翼遗书》中，记载了僧人"道翼"身患重病，立下遗嘱提前对个人财产进行分配，其中将菜园传给了弟弟和儿子，将土地借给"妹男光"③ 即自己的外甥来耕种。如果说"道翼"的家族成员身份尚不确定，那么《高昌四年参军氾显祐遗言文书》则确定是家族财产的继承案例：

延寿四年丁亥岁，闰月八日，参军显祐身平生在

时作遗言文书。石宕渠葡萄一园与姨母。东北坊中城里舍一口

区与俗人女欢资。作人致得与 师□□□

…………

师女，阿姨尽身命，得舍中住。若不舍中住，不得赁舍与余人。舍要得一间。阿姨身不出，养生用具是阿姨物。若阿姨出趣余人去，养生用具 尽 □□。遗言文书同有贰本，壹本姨母边，一本在俗人女，师女二人边。 作 遗 言 文 书 □□□④

---

① 唐长孺主编：《吐鲁番出土文书》第4册，文物出版社，1983年，第64页。
② 王启涛：《吐鲁番出土文书词语考释》，巴蜀书社，2005年，第136页。
③ 荣新江、李肖、孟宪实主编：《新获吐鲁番出土文书》下册，中华书局，第286页。
④ 唐长孺主编：《吐鲁番出土文书》第5册，文物出版社，1983年，第70—71页。

这是一件典型的出家人继承世俗家族财产的文书,参军氾显祐有两个女儿,为了说明"师女"是出家人,特地在文书中标明了"俗人女"与其相对,说明吐鲁番的出家人是可以继承世俗财产的。氾氏家族在吐鲁番社会属于中等家族,不考虑文书残缺的部分,留给"师女"的财产至少是一个作人,房舍是否要赁舍,师女也有决策权,最后"俗人女"和"师女"共同拥有父亲的一本遗言文书。这也说明在当时的吐鲁番社会中,这种继承方式得到了僧俗两界的认可和保护。唐西州时期虽然对寺院进行了改革,但僧尼继承家族财产的风气仍然存在。阿斯塔那302号墓《僧法安等寺宅簿》记载:

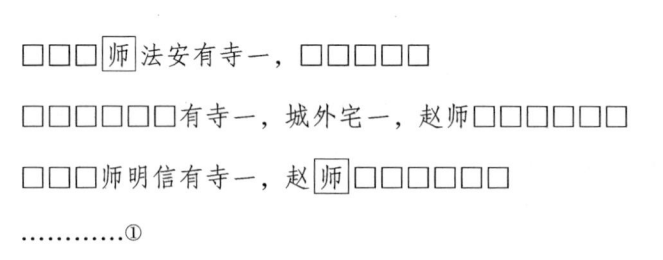

………
□□□师法安有寺一,□□□□□
□□□□□□有寺一,城外宅一,赵师□□□□□
□□□师明信有寺一,赵师□□□□□
………①

文书虽然仅存三行,残缺不全,却包含了众多信息。唐初大部分民寺改为官寺,但法安、某僧人、明信三人至少都拥有一座寺院,其中第二行的某僧人还在城外有一间住宅。据此推测,三位僧人很可能出身大家族,至少是三纲一类的人物,才能够拥有众多的个人财产。根据同墓中出土最晚的文书为唐永徽四年(653)《赵松柏墓志》来判断,此时距离唐设立西州仅十余年时间,可知这些僧人是

---

① 唐长孺主编:《吐鲁番出土文书》第5册,文物出版社,1983年,第49页。

从高昌国时代以来就继承了家族的产业，唐政府似乎对此也表示认可。此时对于统治阶层来说，家族势力已经不再对其构成威胁。五至七世纪期间，世家大族的信仰随着时代和政权的更替而发生转变。除了在唐西州时期对寺院的控制有所松弛外，寺院一直受到家族和统治政权的双重控制，逐步转化为独立的经济体。同时，寺院经济在家族主政的时代异常发达，多数表现为世俗政权对寺院经济的控制，寺院中的僧尼更是吐鲁番社会中赋税徭役的重要承担者，这些问题都有待于进一步研究。

四、结语

在五至七世纪，吐鲁番的家族势力从信仰、制度、经济等各方面，通过佛教来严密地控制着整个社会。家族的信仰随着时代和政权的变迁发生过转变，但这一时期对佛教势力的管理和控制从未松弛。通常整个寺院的财产属于家族或供养人所有，家族成员出任寺院三纲，其个人财产本身是家族财产的一部分，通过雇佣三纲来监督和维持寺院的运转，并规定僧尼能够继承世俗财产，以保证财产能够在家族和寺院内部流转。虽然吐鲁番寺院经济高度发达，佛教的家族化、社会化倾向明显，但与世俗之间的关系也绝非仅表现在经济方面。世家大族推动佛教发展的根本目的，还是寄希望于通过宗教场所来寄托和践行自己的宗教信仰，发挥为自身和家族消灾祈福的功用，除作为最高统治者的王族成员外，一般的中小家族并不会将寺院来作为牟取更大经济利益的工具。整体来看，中小家族寄托信仰，确实将大量利益输入寺院，但王族控制下的世俗政权，又将这种经济利益通过赋税徭役的方式集中起来，向下再次进行分配。同时，佛教寺院与世俗家族的关系也绝非"严重扭曲",吐鲁番不同于中原地区的人文社会环境和自然环境,五至七世纪佛教发展的不同路径背后有其特殊的历史背景,其存在也必定符合社会的基本需求,因而也才能成为当时一种可延续发展的模式。

汉传佛教寺院的社会活动

北宗禅与唐代社会
——以普寂的活动及其影响为中心

通 然

(日本东洋大学)

一、前言

中国的禅宗,虽然一般将道信(580—651)、弘忍(601—675)建立的东山法门视为直接的母胎,但禅宗首次作为一个宗派登上中国历史的舞台,则是在唐代中期以神秀(606—706)及其弟子普寂(651—739)为代表的北宗禅时代。[①]他们由山林走向都市,传禅开法于唐王朝的政治、经济、文化中心——洛阳、长安的两京地区,并得到了中央朝廷和两京佛教界的皈信,使其风靡一时,师徒二人更被尊为"两京法主""三帝国师"[②]。当时所言禅宗,即是指神秀、普寂一派。

但是由于诸多原因,例如"安史之乱的影响"(北宗依赖的中央王朝在乱后一蹶不振)、"南宗的抬头"(神会对北宗的批判)、"未能

---

① 参见小川隆:《初期禅宗形成史の一側面—普寂と"嵩山法門"》,载《驹泽大学佛教学部论集》第20卷,1989年,第310—325页。
② "两京法主"指神秀与普寂为长安与洛阳佛教界的领导者;"三帝国师"指神秀为武则天、中宗、睿宗的老师,普寂为中宗、睿宗、玄宗的老师。

从律寺中独立出来建立禅院"（北宗禅师与律僧同居一寺）等导致了北宗禅从8世纪中叶开始逐渐走向衰退；① 到了9世纪中叶"会昌法难"以后，以中原地区为主展开弘法的北宗禅更是受到重创，从而退出了历史的舞台。② 另一方面，继承东山法门传统以山林佛教为主的南宗马祖（709—788）、石头（700—790）二系，通过在地方上坚实的布教活动一跃成为今日禅宗的主流。有关北宗禅的记载，在后世的各灯史和僧传中并没有如南宗门人一般受到礼遇，而是被采取了淡化的处理。

所幸敦煌文献、日本和朝鲜半岛所传资料，以及各种塔铭、寺碑、墓志铭等金石文的发掘问世，为我们解明北宗禅的历史和思想发挥了重要作用。其中，有关北宗禅门人传记的考察方面，以宇井伯寿和马克瑞的研究最为有代表性。③ 但是，对于北宗禅集大成者普寂的活动及其影响这一问题，至今仍有些问题有待解决。因此，本文主要以社会生活史的视角，通过对普寂及其弟子的活动和开法内容的考察，阐明北宗禅在嵩洛地区的发展情况，以及对当时社会的影响。

二、普寂与嵩岳寺

神秀的后继者普寂是北宗禅真正的集大成者，是研究北宗禅时首先应该关注的人物。有关他的记载，主要收录在《楞伽师资记》《菩提达摩南宗定是非论》《大照禅师塔铭》《旧唐书》《宋高僧传》《内

---

① 椎名宏雄:《嵩山における北宗禅の展开》，《宗学研究》第10卷，1968年，第184—185页。
② 洪修平:《禅宗思想的形成与发展》，江苏古籍出版社，2000年，第174页。
③ 参见宇井伯寿:《禅宗史研究》"北宗禅の人々と教说"章，岩波书店，1935年，第269—375页；马克瑞（McRae）:《北宗禅与早期禅宗的形成》，韩传强译，上海古籍出版社，2015年，第70—78页。

证佛法相承血脉谱》《第七祖大照和尚寂灭日斋赞文》。其中，李邕（678—747）撰《大照禅师塔铭》是最为详尽和可靠的第一手资料。同时，亦可参考田中良昭发表的论文《大照禅師普寂について》①。本节，笔者主要将普寂与嵩岳寺的关系作为考察的重点。

据《大照禅师塔铭》记载，普寂被正式编入嵩岳寺是在长安年间（701—704）从荆州玉泉寺神秀那里得到印可以后的事情。但实际上，在此之前普寂就曾有过一段在嵩山"隐居半岩，布褐一衣，麻麦一食"的短期头陀生活，即垂拱四年（688）普寂依东都惠端和尚受具，于南泉弘景和尚学习戒律后，至法如圆寂的永昌元年（689）这一段时间。在这半年多的时间里，普寂到访过包括嵩岳寺在内的嵩山诸寺则是不难想象的。至于普寂离开嵩山的理由，在《大照禅师塔铭》中这样记载：

> 将寻少林法如禅师，未臻止居，已承往化，追攀不及，感绝无时。芥子相投，遇之莫遂，甘露一注，受之何阶。翌日，远诣玉泉大通和上，膜拜披露，涕祈谘禀。②

普寂欲向少林寺的法如禅师参谒禅法，却恰逢其圆寂而未果，翌日便远诣于荆州玉泉寺拜入神秀的门下。杜胐在《传法宝纪》中说法如在圆寂前曾告门人"而今以后，当往荆州玉泉寺秀禅师下谘禀"。③ 也许普寂的离开正是受到法如遗言的影响。④ 在荆州修学期间，神秀令普

---

① 参见田中良昭：《大照禅師普寂について》，《印度学佛教学研究》1967 年第 16 卷第 1 号。
② 董诰等编：《全唐文》卷二六二。
③ 柳田圣山：《初期の禅史Ⅰ》，筑摩书店，1971 年，第 390 页。
④ 参见伊吹敦：《東山法門の人々の伝記について（上）》，《东洋学论丛》2009 年第 34 号。

寂看《思益》《楞伽》二经，并告知"此两部经，禅学所宗要者，且道尚秘密，不应眩曜"。到了万岁通天元年（696），师事神秀七年的普寂终于得到了印可，并在神秀的劝导下重返嵩山。关于此事的经纬，在《大照禅师塔铭》中这样记载：

> 如此者五岁，约令看《思益》、次《楞伽》，因而告曰：此两部经，禅学所宗要者，且道尚秘密，不应眩曜……如此者复二年，大通和上深赏重之。人未之兰若，今将自之，大通止曰：嵩山亦好。至于再，诺而居焉。长安年，度编岳寺。①

关于这一点，佛尔认为神秀在久视元年（700）被武则天召入内供养之际，他首先尝试让普寂代替自己应诏，但是因为没有成功，普寂才留在嵩岳寺的。②但是，佛尔并没有给出依据。据《旧唐书》中"久视中则天召神秀至东都，神秀因荐普寂乃度为僧"③来看，普寂确实受到过神秀的推荐而正式得度，但文中并未提及让普寂代替应诏入内之事。再者，值得注意的是，神秀在久视元年入内以前就已经离开了荆州。据宋之问（？656—712）《为洛下诸僧请法事迎秀禅师表》记载：

> 僧某等言：某闻住持真教，先凭帝力，导诱将来，远属能者。伏见日月敕，遣使迎玉泉寺僧道秀。陛下载宏佛事，梦寐斯人，语程指期，朝夕诣阙。此僧契无生至理，传东山妙法，开室岩居，

---

① 董诰等编：《全唐文》卷二六二。
② 佛尔（Faure）:《正统性的意欲——北宗禅之批判系谱》，蒋海怒译，上海古籍出版社，2010年，第97—98页。
③ 《旧唐书》卷一九一。如果《旧唐书》所说属实，则普寂在此之前虽已出家受具，但并没有获得正式度僧的资格。

年过九十，形彩日茂，宏益愈深。两京学徒，群方信士，不远千
里，同赴五门。衣钵鱼颉于草堂，庵庐雁行于邱阜，云集雾委，
虚往实归。隐三楚之穷林，继一佛而扬化，栖山好远，久在荆南，
与国有缘，今还豫北。九江道俗，恋之如父母，三河士女，仰之
犹山岳。谓宜缁徒野宿，法事郊迎，若使轻来赴都，退迍失望。
威仪俗尚，道秀所忘，崇敬异人，和众之愿。倘得焚香以遵法王，
散花而入道场，则四部衔恩，万人生喜。无任恳款之至，谨诣阙
奉表，请与都城徒众，将法事往龙门，迎道秀以闻。轻触天威，
伏深战越。①

神秀在九十岁前后返回家乡豫北（河南省北部）之际，受两京佛教界的邀请至龙门弘法。出生于606年前后的神秀在九十岁时刚好是普寂离开荆州时的696年。也就是说，神秀在劝导普寂重返嵩山时，很可能已经有了决定北上的想法。据伊吹敦的考证，这与神秀同门的慧安有很大关系。② 出身荆州的慧安和出身豫北的神秀，他们曾各自在对方的故乡进行传禅开法的活动。随后，最先被召入内供养的慧安更是向武则天推荐了神秀，所以神秀的返乡可能是为了代替慧安在豫北的布教工作，进而为自己进入中原地区做准备。

如此一来，神秀劝导普寂重返嵩山的理由似乎也就明白了。首先，普寂在受具后便活动于嵩山地区，必定对当地有着一定的感情；其次，自知年事已高的神秀在决定北上的同时，必定会为自己的后继者在未来的弘法方向上做出规划。其结果是，普寂遵循了师命，以嵩岳寺作为自己的弘法中心。据现存文献可知，嵩山之中与禅宗渊源最深者有

---

① 《文苑英华》卷六〇五。
② 参见伊吹敦:《東山法門の人々の伝記について（中）》，《东洋学论丛》2010年第35号。

"少林寺""会善寺""嵩岳寺"三寺。① 当时，少林寺和会善寺分别为法如系和慧安系的弘法中心。虽然法如在少林寺开法仅三年便圆寂了，但其弟子们为纪念他而建立的《唐中岳沙门释法如禅师行状》中首次提出"达摩—慧可—僧璨—道信—弘忍—法如"的传法谱系，足以证明他的弟子们以少林寺为据点来标榜自派正统性的目的。慧安也是如此，大致在法如圆寂后不久就到了嵩山弘法，其地点据《大唐嵩山会善寺故大德道安禅师碑并序》的题目来看，应该就是会善寺。在少林寺和会善寺已经成为其他禅派弘法据点的背景下，普寂选择未被占据的嵩岳寺则是情理之中的事。

总之，至少从长安年间（701—704）至开元十三年（725）的几十年时间里，普寂一直以嵩岳寺为自己的弘法中心进行传禅开法的活动。直到晚年时，普寂才逐渐受到两京佛教界的注目，先后被敕住于东都洛阳的敬爱寺和兴唐寺。因此，笔者认为可以将普寂的弘法生涯大致分为两个时期：

（1）嵩岳寺时期——696年至725年

（2）敬爱寺、兴唐寺时期——725年至739年

但是，居住在敬爱寺和兴唐寺时期的普寂已达古稀之年，从常理上推测，他本人并不能亲自进行日常的弘法工作，所以很可能是由其后继者代为进行对年轻僧侣和在家信众的教化工作。如后所述，普寂的主要出家弟子大多是在他居住嵩岳寺时期拜入其门下的，即便在敬爱寺和兴唐寺时期也有剃度出家弟子，但这些弟子中有些在普寂圆寂后，又拜入其后继者宏正门下。可见，普寂在嵩岳寺的开法时期才是他弘法生涯的黄金时代。

不仅如此，据《大照禅师塔铭》记载，普寂在圆寂曾前告门人说

---

① 椎名宏雄：《嵩山における北宗禅の展開》，《宗学研究》1968年第10号。

"吾久居山水，缘亦在焉"，圆寂后嵩岳寺一方更是出现异象，并在河南尹裴宽（679—754）飞表上奏玄宗皇帝后得以归葬本居（嵩岳寺）。① 实际上不只是普寂，通过王维（701—761）的《为舜阇黎谢御题大通大照和尚塔额表》②、储光羲（707—760）的《至岳寺即大通大照禅塔上温上人》③ 可知，其师神秀的塔碑也建立在嵩岳寺。据李邕撰《嵩岳寺碑》记载，普寂为了强调自派的正统性提出了"达摩—慧可—僧璨—道信—弘忍—神秀—普寂"新的传法谱系，以及为神秀建造的十三级浮图（塔），以彰显其师的功绩。④ 普寂通过以嵩岳寺作为自派的弘法中心开展传禅开法的活动，从而奠定了嵩岳寺为北宗禅祖庭的重要历史地位。

三、普寂在嵩岳寺时期的开法

北宗禅虽奉神秀为开祖，但神秀被召入内供养时已是近百岁的高龄，且在五年后的神龙二年（706）便圆寂了，实际上并没有在中原地区聚徒开堂传法。到了普寂的时代，北宗禅才得到广泛传播。⑤ 据独孤及（725—777）撰《故镜智禅师塔铭》中说"公之门徒万，升堂者六十有三"⑥ 可知，普寂在开堂传法的几十年间，培养了一大批优秀的弟子，可谓是一位真正广开门庭的禅宗领袖。

---

① 董诰等编：《全唐文》卷二六二。
② 董诰等编：《全唐文》卷三二〇。
③ 《全唐诗》卷一三六。诗文如下："秋山下映宫，宫色宜朝阳。迢递在半岭，参差非一行。燕息云满门，出游花隐房。二尊此成道，禅宇遥相望。风铎天中鸣，岩梯松下长。山墟响信鼓，蘅薄生蕙香。起灭一以雪，往来亦诚亡。悲哉门弟子，要自知心长。"
④ 董诰等编：《全唐文》卷二六三。
⑤ 《旧唐书》卷一九一中说："神秀，禅门之杰，虽有禅行，得帝王重之，而未尝聚徒开堂传法；至弟子普寂，始于都城传教，二十余年，人皆仰之。"
⑥ 《文苑英华》卷八六四。

但是，关于普寂弟子，记载在现存史料中存名立传可考者甚少，且多有谬误。这里笔者通过总结先前研究和依据自己考察的结果，以表格的形式列出他们的基本信息。

表1　有关普寂弟子的史料记载

序号	人名 (生卒年)	所在寺院	《传灯录》	《宋高僧传》	塔铭	所载
1	宏正 (未详)	圣善寺 (河南省·洛阳市)	×	×	×	注：参见后文宏正简介。
2	法云 (？—766)	天乡寺 (江苏省·镇江市)	×	×	○	《全唐文》卷320
3	道璿 (未详)	大安寺·比苏寺 (日本南都·吉野)	×	×	×	注：有传存世，参见后文道璿简介。
4	志空 (未详)	不明	×	×	×	注：参见后文志空简介。
5	同光 (700—770)	少林寺 (河南省·郑州市)	×	×	○	《全唐文》卷441
6	一行 (683—727)	嵩阳寺 (河南省内)	○	○	×	《大正藏》册50 (732c07—733c24)
7	慧空 (696—773)	广福寺 (河南省·洛阳市)	○	○	×	《大正藏》册50 (765b08—19)
8	恒月 (702—780)	翠微院 (湖南省内)	○	○	×	《大正藏》册50 (771a17—25)
9	真亮 (701—788)	广爱寺 (河南省·洛阳市)	○	○	×	《大正藏》册50 (771a25—771b07)
10	明瓒 (未详)	南岳寺 (湖南省内)	○	○	×	《大正藏》册50 (834a08—834b17)
11	灵著 (691—746)	大安国寺楞伽经院 (河南省·洛阳市)	×	○	×	《大正藏》册50 (761b13—761c15)
12	思公 (701—784)	寺名未详 (湖北省内)	○	○	×	《大正藏》册50 (771b08—25)

续表

序号	人 名 (生卒年)	所在寺院	《传灯录》	《宋高僧传》	塔铭	所载
13	昙真 (704—763)	敬爱寺 (河南省·洛阳市)	○	×	○	《全唐文》卷370
14	常超 (705—763)	寺名未详 (河南省内)	○	×	○	《全唐文》卷316
15	法玩 (715—790)	敬爱寺 (河南省·洛阳市)	×	×	○	《金石补正》卷66
16	石藏 (718—800)	定真院 (河北省内)	○	○	×	《大正藏》册50 (771b26—771c08)
17	乘如 (698—768)	大安国寺 (河南省·洛阳市)	×	○	○	注：参见后文乘如简介。

如上表所见，普寂十七名弟子中：有九人在《景德传灯录》中存名，九人在《宋高僧传》中立传，六人的塔铭存世；唯独"宏正"和"志空"既没有在《景德传灯录》和《宋高僧传》中被记载，也没有留下自身的塔铭，但通过其他史料中的零星记载可知，他们却是普寂非常重要的两位弟子；又"法云""道璿""同光""法玩"等也都没有在《景德传灯录》和《宋高僧传》中被记载，而幸有塔铭和传记资料留世；又"乘如"虽然在《宋高僧传》中有传，但文中却未言及他是普寂的弟子。① 也就是说，普寂之后北宗禅里真正重要且有影响力的人物，实际上在后世的灯史和僧传中完全地被忽视或有意删除了。以下对他们进行简单的介绍。

宏正 李华（715—766）的《故左溪大师碑》② 和独孤及（725—

---

① 关于"乘如"为普寂的弟子一说，参见内田诚一：《萧和尚塔铭の碑文〉について—王维·王缙兄弟との交流を物語る石刻资料の復元》，《日本中国学会报》2006年第58卷。他通过对《萧和尚灵塔铭》《安国寺僧残碑》的复原，发现了《宋高僧传·乘如传》中未记载的重要信息，指出乘如为普寂的弟子。
② 董诰等编：《全唐文》卷三二〇。文中说："菩提达摩禅师传楞伽法，八世至东京圣善寺宏正禅师，今北宗是也。"

777）的《故镜智禅师碑铭》①都强调了宏正在北宗的地位是普寂的后继者、北宗禅的第八代祖师。不仅如此，从《第七祖大照和尚寂灭日斋赞文》中"禅师代家相魏，访道伊洛，创头大照和尚，了一心源，并依弘正导师，开五方便"②来看，斋赞文的作者将"宏正"与"普寂"置于同等的地位，并尊称为"导师"，而且文中提到宏正所开演的"五方便"更是北宗在传禅开法时所用的重要文献。③又《东京大敬爱寺大证禅师碑》中最初"诣长老大照、醒迷解缚"的昙真，碑文中提出"始自达摩……通传大照、大照传广德（宏正）、广德传大师"的传法系谱却将其列为北宗的第九祖；④《故中岳越禅师塔记》中"发定光于大照大师、垂惠用于圣善和上"的常超，⑤在参谒普寂后又都拜入宏正的门下。由此推测，宏正很可能在普寂在世时就已经代替普寂指导徒众了，可见宏正在北宗的重要地位。

法云 据《润州天乡寺故大德云禅师碑》⑥记载，法云于神龙年间（705—707）出家，景龙年间（707—709）依龙兴寺元昶律师受具后，同鹤林绚律师"偕往嵩颍，求法于大照和尚"。法云圆寂于永泰二年（766），世寿为八十岁左右，从他在普寂刚刚编入嵩岳寺不久便参谒其门下来看，法云可能是最早拜入普寂门下的弟子之一。又相对于普寂弟子大多活动于中原地区，法云在得法后则活动于江南一带。据碑铭中"由是江表禅教，有大照之宗焉……缁素皆以天乡为中路之

---

① 《文苑英华》卷八六四。文中说："公之门徒万人，升堂者六十有三，得自在慧者，一曰宏正。正公之廊庑，龙象又倍焉，或化嵩洛，或之荆吴。自是心教之被于世也，与六籍侔盛。"
② 田中良昭：《敦煌禅宗文献の研究》，大东出版社，1983年，第555页。
③ 参见伊吹敦：《〈大乘五方便〉の成立と展開》，《东洋学论丛》2012年第37卷。
④ 董诰等编：《全唐文》卷三七〇。
⑤ 董诰等编：《全唐文》卷三一六。
⑥ 董诰等编：《全唐文》卷三二〇。

化城也"可知，法云对北宗禅在南方的发展起到了重要作用。

道璿 据最澄（767—822）撰《内证佛法相承血脉谱》①记载，道璿在普寂圆寂前三年的天平五年（736）时作为律师东渡日本，是在鉴真（688—763）之前最早在日本传授戒律的人物。又基于他经由弟子行表（722—797）对其孙弟子日本天台宗开祖最澄有很大影响，以及他东渡时携带了大量与《华严经》有关的章疏等理由，以往大多学者认为道璿是天台、华严学方面的大家。对此，近年来伊吹敦发表了多篇论考，提出了新的观点：道璿是真正继承北宗禅传统的普寂重要弟子之一，他与普寂同样往来于都市与山林之间进行传禅开法的活动，是将北宗禅在日本展开的重要功臣。②

志空 虽无传记资料存世，但据金献贞（生卒年未详）撰《海东故神行禅师之碑并序》③记载，韩国的神行（704—779）曾师事过志空，志空为"大照禅师之入室"。可见，志空也是普寂的重要弟子之一。神行参谒志空学习禅法归国后，主要在鸡林（今韩国庆州市）进行传禅开法的活动，从碑文中"为道根者，诲以看心一言；为熟器者，示以方便多门"来看，神行深受北宗禅的影响。如后所述"看心（观心）""方便门（五方便）"皆是北宗禅师在布教时最常用的方法。志空本人虽未像道璿一样远赴异国，但通过弟子神行的入唐将北宗禅传至朝鲜半岛这一点，也足以证明志空对于北宗禅的传播同样有着重要意义。

---

① 《传教大师全集》第二，天台宗宗典刊行会，1912年，第525页。
② 参见伊吹敦：《道璿は本当に華厳の祖師だったか》（《印度学佛教学研究》2011年第60卷第1号），《道璿は天台教学に詳しかったか》（《印度学佛教学研究》2013年第61卷第2号），《初期禅宗と日本仏教：大安寺道璿の活動とその影響》（《東洋学論叢》2013年第38卷）的三篇论文。
③ 董诰等编：《全唐文》卷七一八。

同光 据《唐少林寺同光禅师塔铭》[①] 记载，同光于开元十四年（726）出家受具，后因感叹禅律之道"以修行之本，莫大于律仪；究竟之心，须终于禅寂"，便拜入普寂的门下。从塔铭中"归心禅祖大照，屡蒙授记，许为人师，及大照迁神，敬终恒礼"可以看出，同光与普寂不但有着非常深厚的师徒情分，而且从开元十四年至普寂圆寂的开元二十七年的十四年时间里，同光一直追随普寂左右，深受赏识。普寂圆寂后，他广开禅法于嵩山和荆州之间，使三十多人闻法后获得开悟。从其塔铭的名称来看，同光最终似乎是以少林寺作为自己的弘法中心。由此，到了普寂弟子的时代，少林寺已经由法如系变为普寂系的营地。

法玩 据李充（生卒年未详）《大唐东都敬爱寺故开法临坛大德法玩禅师塔铭并序》[②] 记载，法玩是在开元二十年（732）十八岁时，普寂居住兴唐寺时期拜入其门下的，是普寂晚年时的弟子。从塔铭中"以戒律摄忘行，以禅寂灭诸相""或居嵩高，或住洛邑"等来看，法玩同样继承了普寂"禅律一致"的思想[③]和往来都市和山林的弘法模式。法玩圆寂时，曾有"少林寺""敬爱寺""会善寺""永泰寺""嵩岳寺""善才寺""修行寺""宁刹寺""安国寺"等九寺三十九人前来参加悼念。可见法玩的影响力之大和其在北宗的重要地位。

乘如 从《萧和尚灵塔铭》中"学于□□大照长老"，《皇唐两京故大德乘如禅师碑阴记》中"问心地于□□寂公"[④] 来看，乘如必定受到过普寂教说的影响。《宋高僧传》中虽然记载乘如为安国寺的僧

---

① 董诰等编：《全唐文》卷四四一。
② 《金石补正》卷六六。
③ 参见伊吹敦：《北宗における禅律一致思想の形成》（《东洋学研究》2010 年第 47 卷）；通然译：《北宗禅律一致思想的形成》（《佛学研究》2017 年第 27 期）。
④ 此二文献的引用，参见内田诚一：《〈萧和尚灵塔铭の碑文〉について—王维·王缙兄弟との交流を物語る石刻资料の復元》，《日本中国学会报》2006 年第 58 卷。

人，但从《会善寺戒坛牒》①中乘如在会善寺建立戒坛并每年在此讲律，以及他的塔铭被安置在会善寺等内容来看，他与"普寂""道璿""法玩"等人同样采取了往返都市和山林间的弘法模式。居住都城安国寺的乘如在去世后被葬在会善寺这一点也与普寂十分一致，又值得注意的是，在普寂弟子的时代，会善寺也已经成为普寂系的营地。

以上七人，都是普寂最主要的出家弟子。此外，《宋高僧传》中"礼寂为师，出家剃染"②的"一行"，虽然是普寂的剃度弟子，但普寂对他的思想的影响并不大，因此很难说他是普寂的重要弟子或是北宗的弘扬者。再者，笔者在考察普寂弟子的过程中发现，其大多数出家弟子例如"慧空"③"真亮"④"恒月"⑤"明瓒"⑥等，都是在普寂居住嵩岳寺时期拜入其门下的。即便有些弟子例如"灵著"⑦"思公"⑧等，从时间上看，可能是普寂在居住敬爱寺、兴唐寺时期拜入其门下的，但从《宋高僧传·一行传》中一行在入寂前（727年）"东来嵩山，谒礼本师"⑨来看，被敕住敬爱寺时期的普寂也有回到嵩岳寺的

---

① 《金石萃编》卷九四。
② 《大正藏》第50册，第732页下。
③ 《宋高僧传》中说"因入嵩少遇寂师禅会，豁如开悟"（《大正藏》第50册，第765页中）。
④ 《宋高僧传》中说"受具已游嵩少，遇普寂奖训，顿开蒙昧"（《大正藏》第50册，第771页中）。
⑤ 《宋高僧传》中说"造嵩山禅会，便起发心要"（《大正藏》第50册，第771页上）。
⑥ 《宋高僧传》中说"初游方诣嵩山，普寂盛行禅法，瓒往从焉，然则默证寂之心契"（《大正藏》第50册，第834页上）。
⑦ 据《宋高僧传》记载，灵著于开元十八年（730）四十岁时"精毗尼道，兼讲涅槃……晚岁请问大照禅师，领悟宗风，守志弥笃"（《大正藏》第50册，第761页中）可知，灵著大概是在730年至739年之间，普寂晚年时参谒其门下的。
⑧ 《宋高僧传》中说"得度后游伊洛间，见普寂禅师开畅禅法，寂始见提诱，寻彻钩深"（《大正藏》第50册，第771页中）。
⑨ 《大正藏》第50册，第733页下。

情况。因此,也不能排除这些弟子参谒于普寂一时返回嵩岳寺之际。又普寂弟子中的"法玩"①"石藏"②等从年龄上看已经是普寂最晚年时的弟子,其实际在修学上的指导很可能是由后继者的宏正代行。另外,普寂弟子中仅存其名者有"胜缘""慧远""崇泰""昙庆""绚律师""澄禅师""慧光""承威""智昱""灵辩"等人,但具体事迹不明。③

四、普寂在敬爱寺和兴唐寺时期的开法

普寂通过在嵩岳寺传禅开法的活动,逐渐受到中央朝廷和两京佛教界的注目,在开元十三年(725)被敕住于洛阳敬爱寺。两年后,玄宗皇帝行幸西京长安时安置其住于兴唐寺,正式开启了普寂传教于都城的序幕。此事在《大照禅师塔铭》中记载如下:

> 开元十三年,恩诏屈于敬爱寺宴坐;逮十五年,皇上将幸于京师也,优诏曰:慎言义福宜从驾,和上留都兴唐寺安置。由是法云遍雨,在其根茎,妙音尽闻,惟所围绕,其始也……是故闻者斯来,得者斯止,自南自北,若天若人。或宿将重臣,或贤王爱主,或地连金屋,或家蓄铜山,皆毂击肩摩,陆聚水咽,花盖

---

① 据《法玩禅师塔铭》中"年十八学道于大照大师,世受具戒,报年七十六,僧夏五十七"(《金石补正》卷六六)可知,法玩是在开元二十二年(734)二十岁时依止普寂剃度出家受具的。
② 据《宋高僧传》记载,石藏于开元十年(722)八岁时入开元寺出家,受具后"克愿礼嵩山寂禅师,豁悟禅法"(《大正藏》第50册,第771页中),如果依戒律年满二十岁受戒的话,石藏大致是在普寂圆寂前两年拜入其门下的。
③ 普寂塔铭中言及的"胜缘""慧远""崇泰""昙庆"、法云塔铭中的"绚律师"、《景德传灯录》中的"澄禅师"、《禅门经》序的作者"慧光"等七人,参见宇井伯寿:《禅宗史研究》,岩波书店,1935年,第299—311页。"承威""智昱""灵辩"等三人,参见葛兆光:《增订中国禅思想史:从六世纪到十世纪》,上海古籍出版社,2016年,第213—214页。

拂日，玉帛盈庭。①

由此可知，普寂在都城传禅开法的主要对象并非出家弟子，而是"宿将重臣""贤王爱主"等在家信众。关于这一点，从两部被视为普寂著作的《大乘无生方便门》和《观心论》中，亦可窥见出这样的倾向。②那么，普寂及其弟子面向在家信众传禅开法时，究竟是以什么样的方式、方法来指导他们呢？首先，从《大乘无生方便门》中以"授菩萨戒仪"作为开篇来看，北宗禅师向在家信众教授禅法之前，先为其传授菩萨戒：

（1）各各蹦跪合掌，当教令发四弘誓愿。（略）

（2）次请十方诸佛为和尚等、次请三世诸佛菩萨等。

（3）次教受三归。

（4）次问五能。（略）

（5）次各称已名，忏悔罪言。过去未来及现在，身口意业十恶罪。（略）

（6）汝等忏悔竟。三业清净，如净瑠璃，内外明彻，堪受净戒。菩萨戒是持心戒，以佛性为戒性。心瞥起即违佛性，是破菩萨戒；护持心不起即顺佛性，是持菩萨戒。三说。

（7）次各令结跏趺坐。同佛子心湛然不动是没？言净：佛子，诸佛如来有入道大方便，一念净心，顿超佛地。③

---

① 董诰等编：《全唐文》卷二六二。
② 参见伊吹敦：《〈大乘五方便〉の諸本について—文献の変遷に見る北宗思想の展開》（《南都佛教》1991年第65卷），《〈観心論〉と〈修心要論〉の成立とその影響》（载《禅学研究》第94卷，2016年）。
③ 铃木大拙：《禅思想史研究第三》，岩波书店，1968年，第168页。

以"发愿""请圣""授三皈""问五能""忏悔""正受""坐禅"等七个步骤,作为日常向在家信众开法的仪轨。菩萨戒的传授流行于隋唐,禅宗亦受此影响。据净觉(683—750)撰《楞伽师资记》中说四祖道信曾"有菩萨戒法一本,及制入道安心要方便法门,为有缘根熟者,说我此法"[①]。道信的《菩萨戒法》虽现已遗失,但从南宗系的《六祖坛经》、神会的《坛语》中均可见"授菩萨戒仪"的内容来看,一般认为,此传统至少可以追溯到四祖道信的东山法门时代。[②]

但值得注意的是,《大乘无生方便门》的"授菩萨戒仪"中,(6)以"佛性"为"戒性",通过观察"心"的起动来判断是否顺应佛性与菩萨戒的持犯;(7)将"入道""顿超佛地"的方法归纳为"净心"。这样的修行理论,在《观心论》中亦贯彻始终。《观心论》在开篇就强调了志求佛道最为省要的修行方法即是"观心"。因为心能"总摄诸法",心是"万法之根本",若能了心便可"万行具备";并将"心"分为"净心(真如无漏)"与"染心(有漏无明)"二种,说明了"净心"才是远离诸苦、证涅槃乐的善因。在此基础上,《观心论》对于"菩萨戒"这样解释:

> 又问:菩萨摩诃萨由持三聚净戒,行六波罗蜜,方成佛道。今令学者,唯只观心,不修戒行,云何成佛?答曰:三聚净戒者,则离三毒心,成无量善。聚者会也。以制三毒,即有三无碍(量)善,普会于心,故名三聚净戒。六波罗蜜者,即六根,汉言达彼岸。以六根清净,则不染世尘,即出烦恼可(河)至菩提

---

① 柳田圣山:《初期の禅史Ⅰ》,筑摩书店,1971年,第186页。
② 有关于三种"授菩萨戒仪"的内容差异,参见田中良昭:《敦煌禅宗文献の研究》,大东出版社,1983年,第462—467页。

岸也，故名六波罗蜜。①

这里《观心论》与《大乘无生方便门》同样将体现菩萨戒和菩萨道精神的"三聚净戒""六波罗蜜"概念与"三毒""六根"相对应，解释说只要通过"观心"的方法便可除三毒、净六根，即等同于持三聚净戒、行六度之菩萨道了。由此可以看出，北宗虽然与其他宗派一样，主要通过向在家信众传授"菩萨戒"的形式来进行布教，同时又对其做出了新的诠释，将"持戒""入道方法"归纳为"观心若净"。

对于"观心"的方法，《观心论》在前半部分阐述此修行理论，在后半部分则以一些具体事例来进一步解释说明。特别是第十二问答中列举的"修伽蓝""铸形象""烧香""散花""燃长明灯""绕塔行道""持斋""礼拜"等八项内容，以北宗特有的"心观释"②解释方法，指出了一切外在的事相和功德都可以通过"观心"的方式来实现完成。笔者认为，这八项内容与当时社会和佛教界出现的一些弊端有着密切的关系。据《唐会要》记载：

> 久视元年八月十五日，将造大像，税天下僧尼，人出一钱。内史狄仁杰上疏曰：今之伽蓝，制逾宫阙，功不使鬼，必役于人。物不天来，终须地出，不损百姓，将何以求？生之有时，用之无度……臣每思惟，实所悲痛，今之大像，若无官助，义无得成。若费官财，又尽人力，一旦有难，将难救之。③

---

① 田中良昭：《敦煌禅宗文献の研究第二》，大东出版社，2009年，第109页。
② "观心释"这一用语，是为区别天台智顗的"观心释"，伊吹敦在说明北宗禅独自的注释法时所使用的，本文亦采用之。
③ 《唐会要》卷四九，"像"条。

久视元年（700），也就是神秀入京的同年，武则天为营造大像，竟向天下僧尼征收了税赋。对此，狄仁杰（630—700）谏言说，当时的建寺造像之盛已经超过一般宫殿的规模，这样劳财伤民必定对国家的安危带来隐患。武则天因狄仁杰的上疏虽然一时终止造像，但同年九月，随着狄仁杰的去世，大佛的营造又被提上了日程。紧接着，监察御史张廷珪（663—741）亦向武则天上疏进行劝阻。据《唐会要》记载：

> 长安四年十月九日，敕大像宜于白司马阪造为定，仍令春官尚书建安王攸宁，充检校大像使。监察御史张廷珪谏曰：夫佛者，以觉知为义，因心而成，不可以诸相窥也……陛下信心归依，壮其塔庙，广其尊容，已遍于天下矣。盖有住于像，而行布施，非最上第一希有之法……陛下倾四海之财，殚万人之力，穷山之木以为塔，极冶之金以为像，虽劳则甚矣，费则多矣。而所获福缘，不逾于殚劳之匹夫……今陛下广树熏修，又置精舍。则经云：菩萨所作福德，不应贪着。盖有为之法，不足尚也，况此营造，事殷土木……又役鬼不可，唯人是营，通计工匠，率多贫窭。朝驱暮役，劳筋苦骨，箪食瓢饮，晨炊星饭。饥渴所致，疾疫交集，岂佛标徒行之义……何必勤勤于住相，雕苍生之财，崇不急之务。臣以时政论之，则宜先边境，蓄府库，养生力。以释教言之，则宜救苦厄，灭诸相，崇无为。伏惟陛下察臣之愚，行佛之意。①

这里，张廷珪依据佛教的教义，向武则天谏言说佛为"觉知"之意，由"心"的觉悟才能达到的境界，与"一切外在的事相"无关。在列举了建寺造像带来的种种弊端之后，张廷珪提出应该断除外在（建寺

---

① 《唐会要》卷四九，"像"条。

造像）的"有为法"，追求内在（心）的"无为法"。张廷珪向皇帝谏言所用的佛教理论，正暗示了当时社会和两京佛教界非常流行这样的思想。

实际上，周武朝以来，中宗、睿宗等中央朝廷与贵族阶级在拥护佛教的过程中，十分热心于大佛、寺院的营造。[①] 例如，咸亨三年（672）洛阳龙门石窟卢舍那佛的雕凿、景龙二年（708）洛阳圣善寺的扩建等使佛教兴盛的同时，也造成了国家大量劳动力和财力的消耗。与此同时，佛教礼仪方面也日趋隆重和奢华。据《唐会要·燃灯》记载，先天二年（713）僧婆陀请玄宗夜开城门"燃灯百千炬，三日三夜；皇帝御延喜门，观灯纵乐"[②]。

这些状况，都是刚刚进入中原地区的北宗禅师所必须面临的重大问题。对此，普寂及其弟子们在两京传禅开法之际，必定会对上述这些弊端做出回应。如《观心论》第十二问答中的"修伽蓝""铸形象""燃长明灯"三项中这样说道：

> 佛所说有无量方便，以一切众生，钝根狭劣，不悟甚深。所以假有为法，喻无为法。若不修内行，唯只外求，希望获福，无有是处。言伽蓝者，西国梵音，此地翻为清净处。若永除三毒，常净六根，身心湛然，内外清净，是则名为修伽蓝。又铸形像者，即是一切众生求佛道，所为（谓）修诸觉行，眆（仿）像如来，岂道铸写金铜之作也。是故求解脱者，以身为炉，以法为火，智慧为功匠。三聚净戒，六波罗蜜，以为画样，熔炼身中真如佛性，遍入一切戒律模中。如教奉行，以充缺漏，自然成就，真容之像。

[①] 参见镰田茂雄：《中国仏教史》第五卷《唐の中興と仏教》，东京大学出版会，1994年，第84—100页。

[②] 《唐会要》卷四九，"燃灯"条。

> 所谓究竟常住，微妙色身，非有为败坏之法。若人求道，不解如是铸写真容，凭何辄然，言成就功德……又长明灯者，即正觉心也。智慧明了，喻之为灯。是故一切求解脱者，常以身为灯台，心为灯盏，信为灯炷，增诸戒行，以为添油，智慧明达，喻如灯火常燃。如是真如正觉灯，照破一切痴暗，能以此法，转相开悟。即是一灯燃百千灯，以一灯续明，明终不尽，以无尽故，号曰长明。①

这里《观心论》的作者指出"无为法"才是佛法的根本，如果不重视"内行"的修行，只是一味地追求"外在"的事相是毫无益处的；并将"修伽蓝""铸形象""燃长明灯"与"心"紧密地结合起来，提出若能"观心若净"就等同于做了这些内容。从内容上看，这里的主题是把修行（开悟的获得）作为第一目标，但是所论述的对象无疑是前面提到的当时社会和佛教界出现的种种弊端。最后，《观心论》在结尾总结说：

> 以此观之，乃知事相非真正也。故知过去诸佛所修功德，皆非外说，唯只论心。心是众善之源，心是万恶之主。涅槃净乐，由自心生，三界轮回，亦从心起。心为出世之门户，心是解脱之关津。知门户者，岂虑难成，散（识）关津者，何忧不达。窃见今时浅识，唯执事相为功，广费财宝，多损（捐）水陆，妄营像塔，虚役人夫，积木叠泥，图丹画像，倾心尽力，损己迷他，未解惭愧，何曾觉悟。见有为勤勤执着，说于无相，兀兀如迷。且贪目下之小慈，不觉当来之大苦。此之修学，徒自疲劳，背正归

---

① 田中良昭：《敦煌禅宗文献の研究第二》，大东出版社，2009年，第113—116页。

邪，诈言获福。但能摄心内照，觉观常明，绝三毒永使消亡，闲（闭）六贼不令侵扰。自然恒沙功德，种种庄严，无数法门，悉皆成就。超凡证圣，目击非遥，悟在须臾，何烦皓首。法门幽秘，宁可具陈，略而论心，详其少分。①

一切的事相皆非真实，诸佛在过去因地中修行的种种功德也皆非外在，完全是通过对"心"的修行来实现的。这里可以看出《观心论》中所述的理论与张廷珪上疏的内容，两者在思想上是完全吻合的。在北宗禅正被中央朝廷和两京佛教界所推崇而盛极于天下之时，张廷珪受到这样思想的影响而向统治者谏言是极有可能的。又据《旧唐书》中"廷珪素与陈州刺史李邕亲善，屡上表荐之，邕所撰碑碣之文，必请廷珪八分书之"② 可知，张廷珪与《大照禅师塔铭》的作者李邕关系甚密，李邕所撰碑文八成由张廷珪书写，可更进一步佐证张廷珪有可能通过李邕而接触到这样的佛教思想。

总之，《观心论》中"窃见今时浅识，唯执事相为功"所指的对象和张廷珪的谏言是一致的，不外乎当时的统治者和贵族阶级。张廷珪的目的是通过佛教教义来劝说和制止统治者过度崇佛；普寂及其弟子则可能是因布教需求而对现实社会做出一种回应。他们在批判这些佛教弊端的同时，为了解决一般的在家信众无法花费大量的钱财、时间供养三宝和修行佛法的现实问题，从而提出"观心若净"的修行理论。

---

① 田中良昭：《敦煌禅宗文献の研究第二》，大东出版社，2009年，第122—123页。
② 《旧唐书》卷一〇一。

五、结语

综上所述，北宗禅作为中唐时期最具影响力的禅派，其集大成者普寂在其弘法生涯中主要活动于嵩岳寺和兴唐寺，前者以指导出家弟子、后者以指导在家信众为重心。普寂将嵩岳寺视为自派的弘法中心，从而奠定了嵩岳寺成为北宗禅祖庭的历史地位。普寂在嵩岳寺居住期间培养的一大批优秀出家弟子得法后，开始在各地开展传禅开法的活动，不仅使北宗禅大弘于唐王朝的中原和江南等地，更通过道璿和志空将其传入日本和朝鲜半岛。普寂晚年居住于敬爱寺和兴唐寺期间，主要通过《大乘无生方便门》和《观心论》来进行传禅开法的工作。从两部著作的思想对张廷珪的影响和文本的广泛流传[①]来看，普寂及其弟子的活动在深入影响了当时社会各界的同时，也为北宗禅的发展做出了巨大贡献。

[①] 《大乘无生方便门》和《观心论》的异本众多，特别是《观心论》，其不仅在中国，更在日本和朝鲜半岛得到了广泛传播。关于这些异本间的关系，参见拙稿：《〈観心論〉の諸本について》（《印度学佛教学研究》2017年第66卷第1号）、《〈破相論〉〈観心論〉の諸本について——新出金沢文庫残欠本を中心に》（《东亚佛教研究》2018年第16卷）、《新出金沢文庫残欠本〈破相論〉の本文紹介、ならびに、日本・朝鮮所伝〈観心論〉〈破相論〉諸本対校》（《国际禅研究》2018年创刊号）。

隋唐长安寺院饮食研究①

孙英刚

(浙江大学历史系)

中古时代的佛教寺院,既是精神文化的家园,也是物质文化的汇聚之地,② 深刻地影响和塑造了中古时代的日常生活和普遍观念。隋唐长安城中寺观林立,尤其是佛寺数量众多,佛教信仰在长安城中占据主导地位,著名的佛寺如大兴善寺、大慈恩寺、大荐福寺、青龙寺和西明寺等,都在长安的城市生活中扮演重要的角色。③ 佛教寺院的日常生活及其相关的精神世界,构成了长安城市生活、风气与精神的重要部分,并对世俗空间产生深刻的影响。然而目前对于中古时代寺院的研究,依然集中于经济史和佛教戒律的探讨,并未给我们勾画出

---

① 本文的内容先后在日本中央大学文学部(2012年)、北京大学中国古代史研究中心(2012年)、日本创价大学高等佛教研究所(2014年)、西北大学历史学院(2016年)报告过,感谢妹尾达彦教授、荣新江教授、辛嶋静志教授、李健超教授、李军教授等提供的建议。本文得到了浙江大学"双一流"建设经费资助。
② 荣新江:《于阗花毡与粟特银盘——九、十世纪敦煌寺院的外来供养》,载胡素馨主编:《佛教物质文化、寺院财富与世俗供养国际学术研讨会论文集》,上海书画出版社,2003年,第246页。
③ 徐苹芳:《唐代两京的政治、经济和文化生活》,《考古》1982年第6期。

丰富多彩的历史画面。① 隋唐长安给我提供了一个了解中古时代寺院生活的窗口，而且，丰富的资料使得我们在日常行为之外能够深刻理解其背后的思想意涵，将日常生活纳入信仰、知识和思想史的语境中。

本文的主旨是探讨长安佛教寺院的饮食，但是完全区隔于一般物质史或经济史的做法。围绕着长安城中偷盗僧食和破戒饮酒现象，笔者试图在佛教戒律、寺院生活、宗教想象、灵验感通故事等背景下探讨寺院饮食问题，进而在隋唐长安城的神圣（宗教）和世俗空间中，勾勒出围绕寺院饮食展开的社会、思想场景。涂尔干（Emile Durkheim）、韦伯（Max Weber）、伊利亚德（Mircea Eliade）等最有影响力的宗教学家都把人的经验分成神圣与世俗两大类，并将宗教归类于前者。而笔者认为，除了现实的体验，还存在想象的空间。笔者的一个基本理念，是认为在现实的长安之外，还存在一个信仰世界的长安，一个想象里的长安——政治活动也好，社会生活也好，都在一个思想和知识世界中进行，并且受到它的影响。长安繁荣的时代，正是佛教昌盛的时期，佛教对死后世界的描述，对六道轮回的渲染，使得长安的居民感觉自己不但生活在一个现实的空间中，而且在这个空间之外，还存在着一个六道轮回的世界。日常生活也好，信仰活动也好，长安居民的活动，都难以逃脱佛教知识和思想世界的影响。只要将两部分的图片拼接起来，才能复原出真正的长安。

在展开本文之前，有必要对两类史料进行说明和剖析。第一类史

---

① 关于寺院经济的研究，例如何兹全主编：《五十年来汉唐佛教寺院经济研究》，北京师范大学出版社，1986年；黄敏枝：《唐代寺院经济的研究》，台湾大学文学院，1971年；谢重光：《汉唐佛教社会史论》，国际文化事业有限公司，1990年。关于戒律的研究，参看平川彰：《律藏の研究》，东京春秋社，1980年；劳政武：《佛教戒律学》，宗教文化出版社，1999年；王建光：《中国律宗思想研究》，巴蜀书社，2005年。

料是佛教戒律。到底是哪些佛律在影响着长安寺院的日常行为呢？笔者认为，义净于8世纪所翻译的《根本说一切有部毗奈耶》时间太晚，并未真正影响中国的佛教僧侣。《百丈清规》和《禅苑清规》对了解唐代以前寺院生活的情况意义不大。现存《敕修百丈清规》辑成于元代，不少材料是元代的，很难用以说明唐代的情况，即便成于宋代的《禅苑清规》更多地也是反映了宋代的情况。而且佛教在禅宗兴起之后发生了巨大的变化，很难用禅宗的清规来说明8世纪中叶之前佛教寺院生活的丰富内容。就佛教文献所见，对隋唐长安佛教僧侣影响较大的是《摩诃僧祇律》（416年由法显和佛陀跋陀罗译出）、《十诵律》（404—415年间由弗若多罗和鸠摩罗什翻译）、《弥沙塞部和醯五分律》（424年由佛陀什翻译）、《四分律》（408年由佛陀耶舍翻译），尤其是《四分律》，成为道宣7世纪作通经疏义文的基础。[①] 最应该参考的记载，应该是居住在长安的佛教高僧的书写，比如道宣、道世、法藏、怀信等等。比如道世在7世纪中叶的著作就值得参考，他本人就是当时长安佛教社区的一员，他的记载、描写和感叹，最真实地反映了当时长安的情形。

第二类需要着重澄清的史料是灵验记、感通记中对长安僧俗世界的描述。这些资料往往被认为是荒诞不经之谈，最起码也只能算作文学创作。但是我们必须指出，这些作品的作者，并不认为自己是在进行文学创作，比如《冥报记》的作者唐临自序云："具陈所受及闻见由缘，言不饰文，事专扬确。"[②] 《旧唐书·经籍志》将其列入《史

---

① 关于道宣的研究，可参考藤善真澄：《道宣伝の研究》，京都大学学术出版会，2002年；陈怀宇：*The Revival of Buddhist Monasticism in Medieval China*，Peter Lang Publishing Inc，2007年；王亚荣：《道宣评传》，宗教文化出版社，2017年；以及近年来日本鹤见大学池丽梅教授的一系列研究。

② 《冥报记》卷上，《冥报记 广异记》，方诗铭辑校，中华书局，1992年，第2页。

部·杂传类》"鬼神二十六家"之一。① 这些记载，实际上是最真实地反映了当时长安僧侣和民众的一般常识和普遍观念，这是他们日常行为的思想和知识基础，他们面对一件事情所做的反应和解释跟我们之所以不同，根本原因就在于他们脑海里的观念和知识跟我们不同。恰如其分地阐释这类记载反映的情形，对于理解现实的长安和想象里的长安都具有重要意义。

在澄清史料之后，笔者下面就长安寺院的饮食展开论述。

一、作为三宝物的饮食

三宝物指属于佛、法、僧三宝的财物，分为佛物、法物、僧物三种。根据道宣《四分律删繁补阙行事钞》和《量处轻重仪》，佛物包括：堂宇、衣服、床帐等佛受用物；信徒施予佛陀使用的钱宝、田园、人畜等施属佛物；供养佛的香灯、华幡、供具等供养佛物；献给佛的医药、饮食、花果等献佛物。

而法物包括：笔、墨、纸、轴帙、箱巾、函帕、经架等法受用物；专门布施给法宝所用的施属法物，如金银、奴仆等；专门供养给法宝的花、香、灯、烛等供养法物；敬献给法宝的饮食、瓜果、饭菜等献法物。

僧物包括：众僧厨库、寺舍、众具、华果、树林、田园、仆畜等常住物；饭饼等十方僧众皆可受用但只局限在本处的十方常住物；供养僧众的物品，如衣、药、房舍、用具等现前现前物；亡五众轻物，或檀越时施、非时施等十方现前物。

从上可知，佛、法、僧物中，都包括饮食、花果、菜蔬，只不过

---

① 《旧唐书》卷四六《经籍志上》，中华书局，1975年，第2006页。

供养的对象不同而已。① 既然佛、法、僧物都包含饮食、果蔬在内，则对于寺院日常饮食和修行传教必然有所影响，这其中主要的一点，即三宝物不得混用。敦煌的情形对此有所反映。比如 9 世纪后，敦煌寺院财产分为两部分，一部分是所谓"寺产"或"佛物"，另一部分是"常住财产"或"僧物"。敦煌文献所反映的时期，寺产大致分为"佛物"和"常住"。它们不得互用，因此分别由两个不同的机构管理，分别名为"佛账所"和"常住所"。② 在敦煌文献中，"僧料"或"僧食"与"佛食"有严格的区别，相关记载也非常明白。③ 高昌地区的寺院日常僧食主要是以粟和穈为原料做成的饭和羹，而佛饼、水家饼是在"所有的转经和其他佛事活动中都要在戒坛或特定的场合"所贡献的一种佛食，比如阿斯塔纳 377 号墓出土《高昌乙酉丙戌岁某寺条列日用斛斗帐历》第 60 行"麦五斗，用买油，用作佛饼。麦一斗半，供水家饼"。④

敦煌和高昌的情形正是对佛教有关佛物、僧物不得混用规定的反映。长安西明寺高僧道世在回答有关盂兰盆节造食献佛时云：

> 如似小寺，非是国造，无外献供。复无贵胜，临时斟酌，随僧丰俭，出常住僧物，造食献佛及僧，此亦无过。以佛通应供僧

---

① 学者对三宝物的分类多有误解。比如有的学者认为佛物"得做佛像用"，法物"得造寺楼塔篱落墙壁内外屋舍等用"，僧物"各给比丘用"，参看何兹全：《佛教经律关于寺院财产的规定》，《中国史研究》1982 年第 1 期；也有学者认为，佛物包括佛像、殿堂、香花、幡盖等；法物包括经卷、纸笔、箱函等；僧物包括田宅、园林、衣钵、谷物等，参看曹尔琴：《唐长安的寺观及有关的文化》，《唐都学刊》1985 年第 1 期。
② 童丕：《敦煌的借贷：中国中古时代的物质生活与社会》，余欣、陈建伟译，中华书局，2003 年，第 55—57 页。
③ 高启安：《唐五代敦煌僧人饮食的几个名词解释》，《敦煌研究》1999 年第 4 期。但高文并未讨论"僧料"和"佛食"的区别。
④ 赵海霞、茹毅：《5—7 世纪高昌地区的食物品种》，《新疆大学学报（哲学人文社会科学版）》2008 年。

数。所以诸寺每大小食时，常出佛僧两盘，故知得用。……若是国家大寺，如似长安西明、慈恩等寺，除口分地外，别有敕赐田庄。所有供给，并是国家供养，所以每年送盆献，供种种杂物，及舆盆音乐人等。

理论上，不能用僧物造食献佛。但是小寺财力贫乏，所以此戒可开，"此亦无过"。但是像长安西明寺、慈恩寺这样的国家大寺，每年献佛的物品由国家供给，就不应该再用僧物制造佛食。如果用僧物造食献佛，仪式结束之后，食物依然入僧，僧人可以食用。但如果是寺院之外施舍而来，那么献佛之后怎么处理呢？道世进行了解释：

献佛之后，所有饮食余长及生供米面之属等，并入常住僧，用以还供僧食。……若施主局心唯献佛食，入僧自外杂物钱财，或入佛、入法、入现前僧等，随他施意不得违逆。①

也就是说，如果施主特别交代，这些食物只是要施给佛、法或者僧的，要遵循他的意愿。如果没有特别交代，则献佛之后所有的饮食余长及生供米面都成为僧食，僧人可以食用。而且道世指出，盂兰盆节时，长安"诸俗人家各造献食，依经救亲，过事以后，并须送食向寺，不合自食。若元造唯将献佛，不入僧者，自食无犯，然乖救母之意也"。也就是说，俗人在盂兰盆节造食贡献，事过之后要把食物送到寺院，不能自己吃掉。但是如果强调自己仅仅是献佛不献僧的，则可自己食用。而且"佛前献饭，侍佛比丘得食。若无比丘，白衣侍佛亦得食"。

---

① 道世：《法苑珠林》卷六二，《大正藏》第53册，第750页。

这也适用于供养佛塔,"供养佛塔食,治塔人得食"①。

道世不厌其烦地论述了寺院花、果的使用规范,严格区分什么花果可以供给佛塔,什么花果僧人可以食用。大体上说,佛塔四周的花果用以供养佛塔,而空廊以外的入僧,僧人可以食用:

> 既知三宝各别,不得互用。初立寺时,佛院、僧院,各须位别。如似大寺,别造佛塔,四周空廊内所有华果,得此物者并属塔用;空廊以外即属僧用。②

其又引《僧祇律》等强调:

> 初起僧伽蓝时,先规度好地将作塔处。不得在南,不得在西,应在东,应在北。不侵佛地、僧地。应在西、在南作僧房。佛塔高显处作。不得塔院内浣染、晒衣、唾地。得为佛塔四面作龛,作师子、鸟兽,种种彩画。内悬幡盖,得为佛塔。四面造种园林华果,是中出华,应供养塔。若树檀越自种,檀越言,是中华供养佛果与僧食。佛言,应从檀越语。③

佛塔四周的花、果属塔用,僧园的花、果归僧用。如果佛塔四面的花木是檀越自己种植,而檀越说明不但供佛,也供僧,则僧人可以食用其中的果子。但是僧园中的花、果,可以用来献佛。道世引《十诵律》云:"僧园中树华,听取供养佛塔。若有果者,使人取供僧啖。"

---

① 道世:《法苑珠林》卷六二,《大正藏》第 53 册,第 750 页下—751 页上。
② 道世:《法苑珠林》卷六二,《大正藏》第 53 册,第 752 页上。
③ 道世:《法苑珠林》卷三七,《大正藏》第 53 册,第 580 页中。

在一个寺院成立之时,"比丘启白众僧,其寺内种植所有华果献佛,枝叶子实与现前僧食,并施一切众生。若不尔者,无问道俗。食者得罪"①。关于寺院水果,下文中笔者会重点讨论。

私用或偷盗佛物会遭到业报。比如长安胜业寺(胜业坊)的大谅,"尝捡挍修葺殿中三大像,私用像物,故被追摄"②,在地狱中受苦。京兆崇福寺僧沙门法藏撰《华严经传记》记载一个村民张晖夜里潜入寺院,"私取佛油瓮受五斗,背负而出。既至院门迷昏失性,若有所缚,不能动转"③。道世引《佛说因缘僧护经》佛祖告僧护云:"汝见须曼那华柱者,是地狱人。迦叶佛时,是出家人。当供养刹柱,四辈檀越以须曼那华油用供养佛,比丘减取,以为己用。故堕地狱,作大须曼那柱火烧受苦,至今不息。"④道世甚至谈到碰到盗贼如何处理佛物:

> 若塔僧物,贼来急时,不得藏弃佛物,庄严佛像,僧座具。应敷安置种种饮食,令贼见相。若起慈心,贼问比丘,莫畏出来,年少应看。若贼猝至,不得藏物者,应言一切行无常。⑤

长安曾发生很多盗劫佛像等物的事件,我们或可揣度,偷盗佛食应该也是其中一类常见的罪行。不过,根据文献所记,偷盗僧食更为频繁,也更为佛教文献所重视。长安佛教寺院众多,和尚平时需要大量食物供应,同时寺院又是花果、菜蔬、蜂蜜等食物的重要产地,发生大量

---

① 道世:《法苑珠林》卷六二,《大正藏》第 53 册,第 751 页中。
② 怀信:《释门自镜录》,《大正藏》第 51 册,第 812 页下—813 页上。
③ 法藏:《华严经传记》卷四,《大正藏》第 51 册,第 167 页下。
④ 道世:《法苑珠林》卷九二,《大正藏》第 53 册,第 969 页上。
⑤ 道世:《法苑珠林》卷三七,《大正藏》第 53 册,第 580 页中。

的侵盗僧食事件也不难理解。

二、持斋、解斋、破斋

僧食包括四种：时药、非时药、七日药和尽形药。唐贞观十一年（637）道宣缉叙（乾封二年［667］重更条理）《量处轻重仪》中论述得极为清楚，"属僧伽蓝园田、果树，律断入重。谓寺院内外所有园田、果菜、谷米众、具养生调度等"，共分七大类，其中一类是平时僧人所食用的食物，也即僧食：

> 现在四药，谓时药（米、面、酱、豉、曲、菜）；二非时药（诸果、清汁）；三七日药（酥、蜜、油脂）；四尽形药（盐、酢、椒、姜及五石、三建等）。……准律据义，断入常住。①

道宣长期在长安生活，他对僧食的理解和表述，在很大程度上也就反映了长安寺院的饮食情况。这一点也被其他记载所证实，下文将有详细的论述。所谓时药，从早晨明相出现到中午日影正中，允许比丘进食，不违反戒律，所谓过午不食。但由于寺院修行和传道需要维持体力和营养，所以佛祖允许比丘过午之后，可以饮用非时浆，比如果汁和蜜水，这叫作非时食。又有一些比丘体质衰弱、疾病缠身，所以又规定可以食用七日药，也即营养补品，比如酥、油、生酥、蜜、石蜜等，一次拥有，必须在七日限内服完。时与非时，皆可食用。除了上述三种之外，还有尽形寿药，又称尽寿药、尽形药、终身药。是为治病而需服用的，但不属充饥、资养性食物的药物，一般味道苦毒，不

---

① 道宣：《量处轻重仪》，《大正藏》第45册，第841页中。

会带来食欲。所以允许僧侣储藏并随时使用。道世在《法苑珠林》中引《摩诃僧祇律》云：

> 胡椒、荜茇、姜、诃梨勒等，此药无时食和者听非时服。又《四分律》云，一切苦辛咸甘等，不任为食者，听非时尽形作药服。

又引《善见论》云："一切树木及果根茎枝叶等，不任为食者，并得作尽形药服。"① 这些食物概念对长安寺院戒律和日常生活都有重要的影响，后文将有详细论述。

长安和敦煌的寺院进食并不相同。敦煌的僧人甚至住在俗家。敦煌僧团将生活在寺外的僧尼称为散众。住在寺内的僧尼过着单吃单住的个体生活，寺院并不供应饭食。敦煌寺院收入和支出账目中没有关于僧尼日常食用的支出。S.4707 号文书记载了僧官马法律有房舍和厨房。② 而长安的寺院，文献所见，不论国家大寺还是需要自己求施的小寺，都实行聚餐制，"鸣钟一响，遐迩同餐"③。比如胜业坊的胜业寺，寺主借众僧聚餐还没结束的时候，当众捶杀寺院奴婢，"因众僧堂食未散，召青衣对众，且捶杀之"④。又如胜光寺，据该寺智保传云：

> 初住胜光，末居禅定。国供丰积，受用多亏。所以名僧大德，

---

① 道世：《法苑珠林》卷四二，《大正藏》第 53 册，第 613 页下。
② 郝春文：《唐后期五代宋初敦煌僧尼的生活方式》，载胡素馨主编：《佛教物质文化、寺院财富与世俗供养国际学术研讨会论文集》，上海书画出版社，2003 年，第 132 页。
③ 道世：《法苑珠林》卷七四《十恶篇》第八十四之二《偷盗部第五》，《大正藏》第 53 册，第 843 页下。
④ 李昉等编：《太平广记》卷一〇〇"僧齐之"条引牛肃《纪闻》，中华书局，1961 年，第 672 页。

日陈形器。凭准神解，可以言传。至于衣食资求，未能清涤。僧众四百，同食一堂。新菜果瓜，多选香美。①

胜光寺是国家大寺，所以"僧众四百，同食一堂。新菜果瓜，多选香美"。道宣记大禅定寺寺主童真云：

释童真，姓李氏。……大业元年，营大禅定，下敕召真为道场主。辞让累载，不免登之。存抚上下，有声僧网。又以涅盘本务，常事弘奖。言令之设，多附斯文。大业九年，因疾卒于寺住，春秋七十有一。真抱操怀亮，朋附高流。厮下之徒，性非倾徙。寺既初立，宰辅交参。隆重居怀，未始迎送。情概天表，卒难变节。当正临食，众将四百。大堂正梁，忽然爆裂，声骇震霆。一众惊散，咸言摧破，徒跣而出者非一。唯真端坐，依常执匙而食，容气不改，若无所闻。兼以偏悲贫病，撤衣拯济，躬事扶视。时所共嘉，刚柔兼美焉。②

显然，大禅定寺这样的国家大寺也是聚餐制，而且也是"当正临食，众将四百"，一起吃饭的达到数百人。童真是隋代高僧，昙延的嫡传弟子，道宣在这里特意描写了一幅有意思的画面——正当数百僧人一起进餐的时候，大堂的正梁爆裂了，和尚们一哄而散，许多人连鞋子都踩掉了，而童真丝毫不为所动，"依常执匙而食，容气不改"。道宣认为这是一个高僧应有的进食典范。

---

① 道宣：《续高僧传》卷二一《唐京师胜光寺释智保传》，《大正藏》第50册，第612页下。
② 道宣：《续高僧传》卷一二《隋西京大禅定道场释童真传》，《大正藏》第50册，第518页上。

除了在寺院中进食的和尚，长安坊市之中也有一些仅靠化缘为生的和尚，比如赞宁《宋高僧传》记载的神鼎："释神鼎者，不详何许人也。狂狷而纯直，发垂眉际。每持一斗，巡长安市中。乞丐得食，就而食之。"① 神鼎似乎是在西市或东市乞食为生，化到什么就吃什么，并不计较。

佛教坚持斋食，过午不食，称为"持斋"。"斋"，又作"时"。"斋食"也因此又称"时食"。斋者谓不过中食，也即正午以前所作之食事。若因特殊情况而解除这一饮食戒律，在"非时"也进食，"非时而食"，就称为"解斋"，长安寺院中并无有关僧侣解斋的记载，但是敦煌文献中关于"解斋"的记载很多。比如 P.2049 背："面柒斗，寺院和泥及上屋泥修基阶叁日众僧及功匠解斋斋时夜饭等用"，"面贰斗，西窟众僧夜饭解斋用"，"面一斗，八日用迎官家僧官夜饭解斋用"。②"夜饭"显然属于非时而食，属于"解斋"。根据上述记载或许可推断，是因为僧人劳作热量消耗过大，需要补充热量和营养，所以解斋夜食。这种情形在长安似乎很少见，或许长安僧侣不须劳作过度，也或许是由于资料缺乏故不得而知。然而从长安众多的破斋报应故事来看，僧侣破斋是非常严重的罪过。

主动解斋和破斋之间的界限实际上是很微妙的。根据发生在长安的佛教灵验故事，无意间破斋也会堕入恶鬼，比如怀信《释门自镜录》记唐玄法寺僧玄真破斋受罪事云：

> 玄真俗姓邵，蓝田人也。幼奉名师，早怀识悟。尤攻转读，有声里邑。尝为患热，过中至极，频犯破斋，未遑改肃。至永徽

---

① 赞宁：《宋高僧传》卷二九《唐京兆神鼎传》，《大正藏》第 50 册，第 889 页下。
② 有关概念，参看高启安：《唐五代敦煌僧人饮食的几个名词解释》，《敦煌研究》1999 年第 4 期。

三年，于胜光寺听（灵）闰法师讲《涅槃经》。到五月十七日，忽于昼寝之间，冥若殒逝。遍身稍冷，气息渐微。傍人候之，不敢惊触。经一宿乃苏。流汗战栗自说云，见冥责破斋罪，令应受饿鬼之身。真悲恨无计，答云："苦患热病，非是故心。若蒙恩泽，当为设施百僧会。从今已往，不敢破斋。"因尔得还，罄舍衣资，如言设会。后经岁月，雅志不全，以显庆五年八月，闰法师又于玄法寺讲《涅槃经》。真被摄如先，冥官瞋责问："汝敢再来邪？"令二人将向北，乃有坑涧数重，荆棘繁密。二人驱之使从中过，血肉流离，略无完处。既度坑棘，见千饿鬼。形容憔瘦，针咽刺毛，争食脓血。旋睹己身，其状如彼。真惊悔投地，不觉称佛。起未卒间，了无前相。二人还引向王前，王曰："所见如何？"真叩头自责，誓永修改，于是放归，更无退转。①

这段记载中的闰法师，即当时长安非常有名的灵闰法师。永徽三年（652），灵闰在长安胜光寺讲《涅槃经》；显庆五年（660），灵闰又在玄法寺讲《涅槃经》。玄法寺和尚玄真两次都去听讲，结果都被冥司所摄，令受饿鬼之身，原因是他破斋。而实际上，玄真破斋是无意的，他得了热病，不能自抑。但是即使如此，后果还是很严重的。胜光寺在光德坊，西边与西市一街之隔，南边与西明寺所在的延康坊相邻，同坊之内又是京兆府所在地，地理位置相当独特，所以很多灵验故事都与这个寺院有关。玄法寺虽然屡屡被佛教文献如《续高僧传》提起，但是并不见于李健超《增订唐两京城坊考》和杨鸿年《隋唐两京坊里谱》记载，《城坊考》和《坊里谱》都提到安邑坊元法寺，但都

---

① 怀信：《释门自镜录》，《大正藏》第51册，第812页上—中。

未指出元法寺就是有名的玄法寺,这一点可从《太平广记》获得验证。① 玄法寺在东市之北的安邑坊,距胜光寺甚远,一个在东城一个在西城,但是玄真为了听灵闰讲经,从东边的安邑坊跑到西边的光德坊,这或许也反映了当时长安佛教社区之间的联系和活动非常频繁。

据《佛说善恶因果经》,"今身破斋夜食者,死堕饿鬼中,百万万岁不得饮食"②。上述玄真破斋的遭遇似乎正印证了《佛说善恶因果经》的理论,也或者说,《佛说善恶因果经》为玄真的遭遇提供了解释的蓝本。

隋唐之际有很多高僧以持斋而著名,比如长安长寿坊崇义寺的高僧慧颙:

> 和上讳慧颙,俗姓张氏,清河人也。……武德之始,皇姊桂阳长公主,造崇义寺。久崇戒范,义而居之。……贞观十一年夏末,风疾屡增。召门人曰:"形势不久将毕大辞。宜各敦自爱,不宜后悔。恨福业未就,以为虑耳。"乃割其冬服并用成之。又曰:"若识神自课,可有常规。恐脱昏昧,非时索食,一无与法。"后将大渐,时过索粥。答曰:"斋时过矣。"便默然不言。其临终奉正为如此也。至其年七月二十六日,卒于所住,春秋七十有四。③

---

① 李昉等编:《太平广记》卷一〇一"玄法寺"条引《酉阳杂俎》,中华书局,1961年,第679页。
② 《佛说善恶因果经》,《大正藏》第85册,第1382页中。此经在汉地广为流传,又名《善恶因果经》《菩萨发愿修行经》《佛说因果经》。敦煌汉文遗书中有不少此经的写本,其中日本中村不折旧藏有一件"因果经",首残尾全,尾题"佛说善恶因果经一卷"。其尾记为"先天二年六月二日写了唯愿合家大小无诸才掌早见家乡愿一切众早得利苦地脱书人左庭芝了"。此经最初录于《大周刊定众经目录》,虽然被判为伪经,但依然具有广泛的影响力。到了先天二年(713),此经在敦煌依然流行。参看萨仁高娃、陈玉:《藏文〈佛说善恶因果经〉研究》,《中国藏学》2009年第3期,第105页。
③ 道宣:《续高僧传》卷一四,《大正藏》第50册,第533页下—534页上。

慧頵担心自己在弥留之际神情恍惚，会"非时索食"，所以提前告知门人，到时候若发生这样的情况，一定不能给。结果临终之时，要求喝粥，门人告知说，斋时已经过了。慧頵就默然不言，卒于所住。

三、偷盗僧食与随僧就斋

敦煌宝藏的一篇《四分律杂抄》给"常住"下了一个明确的定义："常住，谓僧众厨、库、寺舍、众具华果树林、田园、仆、畜等，以体通十方，不可分用。"童丕（Eric Trombert）指出，此处的"常住"是"僧物"的同义词，意为僧人的财产。这些财产是不可剥夺的，并严格用于公共用途。[①] 僧食，也是常住之一，尽管其置于特定寺院之中，是十方僧众所共有的财产。"纵一切比丘集亦不得分"，也就是说，就算天底下所有的僧侣都到场了，都不能分。但"义通域外，事限坊中"，"体通十方，唯局本处"，因为毕竟不可能把天底下所有僧侣都召集来食用。

当寺院中举行斋会时，一旦当饭煮好，便敲钟和击鼓，这就是因为十方僧人在这类财产中都有自己的份额。[②] 京兆崇义寺沙门释道宣撰述《四分律删繁补阙行事钞》指出："若取僧食，别自受唼不与僧同，或遮客僧，或不作相，是盗僧祇。"[③] 这里面有几层意思，其中所谓"作相"，道宣在别处解释道：

---

① 童丕：《敦煌的借贷：中国中古时代的物质生活与社会》，余欣、陈建伟译，中华书局，2003年，第55—57页。
② 谢和耐（Jacques Gernet）：《中国5—10世纪的寺院经济》，耿昇译，上海古籍出版社，2004年，第70页。
③ 道宣撰述：《四分律删繁补阙行事钞》卷中，《大正藏》第40册，第79页下。

僧祇食时应作四相（谓打楗椎等相），令界内闻知。然此四相必有常限，不得杂乱。若无有定，不成僧法。若无四相食僧食者，名盗僧祇，不清净也。又不问界内比丘有无，若多若少，作四相讫，但使不遮比丘，若来不来，无过。虽作相而遮亦犯。若大界内有二三处，各有始终僧祇。同一布萨若食时，但各打楗椎，一切莫遮，清净无过。①

楗椎又作揵槌、揵迟、犍稚、揵植、揵锤、揵地，与鸣钟、击磬有同样的功能，道宣在其《行事钞》和《量处轻重仪》中反复强调，不打钟食僧食者犯盗，"若客比丘来，旧比丘不肯打磬，客僧自打食者无犯"，"若至空寺，见树有果，应打楗椎，无者下至三拍手，然后取食，不者犯盗。饮食亦尔"。② 将僧食拿回自己僧房之中犯盗，这是佛经反复阐述的内容，也为唐代僧人熟知。③ 这一点后文还将详论。

僧食为十方僧众共有财产，所以若一个寺院的僧人不打钟而进食，则是侵犯教会常住资财，故与盗窃无异。佛教文献中有大量的灵验故事和戒律规范是有关遮蔽客僧、私自进食的。比如道世在《法苑珠林》中引《佛说因缘僧护经》佛祖告僧护云：

> 第二瓶者，是出家人。有诸檀越奉送苏瓶，供养现前众僧，人人应分。此当事人，见有客僧，留隐在后。客僧去已，然后乃分。以是因缘，入地狱中作大肉瓶，火烧受苦，至今不息。

---

① 道宣撰述：《四分律删繁补阙行事钞》卷上，《大正藏》第40册，第22页中—下。
② 道宣撰述：《四分律删繁补阙行事钞》卷上，《大正藏》第40册，第22页中—下。
③ 道宣撰述：《四分律删繁补阙行事钞》卷中，《大正藏》第40册，第55页下—56页上；《量处轻重仪》，《大正藏》第45册，第848页中—下。

又：

第四寺者，非是僧寺，亦是地狱。迦叶佛时，是出家人，常住寺中。有诸檀越，施僧杂食，应现前分。时有客僧来，旧住比丘，以悭心故，待客出去，后方分物。……以是因缘，入地狱中，啖粪屎食，至今不息。

又：

第六寺者，非是僧寺，是地狱人。迦叶佛时，是出家人，不打捷稚，默然共饮众僧甜浆，恐外僧来。以悭因缘，故堕地狱，饮啖融铜，至今不息。①

在僧传中，许多高僧以不遮客僧、主客同庆而获得赞扬，比如隋代的国师昙延。道宣《续高僧传》记其事云：

释昙延，俗缘王氏，蒲州桑泉人也。……移都龙首，有敕于广恩坊给地，立延法师众。开皇四年下敕，改延众可为延兴寺。面对通衢，京城之东西二门，亦可取延名以为延兴、延平也。然其名为世重，道为帝师。而钦承若此，终古罕类。……而延虚怀，物我不滞，客主为心，凡有资财，散给悲敬。故四远飘寓，投告偏多。一时粮粒将尽。寺主道睦告云："僧料可支两食。"意欲散众。延曰："当使都尽方散耳。"明旦文帝果送米二十车，大众由是安堵。惑者谓延有先见之明，故停众待供。未几，帝又遗米五

---

① 道世：《法苑珠林》卷九二，《大正藏》第53册，第967页上—中。

百石。于时年属饥荐,赖此僧侣无改。①

昙延不遮客僧,所以投靠者过多,以至于其所在的长安延兴寺粮食耗尽。另外唐初长安普光寺高僧玄琬也以款待客僧著称:

初琬自始及终,意存弘济。生善福智,无不缀心。武德之初,时经剥丧,粒食勇贵。客僧无托,乃自竭余力,行化魁豪。随得货贿,并充供给。日到寺厨,亲问丰约,故主客同庆焉。②

据段成式《寺塔记》,长安寺院都有钟楼,"寺之制度,钟楼在东,唯此寺缘李右座林甫宅在东,故建钟楼于西。寺内有郭令玳瑁鞭及郭令王夫人七宝帐。寺主元竟,多识释门故事,云李右座每至生日,常转请此寺僧就宅设斋"③。段成式这里谈的是平康坊菩提寺,其他寺院钟楼在东,而菩提寺的东边是李林甫的宅邸,所以钟楼建在西边,似乎是为了避免钟声骚扰李宅。

唐代寺院鸣钟而食,也可从《唐摭言》所记王播的故事得到证明:

唐王播少孤贫,尝客扬州惠照寺木兰院,随僧斋食。后厌怠,乃斋罢而后击钟。后二纪,播自重位,出镇是邦,因访旧游。向之题名,皆以碧纱罩其诗。播继以二绝句曰:"'二十年前此院

---

① 道宣:《续高僧传》卷八《隋京师延兴寺释昙延传》,《大正藏》第 50 册,第 488 页上—489 页中。
② 道宣:《续高僧传》卷二二《唐京师普光寺释玄琬传》,《大正藏》第 50 册,第 616 页上—中。
③ 段成式:《酉阳杂俎》续集卷五《寺塔记》上,中华书局,1981 年,第 253 页。

游,木兰花发院新修。而今再到经行处,树老无花僧白头。''上堂已了各西东,惭愧阇黎饭后钟。二十年来尘扑面,如今始得碧纱笼。'"①

和尚们嫌弃王播,不想让他"随僧斋食",因此斋后鸣钟,王播诗所谓"饭后钟"即指此事。而长安作为帝国首都,从各地来应试的举子、选调的官员、求利的商人等等汇集于此。可以想见,随僧就斋的俗人更多。"长安举子,自六月已后,落第者不出京,谓之'过夏'。多借静坊、庙院及闲宅居住,作新文章,谓之'夏课'。……七月后,投献新课。……人为语曰:'槐花黄,举子忙。'"② 举子宋济就曾在延康坊的西明寺僧院过夏,许浑在落第之后也曾寓居在崇圣寺。③ 据《唐摭言》:"韦令公昭度少贫窭,常依左街僧录净光大师,随僧斋粥。净光有人伦之鉴,常器重之。"④ 选人王立调选入京,寓居大宁坊,"穷悴颇甚,每乞食于佛祠"⑤。"刘相国瞻任大理评事日,饘粥不给,尝于安国寺相识僧处谒餐。"⑥ 可见白衣俗人到寺院随僧就斋,是非常普遍存在的现象,也是长安城中的一道风景。

根据道宣的《行事钞》,寺院接待俗人就斋有一定规矩:

---

① 李昉等编:《太平广记》卷一九九"王播"条引《唐摭言》,中华书局,1961年,第1494—1495页。
② 钱易:《南部新书》卷乙,黄寿成点校,中华书局,2002年,第21页。
③ 李昉等编:《太平广记》卷一八〇,中华书局,1961年,第1338页;《全唐诗》卷五三〇有许浑《下第寓居崇圣寺感事》诗,中华书局,1985年,第6056页。
④ 《唐摭言》卷七,《唐五代笔记小说大观》,上海古籍出版社,2000年,第1636页。
⑤ 薛用弱:《集异记》,《博异志 集异记》,中华书局,1980年,第35页。
⑥ 徐松撰,李健超增订:《增订唐两京城坊考》"长乐坊"条引《唐语林》,三秦出版社,1996年,第112页。

> 俗人本非应斋食者，然须借问能斋与食。不能斋者，示语因果，使信罪福。知非为吝，怀欢而退……若不守佛教，随情坏法（谓听俗人不斋而食，有来乞请，随情辄与）。令诸众生不知道俗之分，而破坏僧法，毁损三归。既无三归，远离三宝，令诸众生沉没罪河，流入苦海。①

俗人来就斋，僧人应问其能否持斋，如果能，就接待他吃饭；如果不能，就不能接待，而且要给其讲明因果，说明并非出于吝啬。若依此规定，刘瞻、韦昭度等人随僧就斋，应该是答应和尚持斋了。不过实际的情况可能并非完全依律而行，从权的情况应该不少。如果俗人施舍财物于寺院，就能获得随僧就斋的机会。比如长安青龙寺，有新昌坊民病入膏肓，"医巫莫能疗"，希望借助寺院的神圣力量获得救治，所以"厚施主僧，服食于寺庑"。②根据《十诵律》等，即便外道前来就食，佛教和尚也可以给其饮食，不过不能亲手给予。③

僧食"本质具有双重性：它们都是一些共同财产，但也是神圣财产"④。偷吃寺院食物而转生为畜生类，或者到地狱或恶鬼受苦的灵验故事非常多。宗教中，罪孽和债务的含义是重合的。侵吞僧伽财产或者不能偿还寺院债务的人，或会变成畜类和奴婢，到寺院成为僧伽的常住。道世在《法苑珠林》中不厌其烦地引用《佛说因缘僧护经》强调偷盗僧食的严重后果，比如"为僧当厨，软美供养，在先食啖。粗

---

① 道宣撰述：《四分律删繁补阙行事钞》卷上，《大正藏》第40册，第22页中。
② 李昉等编：《太平广记》卷三一二"新昌坊民"条引《唐阙史》，中华书局，1961年，第2469—2470页。
③ 李昉等编：《太平广记》卷三一二"新昌坊民"条引《唐阙史》，中华书局，1961年，第22页下。
④ 谢和耐：《中国5—10世纪的寺院经济》，耿升译，上海古籍出版社，2004年，第70页。

涩恶者，僧中而行"的人、"作饮食时，美妙好者先自尝啖，或与妇儿，粗涩恶者方僧中行"的净人、"使用供养，过分食啖，或与眷属、知识、白衣"的净人、拒绝揵椎集僧施食的僧人、"以僧厨食衒卖得物，用作衣裳"的寺主等，都会堕入地狱受苦，永恒受苦。① 长安大庄严寺就有净人用僧食喂狗：

次知直岁，守护僧物，约勒家人曰："犬有别食，莫与僧粥。"家人以为常事，不用伦言。犬乃于前呕出僧粥，伦默不及之。后又语令莫以僧粥与犬，家人还妄答云："不与。"群犬相将于僧前吐出粥以示之。于时道俗咸伏其敬慎。②

唐麟德元年终南山释道宣撰《集神州三宝感通录》、怀信《释门自镜录》、道世《法苑珠林》都以释弘明解救因盗僧厨食而堕入厕中、常啖粪秽的沙弥这一灵验故事说明偷盗僧食的严重后果。③ 怀信《释门自镜录》记唐京师慈恩寺僧玄辩被冥官追捉事：

玄辩俗姓王，长安人也。幼入缁门，少参流俗。虽沾法雨，不萌焦种。曾为众差充同州庄直岁。乃弗思业累，畅此无厌，私用众胡麻三十硕、大豆二十硕。既苞藏积岁，莫知陈忏。至永昌年中，忽遇苦患，自见身在火坑中，又有大蛇欲来吞啖，身色红

---

① 道世：《法苑珠林》卷九二，《大正藏》第53册，第967—968页。《佛说因缘僧护经》，失译人名，今附东晋录，收入《大正藏》第17册，第565—571页。
② 道宣：《续高僧传》卷二一《京师大庄严寺释昙伦传》，《大正藏》第50册，第598页中。
③ 道宣：《集神州三宝感通录》卷下，《大正藏》第52册，第427页上；怀信：《释门自镜录》，《大正藏》第51册，第819页上；道世：《法苑珠林》卷九四，《大正藏》第53册，第983页中—下。

赤，两脚焦烂。宛转号叫，酷毒难闻。僧众见之，毛竖流汗。中少醒，即遣傍守一人代书，并召引寺僧景先，先时身在，辩已见先在火坑内。辩罄割衣资，克己陈忏。经二十日，乃见冥官将五六百人器仗来取，辩但知叩头叩头，于是而卒。于时华严法师在中讲说，道俗数百，咸悉知之。又开业寺神德，亦多用常住物，忽暴亡。新丰人姓刘，亦暴亡，见德头如火山，身作镬脚。又引同寺上座将去，并引都维那仁敬。师舍衣物陪常住，晓夕精修，遂免追摄。①

这是典型的佛教精英讲述佛教灵验的例子。怀信所讲的所有人物、地点都是真实的，事件也确实以某种形式在长安的城市空间中演绎过。怀信以佛教六道轮回、因果报应的理论将其解释阐发成如上述故事，进而强调佛法无边、僧食神圣、众生应当尊重三宝物。在这个故事里，玄辩是大慈恩寺的和尚，以私用"胡麻三十硕、大豆二十硕"而被追入地狱。此事想必当时在长安僧俗中反响强烈，因为怀信强调，当玄辩遭到报应时，华严法师正在慈恩寺讲法，听众僧俗数百人都一起见证了。麻子，又称胡麻子。如阿斯塔纳377号墓出土《高昌乙酉丙戌岁某寺条列日用斛斗帐历》第10行"五斛，得钱十文，买胡麻子五斛，供佛明"。阿斯塔纳154号墓出土的《高昌传供酒食帐》第4行吴尚书得"麻子饭五斗"。② 佛教戒律中专门规定："得胡麻食残不尽，即煮取油七日受之。"③ 也就是说，如果化来的胡麻吃不完，则煮取油脂，用作七日药。

---

① 怀信：《释门自镜录》，《大正藏》第51册，第821页下—822页上。
② 赵海霞、茹毅：《5—7世纪高昌地区的食物品种》，《新疆大学学报（哲学人文社会科学版）》2008年，第2期。
③ 道宣撰述：《四分律删繁补阙行事钞》卷下，《大正藏》第40册，第118页下。

怀信提到的开业寺僧神德,也因为私用常住物堕入地狱。怀信《释门自镜录》还记载了下面这则灵验故事,发生在法界尼寺和开业寺之间:

> 法界寺尼妙觉身当直岁,将钱二十六贯,凭开业寺僧玄湛,籴官粟二百硕,欠一十三贯钱粟,未还其钱。官典腹内其僧,苦索不得。遂经三年,至圣历元年九月内,尼妙觉在房,忽得重病。遂有人追云:"王追师。"即随使至阎罗王所。王问:"阿师何以用寺家钱?"尼妙觉云:"一生不曾用寺家钱。"王言:"身当直岁,用钱十三贯粜粟。粟既不得,钱何不还?"尼妙觉云:"此钱僧玄湛将付官典,妙觉实不自用。"王急遣觅僧玄湛对当其尼。……玄湛遂即立帖求还,云到明年腊月内不还,乞现在房内物总与任阿师取。……其尼病遂差,其僧于后至腊月内,还钱遂了。两寺徒众并具知之。①

这个故事非常有意思。法界尼寺和开业寺都在丰乐坊。法界尼寺在西南隅,有双浮图;横街之北为大开业寺,本隋胜光寺,蜀王秀立,大业元年(605)徙光德坊,于此置仙都宫,即文帝别庙。武德元年(618)高祖改为证果尼寺,贞观九年(635)徙崇德坊,于此置静安宫,即高祖别庙。仪凤二年(677)废宫置开业寺。也就是说,这个故事发生在同坊相邻的两所寺院。怀信在故事结束时强调,这件事"两寺徒众并具知之"。正如其他发生在长安的灵验故事一样,讲述者并不认为自己在编造故事,而是反复强调自己转述的是实实在在发生在长安城中的真实事件。在多数长安居民的脑子里,长安城除了现实的空

---

① 怀信:《释门自镜录》,《大正藏》第51册,第820页下—821页上。

间之外，还存在一个佛教描述的六道世界，这个世界由因果轮回、功德业障的规则主导着。

偷盗僧食后果严重，乃至"盗与盗受，一团一撮，片盐片酢，皆死堕镬肠地狱，吞热铁丸"①。灌顶在《国清百录》中，就记载了隋代高僧僧照私用僧盐的故事：

> 同学照禅师，于南岳众中，苦行禅定最为第一。辄用众一撮盐作斋饮，所侵无几，不以为事。后行方等，忽见相起。计三年增长至数十斛。急令陪备，仍卖衣资买盐偿众。此事非久，亦非传闻，宜以为规，莫令后悔。②

在文末灌顶强调，"此事非久，亦非传闻"，而是确曾发生在自己身边的事情。

在僧传中有很多因为严守戒律不擅食僧食的例子，比如隋代高僧、大兴善寺的智藏：

> 时居兴善，官供频繁。愿存乞食，尽形全德。纵任居僧务，夏雨冬冰而此志不移，终不妄啖僧食。③

当时大兴善寺由国家供养，僧食也由朝廷提供。而智藏坚持化缘的本色，而且在担任寺院管理工作时，严守分际，"终不妄啖僧食"。有的高僧获得施舍给自身的食物，也贡献入僧食，比如释慧布，"陈主诸王并受其戒，奉之如佛。末以年暮不参众食，敕给其乳牛。而布回充入

---

① 道世：《法苑珠林》卷九一，《大正藏》第 53 册，第 956 页下。
② 灌顶：《国清百录》卷一，《大正藏》第 46 册，第 799 页。
③ 道宣：《续高僧传》卷一九，《大正藏》第 50 册，第 587 页上。

众"。因此道宣感叹道："荧荧谨摄，实高僧焉。"① 隋代释慧嵩，"精励在先，日止一餐。七十余载，随得便啖，无待营求。不限朝中，趣得便止。所以蜀部丰都芬羞兼列，每旦填供，常充寺门。嵩并命入僧，自无一受。且讲若下，食惟一碗。自余饼菜，还送入僧"②。

又，僧食归全体僧伽所有，任何人都不能多吃，一切平等，无问凡圣。京兆崇义寺沙门释道宣撰述《四分律删繁补阙行事钞》中指出：

《僧祇》云，若行食时，满杓与上座者，上座应斟量，得遍当取，不得偏饶上座。若沙弥、净人，偏与本师大德者，知事人语言，平等与僧，食无高下也。《五百问》云，上座贪心偏食僧食犯随。③

道世在《法苑珠林》中论道：

述曰：一切僧食，并须平等。无问凡圣，上下均普。故《僧祇律》云：若檀越行食多与上座者，上座应问：一切僧尽得尔许不？答止上座得耳，应言一切平等与。若言尽得者应受。僧上座法不得随下便食，待行遍唱等供已，然后得食。上座之法当徐徐食，有得快餐竟在前出去，应待行水随顺祝愿已然后乃出。④

道世又引《佛说因缘僧护经》佛祖告僧护云："汝见第一驼者，是地

---

① 道宣：《续高僧传》卷七，《大正藏》第50册，第481页。
② 道宣：《续高僧传》卷一三，《大正藏》第50册，第522页下—523页上。
③ 道宣撰述：《四分律删繁补阙行事钞》卷上，《大正藏》第40册，第22页下。
④ 道世：《法苑珠林》卷四二，《大正藏》第53册，第613页上。

狱人。迦叶佛时，是出家人，寺中上座。长受食分，或得一人二人食分。……以是因缘，入地狱中，……火烧号噭受苦。至今不息。"①

四、偷盗果子：日常生活与宗教想象

水果是中古时期佛教寺院的重要食物来源，不但可以作为时药，而且还可以在过中之后榨汁饮用，补充能量，也就是作为非时药。水果对于佛教的重要性，可以从佛经屡屡出现的佛祖关于水果的谈话、佛教文献中数量众多的有关水果的记载，以及佛教史籍和感通、灵验记中大量的有关偷盗寺院水果堕入地狱、恶鬼、畜生道的故事中窥见一斑。隋唐长安寺院林立，水果种植与消费是寺院生活的一个重要面相，偷食果子也是戒律和佛教灵验故事关注的重要内容，这不但反映了当时寺院生活的现实情况，也勾画着佛教对六道轮回、因果报应的想象世界。这一想象世界与现实世界共同构成了长安城居民的思想世界。正是在这样的思想世界中，长安城的僧俗们通过理解世俗与神圣、现实与想象做出自己的日常选择，过着自己的生活。

最能说明偷盗寺院果子现实与思想意义的例子，当属学者们屡屡谈到的高法眼被冥界所追的故事。其故事情节与思想意义已经被反复阐释，此处不再赘述。② 然对于其被阎王所追的原因，之前并未做细致的剖析。这其中大有深意，值得再作决发。道宣《集神州三宝感通录》、道世《法苑珠林》、唐临《报应记》和慧详《弘赞法华传》都对这一事件进行了记载，说明：第一，这一发生于公元663年正月长安

---

① 道世:《法苑珠林》卷九二，《大正藏》第53册，第967页下。
② 关于化度寺与高氏的关系、高法眼的身份、《报应记》等记载不同之分析、唐临与高氏之关系，参看孙英刚:《想象中的真实：隋唐长安的冥界信仰和城市空间》，载荣新江主编:《唐研究》第15卷，北京大学出版社，2009年，第163—167页。

城的事件，在当时引起广泛的关注；第二，这并不能仅仅作为一则荒诞的灵验故事看待，这一点从四位记载者的态度就可以窥知，比如道世强调这一事件"京城道俗共知，不烦引证"，道宣更是强调主人公"今见在化度寺圆满师处，听法忏悔"。事件发生于663年，《集神州三宝感通录》完成于664年，《法苑珠林》完成于668年，唐临和慧详也是同时代人，唐临《冥报记》撰于663年①，托名唐临的《报应记》也不会相去太远。慧详的《弘赞法华传》也完成于7世纪中后期，都属于同时代的作品。另值得注意的是，在四则记载中，托名唐临的《报应记》做了重大修改。其他三则都是弘赞《法华经》的：高法眼是由于诵读《法华经》获得救赎。然而《报应记》却将《法华经》换成了《金刚经》，宣扬的是《金刚经》的法力和功德。唐临《冥报记》似乎就有宣扬《金刚》灵验的特色，这其中仍有余意有待阐释，不过本处不再赘述，兹引述相关情节如下：

> 吾入地狱见阎罗王，升大高座，嗔责吾云："汝何因向化度寺明藏师房内食常住僧果子？宜吞四百颗热铁丸，令四年吞了。"人中一日当地狱一年，四日便了。从正月二十六日至二十九日便尽，或日食百颗。当二十六日悭了之时，复有诸鬼取来法眼。复共鬼斗，相趁力屈不加，复闷暴死，至地狱令吞铁丸。当吞之时，咽喉开缩，身体燋卷变为红色，吞尽乃苏。（道世《法苑珠林》卷四六，《大正藏》第53册，640页下—641页上）

> 见阎王云："君何盗僧果子？何事说三宝过？"遂依伏罪，无敢厝言。王言："盗果之罪合吞铁丸四百五十枚，四年受之方尽。

---

① 根据岑仲勉研究，《冥报记》成书于永徽四年（653）。《唐唐临冥报记之复原》，《史语所集刊》第17本，1948年，第177—194页。

说过之罪合耕其舌。"因放令出，遂苏。少时还终，口如吞物，遍身疱赤，有苦楚相缠，经日方醒云。（道宣《集神州三宝感通录》卷下，《大正藏》第52册，第430页上）①

高法眼被冥界所追的重要原因，是他偷食化度寺的僧果。道世说他偷食的果子，是在化度寺僧明藏房中吃常住僧果子。据道宣《四分律删繁补阙行事钞》，"若将僧家长食还房得偷兰"②，即便明藏当值僧食，也不会将食物拿回自己房中。可知是高法眼盗取果子之后，躲在明藏的房中吃掉。据慧详《弘赞法华传》，高法眼当时在跟随明藏读《法华》《般若》，这或许解释了为何高法眼能够躲在明藏房中吃偷来的化度寺果子。

水果对于佛教僧侣来说非常重要，这一点下文我们会详细阐述。故偷食僧果会堕入地狱、恶鬼、畜生道中受种种辛苦。道世《法苑珠林》引《大集经济龙品》云："吃啖四方众僧华果饮食，……由彼业缘，于地狱中，经无量劫。大猛火中，或烧或煮，或饮洋铜，或吞铁丸。从地狱出堕畜生中，舍畜生身生饿鬼中，如是种种，备受辛苦。"道世并述曰："今见愚迷众生，不简贵贱，不信三宝。苟贪福物，将用资身。或食啖僧食，受用华果；或骑僧杂畜，将僧奴随逐；……如是等损，具列难尽。静思此咎，岂不痛心？"③被广泛引述的《佛说善恶因果经》云："若有众生入寺之时，唯从众僧乞索借贷；或求僧长短，专欲破坏；或啖僧食，都无愧心，饼果菜茹，怀挟归家，如是之人，

---

① 另外参看慧详：《弘赞法华传》卷九，《大正藏》第513册，第42页中；李昉等编：《太平广记》卷一〇三《高纸》引《报应记》，中华书局，1961年，第594—595页。
② 道宣撰述：《四分律删繁补阙行事钞》卷中，《大正藏》第40册，第55页下。
③ 道世：《法苑珠林》卷七四，《大正藏》第53册，第843页中—下。

死堕铁丸地狱。"① 这或许是高法眼被惩罚吞服数百颗热铁丸的理论依据。不但盗食水果会吞热铁丸,违反佛教饮食"一切僧食,并须平等。无问凡圣,上下均普"原则的,也会吞热铁丸。东晋平阳沙门法显译《佛说杂藏经》云:

> 复有一鬼言:"我常有七枚热铁丸,直入我口,入腹五藏焦烂,出复还入,何因故受此罪?"目连答言:"汝前世时作沙弥行果瓜子时,到自师所敬其师,故偏心多与,实长七枚,是故受如此罪,此是华报,后受地狱果。"②

强调盗取寺院水果会遭业报是佛教文献的一个重要主题。除此之外,高法眼(实际上本人是一个与化度寺关系密切的佛教徒)盗食化度寺果子这样一件我们看来再小不过的事情,被众多佛教高僧反复渲染的缘由,或许还有强烈的现实关怀。众所周知,化度寺内有信行所立的无尽藏院,"钱帛金绣积聚不可胜计,常使名僧监藏,供天下伽蓝修理。燕、凉、蜀、赵,咸来取给",在武则天将其移往东都福先寺之前,这里是长安乃至唐帝国佛教寺院的重要物资和财富基地,对佛教社区而言,意义非同寻常。③ 但是这样一座寺院,却在贞观中因为监守自盗而招致重大损失,相信这一损失对于当时整个佛教界都有所震动:

> 贞观中,有裴玄智者,戒行精勤,入寺洒扫。积十数年,寺

---

① 《佛说善恶因果经》,《大正藏》第85册,第1381页中。
② 法显译:《佛说杂藏经》,《大正藏》第17册,第558页上。
③ 徐松撰,李健超增订:《增订唐两京城坊考》"义宁坊"条引韦述《两京新记》卷三,三秦出版社,1996年,第220页。

内徒众,以其行无玷缺,使守此藏。后密盗黄金,前后所取,略不知数,寺众莫之觉也。因僧使去,遂便不还。惊疑所以,观其寝处,题诗云:"放羊狼颔下,置骨狗前头。自非阿罗汉,安能免得偷!"更不知所之。①

律藏规定,出家人拥有价值贵重的或者明显具有世俗特点的财产为"不净"。律藏甚至禁止僧众直接接触上述财产。僧众通过公有制的方式拥有地产、牲畜和贵重金属,但是,必须让中间人"净人"来代替他们从事一切必须接触不净物的活动:农业、牧业、商业、烹饪。长安的寺院中存在数量众多的净人,有时候他们被叫作家人,这些人在长安的寺院生活中扮演着重要角色。比如西明寺建立之时,国家"赐田园百顷,净人百房,车五十辆,绢布二千匹。征海内大德高僧……凡五十人,广京师行业童子……凡一百五十人"②。不过净人对僧物的侵夺现象也普遍存在。很多偷盗僧食的,正是为僧人服务的净人。这里的裴玄智,应该就是化度寺的净人之类。

化度寺无尽藏的失窃,对佛教社区而言是切肤之痛,这或许也是在贞观之后,无尽藏"常使名僧监藏"的原因。高法眼事件,不管其发生的机理与真相到底如何,显然触动了道宣、道世、慧详或者还有唐临这些佛教精英的神经,为他们大肆宣扬佛教三宝物之神圣不可侵犯提供了机会。既然偷盗小小的果子都会落得吞服铁丸的下场,那么

---

① 李昉等编:《太平广记》卷四九三"裴玄智"条引《辨疑志》,中华书局,1961年,第4047—4048页。
② 董诰等编:《全唐文》卷二五七《唐长安西明寺塔碑》,中华书局,1983年,第2597—2598页。

谁还敢打寺院财富的主意呢？①

果树是寺院的重要财富，《量处轻重仪》规定："属僧伽蓝园田，果树，律断入重。谓寺院内外所有园田、果菜、谷米众、具养生调度等（其类有七）：一、园圃所种菜蔬……二、栽种五果之树。"五果包括壳果（胡桃、栗等）、肤果（梨、柰、木瓜等）、核果（桃、杏、枣、柿等）、角果（山泽诸豆）、桧果（松柏子等）。这些都"准律据义，断入常住"。②水果是时食的重要成分，可以与面、饭、饼、菜一起食用。同时，水果又可以制作非时浆，在过午之后饮用，为僧侣补充能量和营养。道宣《四分律删繁补阙行事钞》云：

> 《善见》：舍楼伽浆（谓莲华根捣取汁澄清者）、一切木果、一切叶、除菜一切华、一切草果、除甜瓠子、冬瓜、甜瓜、椰子果已外，得非时服。《毗尼母》：得种种果多食不尽者，破取汁饮。……四分八种浆，古昔无欲仙人所饮，梨、酸枣、甘蔗、蕤果、蒲萄、舍楼伽等浆也。若醉人不应饮，饮则如法治。《伽论》：要须漉除滓，澄清如水。若有浊汁，与时食杂，若咽咽饮，随犯波逸提。③

以瓜果制作非时浆，是为饥渴的比丘开遮的。而且必须水净才能饮用，

---

① 作为意识形态领域圣地的佛寺具有威慑力，很少受到盗窃和破坏。这一点为许多学者的共识，比如齐东方：《佛寺遗址出土文物的几个问题》，载胡素馨主编：《佛教物质文化、寺院财富与世俗供养国际学术研讨会论文集》，上海书画出版社，2003年，第81页。

② 道宣：《量处轻重仪》，《大正藏》第45册，第840页下—841页中。有关道宣对植物的分类，参看陈怀宇：《动物与中古政治宗教秩序》，上海古籍出版社，2012年，第80—96页。

③ 道宣撰述：《四分律删繁补阙行事钞》卷下，《大正藏》第40册，第118页中—下。

果汁也滤去果渣,澄清如水。虽然有这些规定,但实际遵守的情形并不理想。所以道宣感叹道:

> 今有愚夫,非时妄啖诸杏子汤、干枣汁、果浆含滓。藕根米汁、干地黄、茯苓末诸药酒煎非咸苦格口者非时啖之,并出在自心。妄凭圣教,不如啖饭,未必长恶。引误后生,罪流长世。①

道世在《法苑珠林》中也对此类不遵守戒律随意饮用非时浆的情况进行了批评:

> 述曰:比见诸人非时分中食于时食,何者是耶?谓边方道俗等,闻律开食果汁浆,遂即食干枣汁或生梨、蒲萄、石榴,不捣汁饮,并子总食。虽有捣汁,非澄使清。取浊浓汁,并滓而食。或有闻开食舍楼伽果浆以患热病,遂取生藕并根生食,或有取清饭浆饮,或身无饥渴非时食苏油蜜、石蜜等,或用杏人煎作稠汤。如此滥者非一,不可具述。若准《十诵》,非前远行等五种之人不得辄食,食便破斋。见数犯者多,故别疏记。②

以隋唐长安的佛教寺院看,水果也是僧侣的重要食物来源。隋代高僧法藏(非唐代华严法藏)在隋文帝弘扬佛教中扮演重要角色。杨坚担任丞相操纵北周政局之后,恢复被武帝摧毁的佛法,大象二年(580),法藏与杨坚对论三宝经宿,杨坚赏赐其"法服一具、杂彩十五段、青州枣一石"。杨坚称帝之后,置大兴善寺,召法藏入寺,开皇

---

① 道宣撰述:《四分律删繁补阙行事钞》卷下,《大正藏》第40册,第119页上。
② 道世:《法苑珠林》卷四二,《大正藏》第53册,第614页上。

二年（582），内史舍人赵伟宣敕，"月给茯苓、枣、杏、苏油、柴炭，以为恒料"。① 每月供给枣、杏等水果，足可证明水果在僧侣饮食中扮演何等重要的地位。法藏并非唯一入住大兴善寺的高僧，兴善寺其他高僧的情况，或有可类比之处。唐代枣子以青州为美，故杨坚赏赐法藏一石青州枣。佛教和尚为了在寺院种植枣树，甚至长途跋涉去青州取种：

> 释慧觉，俗姓范氏，齐人也。……又闻往生净土，园施为功。不远千里，青州取枣，于并城开义寺种之。行列千株，供通五众。日呈茂美，斯业弘矣。②

长安律藏寺（安定坊）的和尚通达，以不食五谷、唯食蔬果著称，"常以饮水啖菜，任性游纵，或揽折蒿藋生宛而食。至于桃、杏、瓜、果，必生吞皮核"。通达跟当时的宰相房玄龄关系密切，房玄龄将其"迎至第中，父事隆重"。房玄龄宅在务本坊，距长安西城安定坊的律藏寺颇远，可见通达专吃蔬果、生吞皮核的名声广为人知。③ 但是也有僧人对是不是吃果核持完全不同的态度，长安胜光寺高僧智保吃水果时，"低目仰手，依法受之。任得甘苦，随便进啖。皆留子实，恐伤种相"。智保以持戒律著称，"寺有草物堪为僧用者，必拾掇鸠聚，身送厨帐"，"处众而食，曾无盈长。残水余腻，并以饼拭而啖之，一滴无遗。恐损施福故也。尝遇重病，每食有余一两匕者，停贮多日，

---

① 道宣：《续高僧传》卷一九《唐终南山紫盖沙门释法藏传》，《大正藏》第50册，第581页中—下。
② 道宣：《续高僧传》卷一二，《大正藏》第50册，第521页上。
③ 道宣：《续高僧传》卷二五《唐京师律藏寺释通达传》，《大正藏》第50册，第655页中—下。

可得升许。亲看温煮，命净人食之"。① 关于胜光寺和智保，后文还有论述。此处说明水果在长安僧侣的日常饮食中扮演着重要的角色，也因为如此，长安寺院对于种植果树和防范盗窃非常重视。

佛寺广种果树，其实并不局限于长安。王梵志有诗云："出家多种果，花蕊竞来新。……后园多桃李，花盛乱迎春。"② 敦煌的佛寺也大量种植果树，报恩寺和安国寺有桃园，普光寺有栗树园，净土寺也有果园。P.46605《禅和尚赞》称："合寺花果，供养僧食。"从敦煌资料看，寺院主要种植柰、桃、栗、枣。③ 高昌地区则多见枣和梨，比如阿斯塔纳153号墓出土的《高昌曹张二人夏果园券》第6行"梨枣"，第7行"与冯寺主梨两斛"。④

虽然敦煌和高昌地区的佛教寺院也广泛种植和消费水果，但是其水果种类似乎并不丰富，与长安相比，要贫乏得多。从文献看，唐长安普通果品有李、梨、杏、桃、樱桃、枣、栗、梅、柑、柿、葡萄、石榴、林檎、猕猴桃等，其他珍稀品种也是屡见不鲜。如果我们依照《全唐诗》中出现次数排序，或能从某种程度上获知什么水果最为普遍食用。通过电子检索，《全唐诗》中出现次数最多的是桃、李、梅，分别出现1660次、1307次和1058次；其次是杏，出现488次。排除诗歌感性与象征的因素，比如桃树、桃花比枣更容易嵌入诗歌的意境中，至少说明桃、李、梅、杏，加上枣、梨等，是长安僧俗最为普遍

---

① 道宣:《续高僧传》卷二一《唐京师胜光寺释智保传》,《大正藏》第50册，第612页下—613页中。
② 王重民等编:《全唐诗外编·全唐诗补遗》卷二《四波乐八十九》,中华书局，1982年。
③ 李并成、许文芳:《从敦煌数据看古代民众对于动植物资源的保护》,《敦煌研究》2007年第6期。
④ 赵海霞、茹毅:《5—7世纪高昌地区的食物品种》,《新疆大学学报（哲学人文社会科学版）》2008年。

食用的水果。

长安寺院种植果树历来就有传统，宇文泰时，"释道臻，姓牛氏，长安城南人。……又于昆池之南置中兴寺，庄池之内外，稻田百顷，并以给之。梨、枣、杂果，望若云合。……近贞观中，犹存古树"①。崇业坊玄都观有千株桃园；晋昌坊大慈恩寺有千株杏树、柿子树；长乐坊大安国寺、崇化坊龙兴寺、通义坊兴圣尼寺都有柿树；大总持寺有梨树；修德坊西北隅兴福寺北有果园，复有藕花池二所；兴宁坊清禅寺竹树繁森，园圃围绕，京师殷有，无过此寺。其他西明诸寺，都有大片果园。在自己种植之外，僧人还可以自寺外购买水果。裴明礼在金光门外种植各类果树；丰乐坊郭橐驼以种植果树著称，还能嫁接种培育出长安本土的金桃；平康坊张住住货卖姜果。②

蔬菜的情形与果树类似，比如西明寺以种植一种白色味美的茄子著称。"茄子……僧人多炙之，甚美。有新罗种者，色稍白，形如鸡卵，西明寺僧造玄院中，有其种。"③偷盗寺院瓜、果、蔬菜在隋唐长安应该非常普遍，因此唐初护法高僧法琳在其《辩正论》中抨击：

> 岂止犯菜、偷鱼、窃瓜、私枣，兼以盗僧鬘物，用常住财。恶求多求，以利生利。曾无愧邑，都不介怀。何独带累见前信？亦殃咎后世。④

---

① 道宣:《续高僧传》卷二三，《大正藏》第50册，第631页中。
② 相关研究相当丰富，此处不须赘述，参看马波:《唐代长安瓜果蔬菜的消费与生产初探》，《古今农业》1992年第2期；马文军:《唐代长安城中的农艺业》，《人文杂志》1996年第1期；等等。
③ 段成式:《酉阳杂俎》前集卷一九《广动植之四》草篇，中华书局，1981年，第186页。
④ 法琳:《辩正论》卷一，《大正藏》第52册，第494页上。

唐麟德元年（664）终南山释道宣撰《集神州三宝感通录》也记载有一个忏悔盗食僧果的事件：

> 岐州岐山县华阳乡王庄村凭玄嗣者，……〔不信佛法，烧毁佛像，堕入地狱受苦〕于时京邑大德行虔法师等百余僧，为众说法。裴尚官比丘尼等数百，俗士五六千人，咸见玄嗣五体投地，对舍利前，号哭忏悔不信之罪。又忏犯尼净行，打骂众僧，盗食僧果。①

在佛经中有大量关于私用僧果堕入地狱受苦的描述，这些记载又为隋唐时期的僧侣所转述和渲染。在这种思想背景下，私自盗食和挪用僧果，成为非常恐怖的事情。这种恐惧对佛教宣传和维护寺院与僧伽的神圣性来说非常重要。下面胜光寺僧孝赟取果啖亲得报的故事，也是发生在长安宗教和世俗空间的一件大事，其中牵涉的因素异常复杂，既有大族的角色，又涉及戒律的规定和宗教想象，非常生动地描述了小小的果子在佛教宣传和僧俗互动中的重要意义。唐蓝谷沙门怀信撰《释门自镜录》云：

> 孝赟，俗姓窦，华国公诞之子也。弱而笃志经戒，驰心释教。贞观二十三年出家，住胜光寺。寺既密迩廛闹，兄弟亲姻，往来颇剧。赟数以寺果啖之。无几，得呕血之疾，发便仅死。气息绵绵，哀叫酸楚，见者莫不股栗。少间苏而血止，自说云："辄欲吐血前，睹赤衣使者，将赟往黑林中，扇大风吹赟肢节，使令分散。俄顷复引赟向一明处，台观闲敞，上有人，仪容可畏，厉声谓赟

---

① 道宣:《集神州三宝感通录》卷上,《大正藏》第52册, 第407页中—下。

曰:'何乃以寺家果饲亲等耶?'言已而失。如此经月,以为常候。"显庆五年六月二十四卒于寺,春秋二十一。①

《释门自镜录》又名《僧镜录》,唐怀信撰,未署撰时,不过根据内容判断,当撰于武则天统治后期。顾名思义,"自镜"者,针对的对象乃是僧侣,而非俗人。

文中所谓"华国公诞",当为莘国公窦诞,是窦抗第三子,贞观朝大臣,尚高祖女襄阳公主,其墓志1985年在顺陵出土。根据相关史料记载,窦诞于贞观二十二年(648)年薨于辅兴坊私第。有子三人,窦孝慈、窦孝谌、窦孝礼。②不过根据《僧镜录》,窦诞还有一子窦孝赘,也是以"孝"字辈行。孝赘生于贞观十三年(639),死于显庆五年(660)。依此推算,孝赘是在其父窦诞去世之后第二年,也就是贞观二十三年(649)出家为僧,年仅十岁。窦氏是关陇贵族中显赫的家族。庶出子弟众多,很多子弟的名字不见于官方史料记载,这种现象比较普遍。孝赘很可能是在父亲去世之后,迫于家族内部压力,被送到胜光寺为僧的。或许这是其名字不见于其他记载的原因。另外一种可能是因为孝赘已经出家,脱离俗世,所以不再算入行辈。

胜光寺在光德坊,据《僧镜录》,"寺既密迩廛闬,兄弟亲姻,往来颇剧",也就是说,胜光寺和孝赘的兄弟亲姻相去不远,所以往来异常频繁。据《窦诞墓志》,窦诞宅在辅兴坊,嘉会坊有窦氏家庙,加上窦氏世代为皇亲国戚,亲姻众多,所以与胜光寺"密迩廛闬",不

---

① 怀信:《释门自镜录》,《大正藏》第51册,第822页中—下。
② 《旧唐书》卷六一《窦抗传》,中华书局,1975年,第2369—2370页;《窦诞墓志》,《全唐文补遗》第2辑,三秦出版社,1995年,第96页;鲁才全:《窦诞职官年表——以〈窦诞墓志〉为中心》,《魏晋南北朝隋唐史资料》第16辑,1998年,第114—122页。

难理解。

  僧果归全体僧侣所有，僧人不得私用。正如道宣反复强调的，僧食为"四方常住僧物"，理论上归所有僧侣共有，而且，"纵一切比丘集亦不得分"，也就是说，就算天底下所有的僧侣都到场了，都不能分。但是同时道宣也讲，"义通域外，事限坊中"，"体通十方，唯局本处"，毕竟不可能把天底下所有僧侣都召集来食用。但若取为己用，则"准共盗僧食"，也即跟偷盗僧食是一样的。① 北凉昙无谶等译《大方等大集经》云：

  若有四方常住僧物，或现前僧物，笃信檀越，重心施物，或华或果，或树或园，饮食资生，床褥敷具，疾病汤药，一切所须，私自费用或持出外，乞与知识亲里白衣，此罪重于阿鼻地狱所受果报。②

也就是说，如果僧人私自将果子送与俗人的亲戚朋友，罪孽深重。这正是孝赟最后吐血身亡的理论依据。这一思想也反映在《佛说因缘僧护经》中。《佛说因缘僧护经》，失译人名，今附东晋录。在此经中，世尊复告僧护，有九种人，常处阿鼻大地狱中。其中就有食众僧物和食佛物者。③ 道世《法苑珠林》反复引用此经来说明偷盗僧食的严重后果，其中数条都与果子有关，佛祖告僧护云：

  汝见大瓮者，迦叶佛时，是出家人。为僧典果菜，香美好者，先自食啖。酢果涩菜，然后与僧。或逐随意选好者与。以不平等

---

① 相关论述参看道宣:《量处轻重仪》，《大正藏》第45册，第848页中—下；《四分律删繁补阙行事钞》卷中，《大正藏》第40册，第55页下—56页上。
② 《大方等大集经》卷四四，《大正藏》第13册，第292页下。
③ 收入《大正藏》第17册，第565—571页。

故，入地狱作大肉瓮，火烧受苦，至今不息。①

汝见华树者，是地狱人。迦叶佛时，是出家人。当僧果菜，园有好华果为己私用，或与白衣。故入地狱，作大华树，火烧受苦，至今不息。

汝见果树者，是地狱人。迦叶佛时，是出家人。当僧果菜，香美好果，私自食啖，或与白衣。故入地狱，作肉果树，火烧受苦，至今不息。②

这里道世所引的内容也强调，如果将僧果私自送给俗人，会堕入地狱。为了避免无意中犯盗僧果，道宣在其《行事钞》中强调：

若至空寺，见树有果，应打楗椎；无者下至三拍手，然后取食，不者犯盗。③

其在《量处轻重仪》又强调，"至空寺不击磬，而食果者亦犯盗"④。也就是说，如果进入寺院，即便寺院没有僧人，如果要吃寺院种植的水果，也要打楗椎或击磬告知，如果寺院没有这些设施，要拍三下手，然后才能吃。不然就等同于偷盗僧食，造成恶报。

五、长安寺院的蜜和糖

糖和蜜是佛教寺院的重要食物，对佛教僧侣的修行和日常生活而

---

① 道世：《法苑珠林》卷九二，《大正藏》第53册，第967页中。
② 道世：《法苑珠林》卷九二，《大正藏》第53册，第969页上。
③ 道宣：《四分律删繁补阙行事钞》卷上，《大正藏》第40册，第22页中—下。
④ 道宣：《量处轻重仪》，《大正藏》第45册，第848页下。

言具有不可低估的意义。柯嘉豪（John Kieschnick）专门探讨了糖和佛教的关系，认为早期制糖业就跟印度寺院关系密切，糖为佛教徒所必需，而寺院又满足了制糖的一切条件。① 佛教僧侣禁止食肉，而且过午不食，要具备满足繁琐的修行、诵经、布道所需的体力，糖和蜜就显得异常重要。我们从 7 世纪长安西明寺的道宣和道世的记载可以窥见一斑。道宣和道世长期居住在长安，而且都以律学著称，他们对僧侣食用蜜、糖的记载或许更接近于当时的一般情形。

道宣在其《四分律删繁补阙行事钞》提到"非时浆"，引用《摩诃僧祇律》云："非时浆者，《僧祇》：一切豆、谷、麦煮之头不卓破者之汁，若酥油、蜜、石蜜、十四种果浆、生果汁，要以水作净，若器底残水被雨溅等亦名净。"② 僧人过午不再进食，但是可以饮用非时浆，不算破戒。非时浆可以由粮食、水果等制成，其中酥油、蜜（蜂蜜）、石蜜做成的浆水是普遍饮用的几种。道宣的同学道世在其《法苑珠林》中对此记载略同，并且引《十诵律》云："石蜜非时不得辄啖。有五种人得非时食，谓远行人、病人、不得食人、食少人、若施水处，和水得饮。"又引《五分律》云："听饥渴二时得饮（故知无病、非时，纵是石蜜、苏油等亦不得食）。"③ 也就是说，石蜜（包括蜂蜜和砂糖）做的浆水在一定条件下可以非时饮用，这个条件很宽，饥、渴的时候就可以饮用，不饥不渴饮用则破斋。但是实际上破斋的情况很多，所以道世在《法苑珠林》中感叹"身无饥渴非时食苏油、蜜、石蜜等"的情况很多，"见数犯者多，故别疏记"。④

---

① John Kieschnick, *The Impact of Buddhism on Chinese Material Culture*, Princeton: Princeton University Press, 2003, pp. 249 – 261.
② 道宣撰述：《四分律删繁补阙行事钞》卷下，《大正藏》第 40 册，第 118 页中。
③ 道世：《法苑珠林》卷四二，《大正藏》第 53 册，第 613 页下—614 页上。
④ 道世：《法苑珠林》卷四二，《大正藏》第 53 册，第 614 页上。

蜜、糖必须以水作净才能饮用。《法苑珠林》引《僧祇律》云：

> 佛住梨耆阇河边，时世尊钵比丘钵共在露处。时有猕猴，行见树中有无蜂熟蜜，来取世尊钵。诸比丘遮，佛言："莫遮，此无恶意。"便持钵取蜜奉献，世尊不受，须待水净。猕猴不解佛意，谓呼有虫，转看见钵边有流蜜，乃到水边洗钵。水渐钵中，持还奉佛，佛即受取。①

糖、蜂蜜、石蜜等除了能够在过午之后给僧人增加营养之外，还能作为七日药使用。佛陀允许比丘服用的食品及药物共有四种，包括时药、非时药、七日药、尽形寿药。七日药是具有营养的补品，体质衰弱、营养不良生病的僧侣可以食用，一次拥有它，必须在七日限内服完。道宣在《行事钞》中写道：

> 七日药者，《四分》：酥、油、生酥、蜜、石蜜等五种，世人所识。当食当药，如食饭干饭，不令粗现。《伽论》：糖浆亦得七日受。……有四百四病，……火大熟病用酥治之，水病蜜治。②

酥、蜜、糖浆都可以做七日药给生病的僧侣补充营养。甘蔗在给僧侣提供糖分中扮演着重要角色，道宣引《十诵律》云："甘蔗是时药；清汁是非时；分作石蜜，是七日；烧作灰是尽形。"③也就是说，甘蔗是时药，持斋可食，榨成清汁（无渣），可做非时药；做成石蜜，则属于七日药；烧成灰，就变成了尽形药。尽形药，又称尽寿药、尽形

---

① 道世：《法苑珠林》卷四一，《大正藏》第53册，第607页中。
② 道宣撰述：《四分律删繁补阙行事钞》卷下，《大正藏》第40册，第118页下。
③ 道宣撰述：《四分律删繁补阙行事钞》卷下，《大正藏》第40册，第118页下。

寿药、终身药，是为治病而需服用的，但不属充饥、资养性食物的药物。它被准终身使用，储存在僧房中。既然已经烧成灰，甘蔗的甜味全然消失，此时食用就没有欲望在里面，所以可随时使用，不破戒律。鉴真在天宝二年（743）第二次东渡日本，在其准备的物品中，就有"石蜜、蔗糖等五百余斤，蜂蜜十斛，甘蔗八十束"①，可以验证蜜和糖对中古时代僧侣的重要性，可谓是必备的食物和营养品。

对糖及蜜的物质史研究非常丰富，此处不须赘述。② 薛爱华（Edward H. Schafer）在谈及石蜜时提到，石蜜是将甘蔗汁晒干制作成糖，然后用糖制作石蜜，需要掺入牛乳。长安生产一种味道甜美，并且可以长期保存的石蜜，这种石蜜是用白蜜与凝乳调制而成的。③ 除了石蜜之外，从现存史料看，蜂蜜在长安佛教寺院也相当普遍。赞宁《宋高僧传》卷一六《唐京兆圣寿寺慧灵传》记载宣宗时期的大总持寺以梨花蜜出名，甚至贡献给皇室食用："寺中常贡梨华蜜，其色白，其味愈常，蜡房所取者。"④ 所谓梨华（花）蜜，顾名思义，当与梨花有关，这是将种植果树与酿蜜结合起来了。刘禹锡有诗云："何处深春好，春深兰若家。当香收柏叶，养蜜近梨花。"⑤ 可见寺院（兰若）种植梨树并养殖蜜蜂在唐代并不稀见。

大总持寺为隋文帝所建，在长安最南边的永阳坊。将种植果树与

---

① 真人元开：《唐大和上东征传》，汪向荣校注，中华书局，2000年，第47—48页。
② 比如梁家勉认为，唐代的糖分为石蜜、砂糖和糖冰三种。石蜜是用冰、牛乳、米粉和煎，乃得成块。参看梁家勉：《甘蔗史证》，载倪金根编：《梁家勉农史文集》，中国农业出版社，2002年，第356—360页。
③ 薛爱华：《撒马尔罕来的金桃——唐朝的舶来品研究》，吴玉贵译，中国社会科学出版社，1995年，第324—327页。
④ 《大正藏》第50册，第807页下。谢重光的《晋唐寺院的园圃种植事业》（《中国社会经济史研究》1989年第3期）以为梨花蜜出自圣寿寺，是基于《宋高僧传》称慧灵为圣寿寺慧灵，其实梨花蜜出自大总持寺，阅《慧灵传》可知。
⑤ 刘禹锡：《同乐天和微之深春二十首》，《全唐诗》卷三五七，中华书局，1979年，第4027页。

养殖蜜蜂结合起来并不限于永阳坊。正如前文所论，长安的寺院需要大量的蜂蜜，而唐人素食较多，也需要蜂蜜，这为蜂蜜生产提供了广阔的市场。《太平广记》卷二四三《裴明礼》引《御史台记》云：

> 唐裴明礼，河东人。善于理生，收人间所弃物，积而鬻之，以此家产巨万。又于金光门外，市不毛地。多瓦砾，非善价者。乃于地际竖标，悬以筐，中者辄酬以钱，十百仅一二中。未洽浃，地中瓦砾尽矣。乃舍诸牧羊者，粪即积。预聚杂果核，具黎牛以耕之。岁余滋茂，连车而鬻，所收复致巨万。乃缮甲第，周院置蜂房，以营蜜。广栽蜀葵、杂花果，蜂采花逸而蜜丰矣。营生之妙，触类多奇，不可胜数。贞观中，自古①台主簿，拜殿中侍御史，转兵吏员外中书舍人，累迁太常卿。②

长安城西边有三个城门，中间为金光门，金光门西趣昆明池，东入城经一坊之地就抵达西市。围绕西市与金光门，附近区域众多寺院环伺，包括西明寺、化度寺、胜光寺、延兴寺、普光寺、宝昌寺、慈悲寺、醴泉寺、妙胜尼寺、开善尼寺、慈门寺等等。加之繁华热闹的西市是长安城重要的货卖交易中心，其对更远的城区寺院形成辐射作用，构成了一个巨大的寺院消费需求网络。而且除了寺院需要大量的蜂蜜之外，唐人素食较多，也广泛食用蜂蜜。裴明礼在金光门外种植花果，广置蜂房，将果树栽植和蜂蜜生产结合起来，充分考虑到了地利之便和广阔的市场需求，所以能够赚取巨额财富。

寺院花果茂盛，又养蜂取蜜，甚至发生有人到寺院偷窃蔬菜被蜜

---

① 东京大学东洋文化研究所藏《御史台记》一卷（《旧小说》乙集，第787页）中"古"作"右"，当为"右台主簿"。
② 李昉等编：《太平广记》卷二四三，中华书局，1961年，第1874—1875页。

蜂所螫的事情。"释昙询,杨氏,弘农华阴人。……时有盗者来窃蔬菜,将欲出园,乃为群蜂所螫。询闻来救,慈心将治,得全余命。"①

因为蜜是僧侣的重要食物,所以偷盗僧蜜的事情也就时有发生。道世引用《佛说因缘僧护经》佛祖告僧护讲述两段故事:

> 汝见比丘手捉斫斤自斫己舌,是地狱人。迦叶佛时,是出家沙弥。为僧当分石蜜,斫作数段。于斧刃许少着石蜜,沙弥唼舐,故受斫舌苦,至今不息。

这个故事是关于沙弥偷吃石蜜的故事,还有一个故事是关于蜂蜜:

> 汝见泉者,是地狱人。迦叶佛时,是出家沙弥,为僧当蜜,先自尝唼,后残与僧,减少不遍。故入地狱作大肉泉,火烧沸烂,受大苦恼,今犹不息。②

类似的偷吃石蜜或蜂蜜的故事在佛经故事中有很多,说明这种情况很早就广泛地存在。僧食为全体僧团共有,僧人私自食用属于偷盗。净人偷蜜的情况也存在,比如释法进预知净人盗蜜:

> 有时与僧出山赴食,欸尔而笑。人问其故,曰:"山寺净人,穿壁盗蜜耳。"及还果如所说,斯事非一。③

净人盗蜜的故事是为了佐证法进作为高僧的神通,而更多的关于盗蜜

---

① 道宣:《续高僧传》卷一六,《大正藏》第50册,第559页中。
② 道世:《法苑珠林》卷九二,《大正藏》第53册,第967页中。
③ 道宣:《续高僧传》卷三五《法进传》,《大正藏》第50册,第660页中。

的故事，则在于彰显佛教三宝的神圣性，触犯者会堕入地狱，永恒受苦。

六、寺院与酒：破戒、开遮、业报

在佛教戒律中，饮酒被列为十戒之一，属于被严格禁止的。[①] 但是很多学者已经注意到，晚唐五代的敦煌僧人经常集体饮酒。饮酒似乎已成了生活中的常事，比如 S.6452《净土寺诸色解斗破历》："十四日粟一斗就汜家店沽酒，周和尚、三界寺张僧正吃用。""七日粟二斗沽酒，汜都头就店吃用。又夜斗粟二斗沽酒，张僧正、李教授就汜家店吃用。""酒五升，李僧就少汜家吃用。"敦煌诸寺用酒总量相当大，为此敦煌佛教团专门设有管理酒类酿造和支用的机构常住库司。[②]

实际上，不但敦煌的和尚酿酒喝酒，长安的和尚也酿酒喝酒。酒和长安寺院的关系围绕着戒律和业报的观念展开，又与日常生活有关。

本节依然以长安胜光寺的例子展开。怀信《释门自镜录》记载长安胜光寺僧智保死后作塔神事云：

> 释智保，河东人，少出家，以戒行驰誉。英猷茂实，僧传具之。而立性刚毅，寡于慈顺。及将终，告友人慧满曰："余欲死矣。而来报精神，不得超胜，似作守寺之神而止于西院佛殿。余频以法遣之，卒不能离。"言讫便绝。自尔西院佛殿，人罕独登。

---

① 相关论述，例如参看严耀中：《佛教戒律与中国社会》，上海古籍出版社，2007年，第241—245页。
② 相关研究，参看郑炳林、高伟：《唐五代敦煌酿酒业初探》，《西北史地》1994年第1期；李正宇：《晚唐至北宋敦煌僧尼普听饮酒——敦煌世俗佛教系列研究之二》，《敦煌研究》2005年第3期。

时辄须开,无不栗然毛竖。及后百余日,尝有老姥,内怀酒食,将遗一僧。行至寺门,忽遭神害。身死委地,器物流离。寺众悼之,知其有征也。①

智保是胜光寺著名的高僧。根据《释门自镜录》记载,他死后变成了胜光寺佛塔的守塔之神。后来有一个老妇人送酒食"将遗一僧",结果被其杀死,"身死委地,器物流离"。道宣《续高僧传》也记其事:

> 以武德末年,遘疾将渐。而正气明爽,告友人慧满曰:"余其死矣,而精神不得超胜,如何?"有问意故,答云:"观其来荫,似作守寺之神耳,而止于西院佛殿。余频以法遣之,卒不能离。"言讫便绝。自尔所陈殿宇,人罕独登。时须开入,无不肃然毛动。及后百日,尝有老姥,内怀酒食,将遗诸僧。行至寺门,忽被神害。身死委地,器物流离,斯亦严厉之所致也。②

道宣所记与智保所记,最大的区别在于,智保称老妇送酒食"将遗一僧",而道宣说是"内怀酒食,将遗诸僧"。如依道宣所云,则饮酒似乎普遍存在于胜光寺诸僧之中。道宣对当时寺院处罚饮酒的方式非常不满,这也从侧面反映了长安僧侣饮酒情形的广泛存在:

> 寺别立制,多不依教。饮酒醉乱、轻欺上下者,罚钱及米,或余货赇。当时同和,后便违拒,不肯输送,因兹犯重;或行杖罚,枷禁钳锁;或夺财帛,以用供众;或苦役治地,斩伐草木,

---

① 怀信:《释门自镜录》,《大正藏》第 51 册,第 809 页上。
② 道宣:《续高僧传》卷二一《唐京师胜光寺释智保传》,《大正藏》第 50 册,第 613 页。

锄禾收刈；或周年苦役；或因遇失夺，便令倍偿；或作破戒之制，季别依次，锄禾刈谷。若分僧食及以僧物、科索酒肉、媒嫁净人，卖买奴婢及余畜产，或造顺俗之制，犯重囚禁，遭赦得免；或自货赎，方便得脱；或夺贼物，因利求利；或非法之制，有过罪者；露立僧中，伏地吹灰，对僧杖罚。①

玄宗开元十二年（724）诏令："迩闻道僧，不守戒律。或公讼私竞，或饮酒食肉。"②《全唐文》卷五一〇之陆长源《僧常满智真等于倡家饮酒烹宰鸡鹅判》③，都揭示了当时在长安僧人破戒饮酒的情况广泛存在。

长安普光寺的明解以饮酒破戒而堕入饿鬼道。怀信、道宣、道世引用郎余令《冥报拾遗》都记其事，道世更强调这件事"京下道俗，传之非一"④，以此证明所言非虚。怀信记其事云：

> 明解字昭义，姓姚，吴兴武康人也。童幼出家，住西京普光寺。为性聪敏，少有文藻，琴书丹青，时无与竞。颇种三绝。然矜名浅识，滞酒荒情。盖为文侠者所知，贞淳者所弃。每见无学问僧，多号之驴子。显庆五年，天皇大帝造西明寺，搜集龙象以居之。其取一人，令弘福寺灵闰法师详择可否。时有僚宰数人，俱来闰所，共荐明解。闰曰："公等国器名臣，出言不易。宜求戒定慧学，增长福田，何乃举酒客画师以当洪寄？"官等失色，流汗

---

① 道宣撰述：《四分律删繁补阙行事钞》卷上，《大正藏》第40册，第21页中。
② 《册府元龟》卷六三，中华书局，1960年，第710页。
③ 董诰等编：《全唐文》卷五一〇《僧常满智真等于倡家饮酒烹宰鸡鹅判》，中华书局，1983年，第5183页。
④ 道世：《法苑珠林》卷七九引郎余令《冥报拾遗》也记此事，《大正藏》第53册，第877页中—下。

逡巡俯退。明解因其致憾，尤轻法化。……卒于东都择善里，即龙朔元年八月也。后托梦于相知洛州净土寺僧慧整曰："明解为不遵内教，今大受罪。非常饥乏，愿有故念，赐惠一餐。"①

明解为普光寺和尚，被弘福寺灵闰法师鄙视为"酒客"，当显庆五年（660）高宗造西明寺的时候，灵闰法师负责选拔高僧入居。虽然有高官的推荐，但是明解还是被排除在外。其死后遭到报应，"大受罪，非常饥乏"。普光寺是唐朝前期的重要寺院，为太宗太子李承乾所供养。弘福寺灵闰法师在《续高僧传》有传，云"风格弘毅，统拟大方"，"正行伦据，不肃而成"。灵闰先在大兴善寺跟高僧灵粲学习，贞观八年（634）太宗造弘福寺，将其召入寺中。②

来长安在慈恩寺留学的新罗僧人元晓也以喝酒著称，"同居士入酒肆倡家"，因而"诸德恶其为人"。③华严高僧京兆崇福寺法藏在其《华严经传记》也记载京师延兴寺苑律师，于贞观年中途经灞桥，舍于逆旅，碰到异僧"淳醪良肉，快意饮啖"。④甚至唐初著名的护法高僧法琳，根据《太平广记》卷九一引《感通记》的描述，也以喝酒著称：

> 唐武德中，终南山宣律师修持戒律，……时法琳道人饮酒食肉，不择交游，至有妻子。律师在城内，法琳过之，律师不礼焉。……后法琳醉，猝造律师。直坐其床，吐于床下。……〔道

---

① 怀信：《释门自镜录》，《大正藏》第 51 册，第 810 页上—中。
② 道宣：《续高僧传》卷一五《唐京师弘福寺释灵润传》，《大正藏》第 50 册，第 545 页中—547 页上。
③ 赞宁：《宋高僧传》卷四《唐新罗国黄龙寺元晓传》，《大正藏》第 50 册，第 730 页上。
④ 法藏：《华严经传记》卷四，《大正藏》第 51 册，第 166 页中。

宣以〕功德钱，纳之袖中径去，便将沽酒市肉，钱尽复取。①

唐代的酒肆以现钱交易为主。东、西两市是长安酒肆比较集中的地方。②法琳买酒的地方或许就在东西两市。太宗时，北斗七星化为人，"至西市饮酒"，太宗"乃使人往候。有婆罗门僧七人，入自金光门，至西市酒肆，登楼，命取酒一石。持碗饮之，须臾酒尽，复添一石"。③从金光门往东一坊之地，就抵达西市，这里显然是酒肆集中的地方。

与敦煌和高昌相比，长安的酒不论种类还是品质都要高出许多。唐五代敦煌酿酒的原料（酒本）有麦、粟、青麦、豆等，根据用料不同及所酿出的酒的成色不同，敦煌的酒有粟酒、麦酒、青麦酒及清酒、白酒。麦酒，指用麦酿造的酒，这是敦煌唐五代酒类中档次最高的酒。而长安，根据李肇《唐国史补》，"酒则有郢州之富水，乌程之若下，荥阳之土窟春，富平之石冻春，剑南之烧春，河东之干和、葡萄，岭南之灵溪、博罗，宜城之九酝，浔阳之湓水，京城之西京腔、虾蟆陵、郎官清、阿婆清。又有三勒浆，类酒，法出波斯。三勒者谓庵摩勒、毗梨勒、诃梨勒"④。长安为帝国首都，物质文化最为鼎盛之地，各地美酒荟萃，域外珍稀酒品也能购置。⑤

---

① 李昉等编：《太平广记》卷九一引《感通记》，中华书局，1961年，第604页。
② 黎虎：《唐代的酒肆及其经营方式》，《浙江学刊》1998年第3期。
③ 李昉等编：《太平广记》卷七六，中华书局，1961年，第479页。
④ 李肇：《唐国史补》卷下，上海古籍出版社，1979年，第60页。王赛时：《唐代酒品考说》，《中国烹饪研究》1996年第1期。王赛时等以西京腔为长安之酒，郎官清、阿婆清为虾蟆陵之酒，显误。通读这段记载，可知所依《唐国史补》标点有误，西京腔、虾蟆陵、郎官清、阿婆清皆为长安之名酒。以逻辑推敲，长安名酒也断然不会仅有一种，又全文中，李肇论某地有某时，均以"之"标识，可知。
⑤ 例如葡萄酒，参看薛爱华：《唐代的外来文明》，吴玉贵译，陕西师范大学出版社，第309—316页。

长安寺院僧人也酿酒。比如平康坊南门之东的菩提寺,据《名画记》,内有吴道玄、杨廷光、董谔、耿昌言画。据《寺塔记》,初会觉上人,以利施起宅十余亩。工毕,酿酒百石,列瓶瓮于两庑下,引吴道子观之。因谓曰:"檀越为我画,以是赏之。"吴生嗜酒,且利其多,欣然而许。① 布政坊法海寺寺主慧简曾为秦庄襄王的鬼魂准备酒:

> 释道英,不知何许人也。戒德克全,名振天邑,住寺在布政坊。咸亨中见鬼物。寺主慧简尝曰:"晓见二人行不践地,入英院焉。"简怪而问之。英曰:"向者秦庄襄王使使传语,饥虚甚久。以师大慈,欲望排食,并从者三百人,勿辞劳也。吾以报云,后日晓具馔,可来专相候耳。"简闻之言,以酒助之,及期果来。……英指酒曰:"寺主简公将献。"②

佛教僧人对酒的认识和规定,充分反映在道宣和道世的著作中。道世《法苑珠林》云:

> 佛告诸比丘:若言我是佛弟子者,不得饮酒,乃至小草头一滴亦不得饮。酒有二种,谷酒、木酒。谷酒者,以诸五谷杂米作酒者是。木酒者,或用根茎叶果,用种种子果草杂作酒者是。酒色、酒香、酒味饮能醉人者,是名为酒。若尝咽者,亦名为饮。若饮谷酒,咽咽犯。若饮酢酒,若饮甜酒,若啖曲能醉人者,若

---

① 但是也有僧人在缮造之时拒绝用酒,比如玄鉴,"数有缮造,工匠繁多,豪族之人或遗酒食。鉴云:'吾今所营,必令如法。乍可不造,理无饮酒。'遂即止之"(道宣:《续高僧传》卷一五,《大正藏》第50册,第542页上—542页中)。

② 赞宁:《宋高僧传》卷一八《唐京兆法海寺道英传》,《大正藏》第50册,第827页上—中。

啖糟，若饮酒淀，若饮似酒色、似酒香、似酒味、能令人醉者，并随咽咽犯。若但作酒色，无酒香、无酒味不能醉人及余饮者，皆不犯。若依《四分律》，病比丘等，余药治不差，以酒为药者不犯。颠狂心乱，病恼不觉知者亦不犯。①

所谓"咽咽犯"，谓每咽一口，即犯一次。根据道世的描述，如果饮料有酒的颜色，但是没有酒香、酒味，不能醉人，则可以饮用；若需要以酒入药，也可开遮。道宣《行事钞》云："若非酒而有酒色香味，并不合饮。……若病余药治，不差以酒为药。若用身外涂创，一切无犯。"② 又云：

> 若以酒煮，时、非时、七日药得服者，谓无酒性得服。今时药酒令昏醉闷，气味具足。为贪服之，必加苦毒，亦不附口，以此二途，验知情性，去道全远。……得种种果多食不尽者，破取汁饮，若不至初夜变成苦酒者，不得饮。以酒两已成故。……若醉人不应饮，饮则如法治。……净苦酒，无酒气，无糟者过中得饮。……蒲萄浆，持戒者应饮。若变作酒，不应饮。若变为苦酒，还复得饮。③

如果酒煮之后，或者添加苦毒之物，以示并无饮酒之欲，则可饮。所以葡萄汁变成酒，则不能饮用，但是变成苦酒，则又可以饮用。依照《十诵律》："若蒲萄不以火净，汁中不以水净，及互不净，不应

---

① 道世:《法苑珠林》卷八八,《大正藏》第 53 册，第 930 页上。
② 道宣:《四分律删繁补阙行事钞》卷中,《大正藏》第 40 册，第 85 页中。
③ 道宣:《四分律删繁补阙行事钞》卷下, 《大正藏》第 40 册，第 118 页中—119 页上。

饮。俱净得饮。"① 所谓火净，是五种净食之一。一切瓜果等物，先以火烧煮使熟后方食，谓之火净食。慧立撰、彦悰笺《大慈恩寺三藏法师传》记玄奘在面见突厥可汗时的饮食，就包括葡萄汁：

> 须臾，更引汉使及高昌使人入，通国书及信物，可汗自目之，甚悦，令使者坐。命陈酒设乐。可汗共诸臣使人饮，别索蒲桃浆奉法师。……少时，更有食至，皆烹鲜羔犊之质，盈积于前。别营净食进法师，具有饼饭、酥乳、石蜜、刺蜜、蒲桃等。食讫，更行蒲桃浆，仍请说法。②

长安流行的胡酒三勒浆，在某种意义上只是类酒的饮料。呵梨勒、鞞酰勒、阿摩勒在佛教定义里都属于无尽形药，有病无病，时与非时，随意皆食。东晋天竺三藏佛陀跋陀罗共法显译《摩诃僧祇律》记载佛祖教授诸比丘苏毗罗浆法云：

> 作苏毗罗浆法者，取麸麦轻捣，却芒尘土，勿令头破。以水七遍净淘，置净器中。卧苏毗罗浆时，不得着东，不得着北。应着南边、西边，开通风道。勿使臭气来入，不得安着塔院中。不得着显现处，应着屏处。以呵梨勒、鞞酰勒、阿摩勒、胡椒、荜茇，如是比尽寿药等置中，以净毡覆之。以绳鸡足系以木盖上。受苏毗罗浆时，随浆多少，以水中解然后饮。若不与水解饮，越毗尼罪。若麦头不破，时非时得饮。若麦头破，时得饮，非时不

---

① 道宣撰述：《四分律删繁补阙行事钞》卷下，《大正藏》第40册，第118页。
② 慧立撰，彦悰笺：《大慈恩寺三藏法师传》卷二，《大正藏》第50册，第227页中。

得饮,是名苏毗罗浆法。①

不过若此类浆水,是用来治病入药的,并非可以随意饮用。

对于以酒入药,道世论述道:"必须实病,重困临终。先用余药,治皆不差。要须酒和得差者,依前方开。"但是他也感慨道:"比见无识之人,身力强壮,日别驰走。不依众仪,少有微患。便长情贪,不护道业。妄引经律云:'佛开种种汤药、名衣、上服,施佛及僧。'因公傍私,诡诳道俗。"② 这说明饮酒在僧侣中并不稀见。敦煌医学文书的各类医方中,常常以酒入药。道宣《集神州三宝感通录》记载以药入酒的故事:

> 高齐初有异僧,投邺下寺中夏坐,与同房僧亡名款曲意得。客僧患痢甚困,名以酒与之。客曰:"不可也。"名曰:"但饮酒。虽是戒禁,有患通开。"客颦眉为饮,患损。③

以饮酒治疗痢疾,亡名所依据的就是"虽是戒禁,有患通开"。但是也有持戒甚严的高僧,就算得了痢疾,也不饮酒。比如上文中谈到的长安胜光寺的智保:"又尝患疟,寒则水淋,热则火炙。渴则急盐塞其口,痢则绝食取差。"④ 智保得了痢疾之后,采取严守戒律的极端治疗方法。

尽管有种种规定,但是显然僧侣饮酒的情况依然存在,甚至有僧

---

① 《摩诃僧祇律》卷二九,《大正藏》第22册,第464页中—下。
② 道世:《法苑珠林》卷九三,《大正藏》第53册,第973页中—下。
③ 道宣:《集神州三宝感通录》卷下,《大正藏》第52册,第424页上。
④ 道宣:《续高僧传》卷二一《唐京师胜光寺释智保传》,《大正藏》第50册,第613页中。

人欠下酒钱。所以道宣专门对赊欠酒钱进行了规定："若赊酒不还便死，取衣钵还。若无者取僧物偿。"① 也即，若去世的僧人赊欠酒钱，则先用其自身的财物偿还，如果不够，则取常住僧物偿还。

七、结论

长安城是隋唐时代政治、经济、文化和宗教的中心，其区别于其他时代城市最为重要的特点，是林立的寺院在城市生活中扮演着前所未有的角色。佛教寺院的日常生活和戒律，不但使其成为长安城中带有神圣色彩的空间，区别于剩下的世俗空间；同时，佛教寺院引领的时代潮流，又不可避免地影响到整个长安城的生活场景。比如佛教所宣扬的素食和持斋，深刻地塑造了长安居民的日常生活。长安城中有大量持斋的人口，他们过午不食，虔心信佛。素食也成为长安城的一大风景，这一方面是佛教感召，另一方面是政治人物有意提倡，使其成为国家规定②，故吃素者在人口中占据相当大的比重。国家不断的断屠，必然深刻地影响了长安居民的饮食结构和饮食习惯。

在古代中国，社会、文化现象，有深刻的信仰、知识和思想背景。佛教所宣扬的六道轮回、因果报应的思想，是长安居民心中重

---

① 道宣：《四分律删繁补阙行事钞》卷下，《大正藏》第40册，第118页中。
② 仅据基本史料统计，高祖武德元年（618）断屠杀一次；则天如意元年（692）一次；圣历三年（700）一次；中宗景龙元年（707）、二年（708）两次；玄宗先天元年（712）、二年（713）两次，开元十八年（730）、二十二年（734）、二十三年（735）三次，天宝五载（746）、六载（747）、七载（748）三次；肃宗至德二年（757）、乾元元年（758）两次；德宗建中元年（780）、贞元六年（790）两次；文宗开成二年（837）一次；武宗会昌四年（844）一次；宣宗大中二年（848）、五年（851）两次；懿宗咸通十一年（870）一次；哀帝天祐元年（904）一次。在这些时间里，人们禁止吃肉。作为首善之区的长安自然执行得更加坚决，这必然影响到长安居民的饮食结构和饮食习惯。

要的行事依据。在这种宗教氛围笼罩下的长安居民,相信在现实世界之外,存在一个六道轮回的宗教世界。他们的心灵不但生活在现实的长安,也生活在想象里的长安。两个部分拼接的长安,才最接近真实的长安。

唐代的"巡礼"和会昌灭佛
——唐代后期"佛教社会"管窥

〔日本〕气贺泽保规

(日本明治大学)

一、"会昌灭佛"的展开及其解读

9世纪40年代前半期、唐代后半期发生的武宗"会昌灭佛"("会昌灭法")是历史上四次著名法难之一。其弹压的规模之大和时间之久,以及对社会造成的影响,都远远超过其他废佛事件。为何会发生如此激烈的废佛事件,又为何时间点偏偏处于9世纪40年代呢?本文试将此问题置于当时的社会状况之下进行考察。为此,首先需要整理既往关于"会昌灭佛"及其背景的见解。

既往关于"会昌灭法"的概括理解,具有代表性的意见如日本学者鎌田茂雄所云:

> 中国佛教史上,前后共发生四次废佛事件,史称"三武一宗法难"。三武即北魏太武帝、北周武帝、唐武宗,一宗是后周世宗。其中以武宗在会昌年间废佛最为彻底,并且是大规模进行。废佛的动机一方面是道教排挤佛教:武宗笃信道教,道士赵归真

唐代的"巡礼"和会昌灭佛

深受皇帝信任,因而唆使武宗废佛。废佛的原因不只是道教方面的谋略,最重要的理由是寺院拥有的庄园增加,造成国家经济问题,以及教团中的僧尼腐败堕落,私度僧、伪滥僧横行。为此唐朝各代皇帝颁布寺院僧尼的限制禁止命令,对佛教采取抑制和利用的两手政策,最终导致会昌废佛。

会昌废佛实施于会昌五年(845),不过在会昌二年(842)时已经勒令僧尼的罪犯者和不修戒行的人还俗,并没收其财产。此后弹压持续升级,终于在会昌五年八月颁布"毁佛寺勒僧尼还俗制"(《全唐文》卷七六。《旧唐书》记载——笔者)。会昌废佛的目的不是消灭佛教教团,而是以佛教教团的改革整顿为目标(镰田茂雄:《中国佛教史》岩波书店,1978年初版,212页)。

这次灭法的结果导致以佛教界为首的各外来宗教蒙受了下列巨大损失。据《旧唐书》卷一八上《武宗本纪》"会昌五年八月"条云:

> 其天下所拆寺四千六百余所,还俗僧尼二十六万五百人,收充两税户,拆招提、兰若四万余所,收膏腴上田数千万顷,收奴婢为两税户十五万人。隶僧尼属主客,显明外国之教。勒大秦、穆护、祆三千余人还俗、不杂中华之风。

我们由此可以得知:①寺院4600余所,招提、兰若之类小寺院4万余所,共计约4万5000所被破坏了。②僧尼26万500人和招提、兰若所属的奴婢15万人,计41万500人脱离寺院成为两税户。③其他的外来宗教,大秦(景教)、穆护(摩尼教)、祆教(拜火教)僧侣3000人被勒令还俗,不与中国人混同。如果单纯推算,从佛教寺院4600余所还俗僧尼26万500人,每所寺院57人左右。招提、兰若之类寺院4

万余所，有奴婢15万人，每所不到4人。可见当时有相当数量的人依附于寺院，逃避赋税。

那么，依据上述鎌田氏的说明可以将断然实行灭佛的原因归纳如下：

① 道教对佛教的排斥。笃信道教的武宗和道士赵归真联手打击佛教。

② 寺院占有庄园的增加，僧尼的腐败堕落，私度僧、伪滥僧的横行等佛教方面的腐败现实。

③ 终唐一代存在的寺院僧尼压制令的最严厉版本的颁行。

加之，小野胜年氏还指出关于灭佛的政治理由①，即作为排除阻碍中央集权以及唐皇室强化的宦官和地方军阀（藩镇）的一环，因而对与其关系密切的佛教进行弹压。从维护和强化中央集权的立场，利用灭法的是宰相李德裕，其结果是佛教的拥护者宦官仇士良失势，昭义节度使的叛乱被平息，支持宦官的左右功德使等的权力被成功削夺。同时为了征讨回鹘而弹压摩尼教的也是李德裕。

然而，即便基于上述之类理由，仍无法解释为何武宗会选择在这一时期下决心灭法。可以认为武宗的狂热道教信仰是促使其做出灭法决定的重要原因，具有强大影响力的佛教界是他眼前的巨大障碍，需要断然对正面冲突做相当的精神准备。为此，他按阶段逐步增加对佛教的压力，在会昌五年八月达到顶点。而且废止的对象还包括景教等，不是单纯的"灭佛=佛教弹压"。因此，笔者以为应该遵从历史发展的

---

① 小野胜年：《入唐求法巡礼行记的研究》第4卷第2章第8节《会昌毁佛と圆仁》，铃木学术财团，1969年。另外可参考笠闲达男：《会昌の废佛と李德裕》，《史潮》1957年第62—63号；高桥佳典：《会昌废佛における宰相李德裕の意图と役割》，《中国古典研究》2003年第48号；刘淑芬：《中古的佛教与社会》，上海古籍出版社，2008年（"会昌法难与宦官"）；袁刚：《会昌毁佛和李德裕的政治改革》，《中国史研究》1988年第4期等。

逻辑认识灭法的必然性。

作为对这些过去即已存在的疑问的回答，笔者考虑了内政外交两方面的因素。

① 外交方面的因素：

以前探讨灭法问题时完全没涉及国际问题。该时期，北方的回纥和西方的吐蕃濒临解体，强大的外部压力缓解了。从年表可以看出（参照表1·年表），会昌二年（842）反佛教的行动开始明显化，其与回纥和吐蕃的解体时期相符合。唐朝为了与回纥及吐蕃对抗，经常把注意力集中在外交上，而这一时期以后可以安心地转向内政。在这种情况下，开始着手废止像佛教这样的外来宗教。"灭佛"的潜在原因是民族意识的觉醒，并且除了将其解释为觉醒的转折点之外，不可能有其他解释。

表1 "会昌灭佛"关系年表

年份	事项
开成五年（840）	一月文宗驾崩，武宗即位。八月二十二日圆仁入长安。 九月李德裕复宰相位，李党隆盛。 黠戛斯灭回纥（回纥解体）。
会昌元年（841）	吐蕃达玛·乌东赞被杀（一说842）（吐蕃进入分裂时代）。 六月武宗降诞日（圣节），于禁中供养两街的二大德及二道士，只赐二道士紫衣。 八月回纥分裂的消息报唐。乌介可汗劫奉太和公主南下。唐与回纥的地位逆转。
会昌二年（842）	三月宰相李德裕闻奏僧尼条流，敕下发遣保外无名僧，不允许置童子、沙弥。 五月削减两街的内供奉大德的定员（各为20名）。 五月回纥将吏2600人请降（六月来到长安）。 六月武宗的降诞日，仅赐道士二人紫衣。 十月僧尼之不法者、情愿还俗者并令还俗，充两税户。左街1232人，右街2259人还俗。

续表

年份	事项
会昌三年（843）	一月圆仁寄住的资圣寺还俗37人。 二月将还俗者逐放出寺院、京城。 二月唐军击败回纥乌介可汗，太和公主归国。没收回纥的摩尼寺庄宅、钱物。令摩尼寺僧置在于中书门下管辖下。 三月太和公主从回纥返长安。 六月武宗的降诞日，仅赐道士紫衣。六月长安东市火灾（一说八月），宦官仇士良死去。 夏，寺院合并开始（段成式《寺塔记》）。 九月潞府（昭义军）节度使刘稹叛乱。长安城内大搜捕、打杀裹头僧300人。对潞府的攻击态势，李德裕主导用兵。
会昌四年（844）	三月敕不许供养佛牙，禁止赴五台山等寺院巡礼。 六月武宗的降诞日只请道士，不请僧。此后僧人不得入禁中。 六月制追削先给故左军中尉仇士良的授官及家财。 七月潞府平定。
会昌五年（845）	一月营造望仙台（于南郊坛）（六月完成）。 四月检括天下寺及僧尼人数（寺四千六百，兰若四万，僧尼二十六万五百）。 五月圆仁被从长安逐放。 七月会昌灭佛达到最高潮，景教、祆教也遭禁毁。
会昌六年（846）	三月武宗驾崩，宣宗即位。四月李德裕罢相。八月李宗闵死去。牛李党争终焉。 白居易死去。
大中元年（847）	闰三月灭法政策终止，佛寺复活。六月牛僧孺死去。

而且，如果考虑到佛教是维系东亚世界重要的文化的精神的纽带，强制性灭法无异于自行切断这种纽带，对内外宣布脱离东亚文化圈的中心，从唐朝背负的重压中解放出来。表面看来，"会昌灭佛"始于武宗推崇和信仰道教，实际上是与东亚整体的大时代的浪潮互动的，可以认为是某种历史的必然。①

---

① 拙著：《绚烂的世界帝国：隋唐时代》，石晓军译，广西师范大学出版社，2014年，第12页。

② 内政方面的因素：

以前"灭佛"问题被认为是对于"僧尼的增加→非生产人口的增加"的举措，仅限于寺院和僧尼的问题。然而，果真仅此而已吗？

武宗由宦官推举即位于文宗开成五年（840）正月，时年27岁。约一年之后的会昌元年（841）正月，颁布了如下的诏书（《唐会要》卷八五"逃户"条。《全唐文》卷七六《武宗皇帝》"检校逃户制"条）：

> 会昌元年正月制"安土重迁，黎民之性，苟非艰窘，岂至逃亡，将欲招绥部，必在赀产。诸道频遭灾沴，州县不为申奏，百姓输纳不辨，多有逃亡。……自今已后，应州县开成五年已前，观察使、刺史差强明官就村乡，指实检会桑田屋宇等，仍勒令长加检校，租田与人，勿令荒废。……"

这说明"逃户"增加的状况严重。这样的诏书在唐代十分罕见。武宗治世之初深重的"逃户"问题即已蔓延。"逃户"原本是"两税户"，后来抛弃自己的生活据点逃亡、移动，一般认为寺院是接纳他们的主要地方。"会昌灭佛"后，重新返回两税户身份的"僧尼二十六万五百人和寺院所属的奴婢十五万人，计四十一万五百人"，确实"逃户"与逃进寺院是一个紧密联结的概念。如此，"会昌灭佛"所要解决的就不仅仅是寺院内的僧尼和奴婢，还必须包括流入寺院的"逃户"。

两税法颁行后，"逃户"问题日益严重化，其结果导致"废佛"的断然实行。如果转换视点，可见当时社会人口流动化相当普遍，不难浮想出当时人群频繁移动的景象。圆仁的《入唐求法巡礼行记》[①]

[①] 小野胜年：《入唐求法巡礼行记的研究》卷四，铃木学术财团，1969年，第55、57页。

保留了作为"会昌废佛"一环的如下诏敕,弥足珍贵。

〔会昌四年〕三月,又敕下云:"代州五台山及泗州普光王寺、终南山五台、凤翔府法门寺,寺中有佛指节也。并不许置供及巡礼等。如有人送一钱者,脊杖二十。如有僧尼等在前件处受一钱者,脊杖二十。诸道州县应有送供人者,当处投获,脊杖二十。"因此四处灵境,绝人往来,无人送供。

这是"会昌灭佛"真正进入始动期时武宗颁布的敕命,内容为严禁赴五台山、法门寺等四所大寺"巡礼"和"送供"。这件记事反而折射出,武宗断然废法之前,"巡礼"活动曾以四所大寺为中心大范围地展开。

由此可见,当时"巡礼"行动的发展与普及程度,已深深地牵动武宗的神经,影响到废佛政策。巡礼是基于信仰的人群移动,是与人口流动化有关系的行动。那么"巡礼"的实态又是怎样的?与当时的时代存在着怎样的关联呢?下节将就"巡礼"展开讨论。

二、历史语汇"巡礼"的登场

关于"巡礼"(pilgrimage)这一语汇,我们今天作为普通名词使用,用于表现参拜宗教圣地和寺院的行动。那么在中国历史上这一语汇是怎样产生的呢?首先,有必要在历代的正史中查找"巡礼"一语最初出现的纪录。《旧五代史》卷一一五《周书·世宗纪二》"显德二年(955)五月"条记云:

唐代的"巡礼"和会昌灭佛

> 甲戌,诏曰:……至五月终以前文帐到京,僧尼籍帐内无名者,并勒还俗。其巡礼行脚,出入往来,一切取便。

五代后周的世宗是施行废法的"三武一宗"中最后一位君主,其诏文中出现了"巡礼"一词。由此可知,在五代时期"巡礼行脚"盛行,此前正史中未见类似的记录。正史中关于"巡礼"的记载十分罕见。

此外,根据佛教文献,其作为佛教用语之滥觞可以追溯到《大唐西域记》(贞观二十年,646)的记事,年代并非十分久远。

> 我睹货逻国人也。……印度沙门,莫顾羁旅。欲还本土,巡礼未周。虽迫勤苦,心遂后已。①

这是关于去印度旅行("巡礼")的"睹货逻国人"的记事,《大唐西域记》中仅此一处。还有年代略晚的例证,同样与玄奘有关,《大唐大慈恩寺三藏法师传》(垂拱四年,688)记:"法师在小城停七日,巡礼圣迹。"②

此外,与此大约同时期的义净撰《大唐朝西域求法高僧传》(689—691年前后)记:

> 僧哲禅师者,澧州人也。……思慕圣踪,泛舶西域。……巡礼略周,归东印度。③

---

① 《大唐西域记》卷五,《大正藏》第51册,第907页下。
② 《大唐大慈恩寺三藏法师传》卷三,《大正藏》第50册,第236页上。
③ 《大唐西域求法高僧传》卷下,《大正藏》第51册,第8页中。

若依此类记事推测,可知在远离中国、巡回礼拜印度佛教圣迹的活动中,"巡礼"开始显在化。此后,在中国内地作为巡回参拜佛教圣地的用语被广泛使用。

进而尝试比较佛教史重要的资料"三高僧传"(《高僧传》《续高僧传》《宋高僧传》),可知《(梁)高僧传》和《续高僧传》(唐道宣撰,贞观十九年[645])未使用"巡礼"一词。但是,《宋高僧传》则有7例(7人次)巡礼人登场,其中,唐代僧人4名。作为参考,将史料整理如下(①与④是关于五台山巡礼的记录)。

① 唐代州五台山清凉寺澄观传:"大历十一年誓游五台,一一巡礼,祥瑞愈繁。仍往峨嵋,求见普贤,登险陟高,备观圣像,却还五台,居大华严寺。"①

② 唐常州芙蓉山太毓传:"往雍京安国寺进受具戒。……巡礼道场,摄心净域。……元和十三年,止于毗陵义兴芙蓉山。"②

③ 唐南岳七宝台寺玄泰传:"玄泰者,不知何许人也。所居兰若在衡山之东,号七宝台。……四方后进巡礼相见。皆用平怀之礼。"③(时期不明)

④ 唐天台山封干师传:"又尝入五台巡礼。逢一老翁,问曰,莫是文殊否。翁曰,岂可有二文殊。干礼之未起,恍然失之。"④(时期不明。国清寺有寒山、拾得二圣的时期)

---

① 《宋高僧传》卷五,《大正藏》第50册,第737页上。
② 《宋高僧传》卷十一,《大正藏》第50册,第737页下。
③ 《宋高僧传》卷十七,《大正藏》第50册,第818页上。
④ 《宋高僧传》卷十九,《大正藏》第50册,第831页下。

联系上述史料，试将目光转向关于五台山信仰的史料。关于五台山最早的文献是《古清凉传》（唐嘉祥撰，麟德元年［664］后的高宗年间），其中一次也没有使用"巡礼"的字样。宋代的《广清凉传》（宋延一编，嘉祐五年［1060］序）使用五台山"巡礼"之类语汇竟多达13处。

还有一部文献可清楚地证明"巡礼"一语及其使用的时期，即《代宗朝赠司空大辩正广智三藏和上表制集》（唐圆照集）。广智三藏和上即弘扬密教的不空三藏。

①"特进试鸿胪卿三藏沙门大广智不空奏。先奉恩命，往五台山。修功德至太原，巡礼上件寺。……大历五年十一月一日。"①

②"沙门惠晓言。去三月十一日，面奉进止，……至七月十九日斋后，与中使李童枝等七十余人，将香火巡礼。……大历十三年十一月十七日。"②

③"沙门惠晓言。伏奉恩旨，令台山捡挍修功德，为国祈福至南台。南有山，先曾梵僧巡礼之次。…… 大历十三年正月一日。"③

上述传世史料可证实"巡礼"一语至唐代已出现，并且其使用趋于常态化，8世纪的后半叶，其与五台山信仰相融合，已被社会所认知。因此

---

① 《代宗朝赠司空大辩正广智三藏和上表制集》卷二，《大正藏》第52册，第837页下。
② 《代宗朝赠司空大辩正广智三藏和上表制集》卷二，《大正藏》第52册，第858页下。
③ 《代宗朝赠司空大辩正广智三藏和上表制集》卷二，《大正藏》第52册，第859页上。

"巡礼"不仅是一个通用名词，而且是时代和历史的产物。

三、五台山信仰与"巡礼"及"房山石经"

前节确认了 8 世纪中期以降与五台山信仰相关的"巡礼"活动。时间略晚的 840 年前后这一动向在五台山信仰的根据地也得到确认。其保存在日本僧圆仁的记录《入唐求法巡礼记》中。圆仁于开成五年（840）[①] 二月十九日从赤山法华院出发，三月二十一日抵达青州，四月一日从青州节度使处收到"公验"（旅行证明书），向五台山进发。五月一日进入五台山界，之前其对风尘仆仆前往五台山"巡礼"人群做了如下记录。

> （1）〔开成五年（840）四月〕廿五日，雨下。普通院深山无粥饭，吃少豆为饭。从赵州已来直至此间，三四年来有蝗虫灾，五谷不熟，粮食难得。斋后雨停。寻谷向西行三十里，到解普通院。巡礼五台山送供人僧、尼、女人共一百余人，同在院宿。

> （2）〔开成五年（840）四月〕廿九日，停点院设百僧斋，赴请同斋。因台州国清寺僧巨坚归本寺，付书二封，送圆载上人所。斋后，见数十僧巡礼南台去。

史料（1）证明当时存在超过 100 人的五台山参拜旅行团，史料（2）记录了数十名僧人组成的旅行团，据此可确认不同的"巡礼"团的存在，并且通过这些资料，大概可了解下面的状况：

---

① 这年一月文宗驾崩，弟弟颍王瀍即位。是为武宗。开成五年已经进入武宗的时代。

唐代的"巡礼"和会昌灭佛

① 开成五年（840）前后，五台山"巡礼"活动的盛况。
② 不仅出家人，一般平民也开始参加"巡礼"活动。
③ 代州五台山成为"巡礼"的中心之一。

首先要确认的是"巡礼"如火如荼的这一年，已是会昌废佛的前夜。"巡礼"的盛况和废佛的因果关系则毋庸置疑。

关于会昌废佛前夜的"巡礼"，还有一条值得关注的史料，即在五台山向东 200 千米的房山（幽州地区）出现了关于"巡礼"的石经题记，通过这些资料，可以确认房山一带的"巡礼"活动。

房山石经事业始于隋末幽州僧人静琬（北朝后期—639 年）的发愿。此后，终唐一代，延续不绝，在石经山的洞窟中留下了为数众多的石经。如今，9 个洞窟中保存下 4000 件以上的石经（石碑），其大半为隋唐 300 年之间的作品。

石经中占据核心的部分是《大般若波罗蜜多经》600 卷。现今所知该经典的石经（大型石经碑）数约 1500 件，其中推定为唐代制作的约 1100 多件（511 卷份）。经典的模板由玄宗的妹妹金仙公主于开元十八年（730）赠予云居寺，以此为契机，于开元二十九年（741）前后开始镌刻（见图1）。

图 1　金仙公主碑

《大般若经》的刻经事业当初进展顺利。推测 755 年末安史之乱爆发时迄，天宝年间刊刻经文 197 卷，经石 501 件，约占全部经卷的三分之一。由此可推知，云居寺当时似乎计划在半个世纪（50 年）之内使之完成。天宝年间支援刻经事业的主体是幽州的同业行会，"行"及其内部的信仰结社——"社"，即幽州的新兴的城市居民阶层。他们是在安禄山作为节度使势力膨胀的过程中成长起来的人士（表 2、图 2）。

表 2 《大般若波罗蜜多经》唐代各期刻经表（存在枚数表）

皇帝	中历	西历	总枚数（石）	题记数（条）
玄宗	开元二十九年至天宝十四年	741—755	501	341
肃宗	安史之乱期	756—762	58	52
代宗	广德元年至大历十四年	763—779	56.5	35+1（面背侧）
德宗 1	建中元年至五年（兴元元年）	780—784	53.5	37
德宗 2	贞元元年（兴元二年）至二十年	785—804	282	260+1（侧）
顺宗	永贞元年	805	0	
宪宗	元和元年至十五年	806—820	77.5	61+2（侧·侧）
穆宗	长庆元年至四年	821—824	10	1
敬宗	宝历元年至二年	825—826	6.5	10
文宗	大和元年至开成五年	827—840	41.5	41+2（面侧侧·面背侧侧）
武宗	会昌元年至六年	841—846	1	
宣宗	大中元年至十三年	847—859	0	
懿宗	咸通元年至十五年	860—874	12.5	8
宣宗	大中元年至十三年	847—859	0	

续表

皇帝	中历	西历	总枚数（石）	题记数（条）
懿宗	咸通元年至十五年	860—874	12.5	8
僖宗+α	乾符元年至中和四年至乾宁元年	874—884—894	35	10+面背侧、面背侧侧
合计 1135				861+α

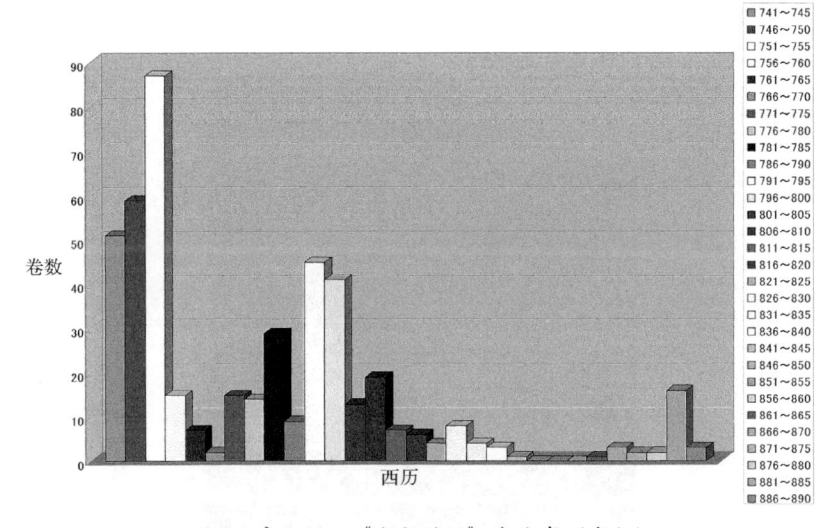

图2　房山石经《大般若经》年代考（卷数）

安史之乱平息之后，原来占有重要地位的"行—社"的组织和城市居民阶层逐渐衰退，幽州（范阳）节度使及其相关机构（幽州地方政权）取而代之，成为支援该事业的核心势力。此外，还可以确认新加入进来的平民阶层。他们的存在（姓名），可以根据刻在各石经（碑）的"题记"确认。

安史之乱后，平民阶层开始广泛地参与房山石经事业；作为信仰报偿，在石经的一隅刻出其个人姓名，其结果必然导致题刻姓名的空间扩大的压力剧增。然而，推进《大般若经》的刻经事业，刻不容缓。为此，寺院方面最终将石经（石碑）的背面作为题刻人名的空间全部开放。于是,出现了下面所示的石经碑,这是最早的一批例证。

《大般若经》(卷465·条1121)石经碑(暂称"前石")
碑阳(经文)下部题记年号:大和四年(830)四月八日建。
碑阴(题记)年号:会昌元年(841),人数430名,写法杂乱。(图3)

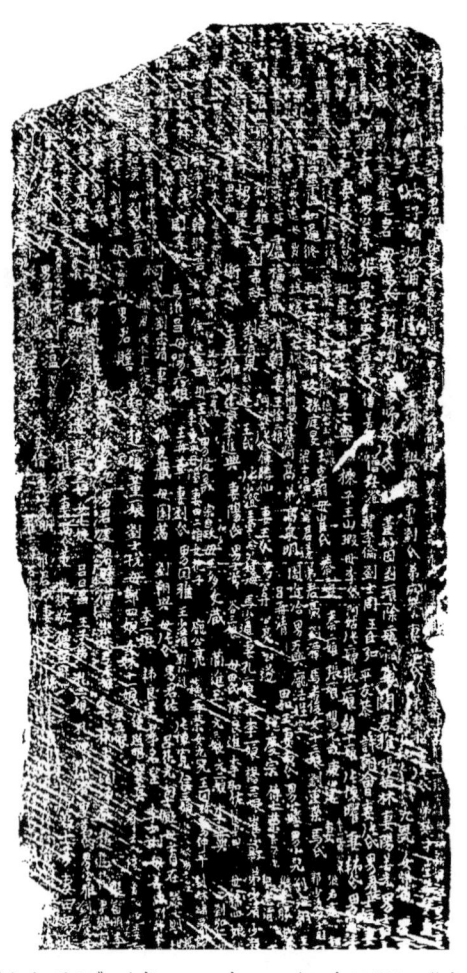

图3 《大般若经》(卷465·条1121)碑阴题记"会昌元年"

以此为开端，将石碑（石经）背面用作题记的例证出现，其中值得关注的是：

《大般若经》（卷 466·条 1122）石经碑（暂称"后石"）。
碑阳（经文）下部题记年号：大和四年（830）四月八日建。
碑阴（题记）可能为空白，推测准备用于题记刻写（前石碑阴刻写完毕后继续刻写）

《大般若经》（卷 470·条 1140）石经碑。
碑阳（经文）题记年号：开成三年（838）四月八日建。
碑阴（题记）：开成五年（840），人数 350 名，刻法杂乱。
（图 4）

这里第一次出现了"巡礼"的记录与"巡礼人"的名称（4 处刻有"巡礼"的题记）。从记述形式、字体以及以家族作为主体的内容等推测，该石经碑的题记与前述石经碑大体上相同。可见前述石经碑的题记内容（卷 465·条 1121 的碑阴）也与"巡礼"有关。

与此"巡礼"问题相关，该时期其他佛典石经的题记也值得关注。

《佛说蜜多心经一卷》碑阴，"开成五年四月八日建造　王全政记巡礼人等……"。

这也是一件碑阴全面镌刻题记的石经碑，同时也属于"巡礼"石碑（图 5）。

图4 《大般若经》（卷470·条1140）碑阴题记"开成五年"

唐代的"巡礼"和会昌灭佛

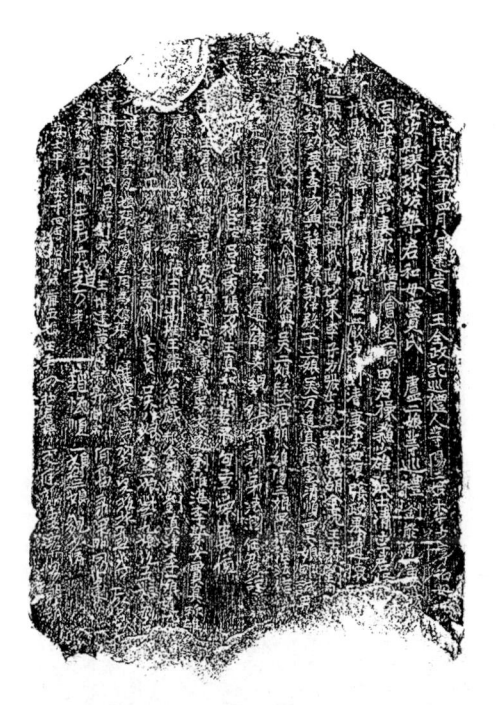

图5 《佛说蜜多心经》一卷碑背题记"开成五年"

《佛说般若波罗蜜多心经》碑表,"会昌二年四月八日……前后巡礼三十回"。

这是在《般若心经》以外碑阳、碑阴两面镌刻题记的石经碑,同时也是"巡礼"碑,各自题刻超过一百人的名字。并且应该注目"已经巡礼三十回"的积极活动情况,而且年代是"会昌法难"持续发酵的"会昌二年"(图6)。

从上述房山石经题记看,我们可以确认9世纪30年代至会昌初期,出现了一般民众积极参加参拜云居寺的"巡礼"现象。并且840年前后已经可以预见到"巡礼"活动大幅度升温的可能性。从刻有的个人名字及其状态来看,我们可以推测他们的"巡礼"行动是以家庭

图6 《佛说般若波罗蜜多心经》碑表"会昌二年"

（家族）为单位的，女人也可平等参加，其比率占40%左右。其居住区域大部分属于幽州节度使管内，但是也有来自其他节度使辖区的。

对上述关于"巡礼"的资料，我们可以做如下解释：

1. 7世纪时，在中国境内尚不能确认"巡礼"活动的存在。及至8世纪安史之乱后，德宗大历年间，有关"巡礼"语汇的用例出现增加的倾向。但是，这些"巡礼"的行为者，大部分为僧人个人，或者是官方基于政治目的组织的团体，这里看不到一般民众的存在。

2. 但是，进入9世纪，特别是8世纪30年代，"巡礼"活动突然频繁起来。不仅在五台山信仰中，而且在房山石经事业中均可确认这种情况。他们的活动，是以家族或亲族为单位，并且附带着地域性的集团移动。

3. 那么，为何石经中统一使用了"巡礼"一词呢？这里暗示当时"巡礼"并非作为一般用语使用，而是有着特定历史内涵的语汇。

4. "巡礼"活动应该理解为一种参拜远离日常生活的佛教圣地的非常"移动"。在民众选择这种行动的背后，隐含着宗教信仰的深化、自我主张的开始，以及强烈的意志与自信，并表现出其经济能力的增强。

5. "巡礼"是开拓新时代的先导，不过对当时的为政者来说，借"巡礼"的名义移动的民众会撼动政权的基础，使其陷于崩溃的危机，不能简单地予以承认。

6. "巡礼"热潮逐渐高涨，直到武宗会昌年间。从这一角度解释，会昌年间断然施行"灭佛"是对"巡礼"（移动）的抑制，具有巩固权力基础的明显意图。

四、结语

1. 通过房山刻经（《大般若经》），确认了至"会昌灭佛"的前夜（会昌二年，842），在房山云居寺一带广泛地存在着支持刻经活动的"巡礼人"或"巡礼团"。结合五台山等其他信仰圈的状况考虑，这些"巡礼"人群的行动范围可能涉及华北全境。在考察灭佛决断之要因时，这一现实大概是不容忽略的吧？

2. "巡礼"活动是借信仰之名而移动、流动。而且其主体也是无名的民众。他们是依照自己的意思，时而举家脱离日常生活去旅行。

"巡礼"在中国历史上最初被赋予的意义是如此地沉重。

3. 然而民众方面自立的活动对于当权者方面来说具有侵蚀政权基础的危险性。弹压佛教具有将采取"巡礼"形式流动的民众再度束缚在土地上的明显意图,这何尝不是"会昌灭佛"的另一个重要目的呢?

4. 关于"会昌灭佛"的原因,既往的解释拘泥于佛教自身的问题,即寺院——僧侣的腐败和肥大化、私度僧的增加等,忽略了背后的民众、平民的动向。笔者在此指出"巡礼"问题和"逃户"问题的介入,意在促进会昌废佛的研究达到新的深度。

5. 总而言之,应超越用唐初以来崇道与抑佛结合的趋势解释"会昌灭佛"发生的观点,在考察该时期的历史现实和时代转折点(结节点)的关系中把握其原因,今后将从这种视角重新探讨"会昌灭佛"。

进而,笔者认为"会昌灭佛"是从唐代(中国中古＝中国中世)到宋代(中国近世)时代转换的终结点和起点(或者转折点),是唐宋变革论的中心论题之一。

唐宋敦煌僧团的社会教育

马 德

(敦煌研究院)

作为佛教组织,唐宋时代敦煌僧团的各个寺院大力从事办学活动。当代专家们已经有了不少研究成果,并称之为"敦煌寺学"①,其中关于敦煌寺院办学和以儒家文献为教材的情况也多有涉及,但多被认为是传统的文化基础知识教育。实际上,敦煌僧团办学所从事的不仅仅是佛教教育,而且是社会化的教育。本文就8—10世纪时敦煌僧团的社会教育情况,通过就学于各个寺院的学士、学郎、学士郎们的作业和题记,进行一些简单的梳理。

一、经学教育

敦煌僧团的经学教育至迟在西晋时代就已经开始了。"敦煌菩萨"竺法护八岁出家时就在寺院接受经学教育,这一点史有明载:

竺昙摩罗刹,此云法护,其先月支人,本姓支氏,世居敦煌

---

① "寺学"一词不见史载,为当代研究者们使用较多的新概念;因无深入探讨,本文存疑不具。

郡。年八岁出家，事外国沙门竺高座为师。诵经日万言，过目则能；天性纯懿，操行精苦，笃志好学。万里寻师，是以博览六经，游心七籍。虽世务毁誉，未尝介抱。①

敦煌遗书中保存了一部分唐宋时代敦煌寺院的经学教育的作业和题记，可以说明当时敦煌僧团的经学教育情况。

目前发现最早的一份文献是编号 P.2570 的《毛诗卷第九》（尾题），有"寅年净寺学生赵令全读为记"的题记。此寅年应该是吐蕃统治敦煌时期②，这就使得这件写本无论是作为唐人启蒙教育的记录，还是作为寺院的经学教育的记录，都具有特殊的意义。

晚唐、五代的张、曹归义军时代，出自敦煌寺院的经学写本和题记主要有 S.3011《论语》卷第六，题"戊寅年十一月六日僧马永隆手写《论语》一卷记之耳"；这是佛教僧人身份的学子所写《论语》，其年代有 858 年及 918 年二说③；这是佛教僧人学儒学的实例。另外有 S.1586《论语集解》题"金光明寺学郎""沙门宝印手札也"，P.2618《论语集解》题"沙州灵图寺上座随军弟子索庭珍写记"，④ 是出家僧人在寺学接受经学教育的记录。

儒家经典《孝经》也是敦煌寺院的主要教材之一。如 S.707《孝经》"同光三年乙酉岁十一月八日三界寺学仕郎学郎曹元深写记"；曹元深为曹氏归义军第三任节度使，童年时代作为官家子弟于三界寺接受经学教育，这在敦煌历史上有一定的典型意义。又从 S.1386《孝经》"天福七年壬寅岁十二月十二日永安寺学仕郎高清子书记

---

① 《高僧传》卷第一，《大藏经》第 50 册。
② 参见许建平:《敦煌经籍叙录》，中华书局，2006 年，第 174 页。
③ 参见许建平:《敦煌经籍叙录》，中华书局，2006 年，第 353—354 页。
④ 参见许建平:《敦煌经籍叙录》，中华书局，2006 年，第 310、331 页。

了"、S.728《孝经》"丙申年五月四日灵图寺沙弥德荣写过,后辈弟子梁子孙"、庚子年二月十五日灵图寺学郎李再昌记,梁子孙"① 等题记看,《孝经》也是敦煌寺院的重要教材。

敦煌文献在对高僧事迹的记载和歌颂中,也有很多关于经学、儒学的知识和才能方面的内容,如P.4660《索智岳邈真赞》谓其"儒墨兼宣";P.3556《河西都僧统氾福高邈真赞》云"儒宗习礼,三冬豹变而日新;一览俱彰,七步成诗而月异";同卷《贾和尚邈真赞》有"早趋槐市,三冬学富于丘坟;凤趣杏坛,七步成诗于典素";P.3792《张和尚邈真赞》曰"石渠习业,备晓于三坟;璧水谈诗,才成而七步";P.2481《僧统和尚邈真赞》"早岁而寻师槐市,周览于八索九丘;幼年而就业杏坛,遍晓于三坟五典";② 等等。讲的都是这些高僧在童年时所打下的非佛教专业知识教育,无论出家前还是出家后,都得到充分的肯定。

这样看来,唐宋时代敦煌僧团的经学教育说明两个方面的问题:

一是传统,从西晋时代竺法护开始,佛教寺院即对年幼的僧侣们进行经学教育。当然,这里同佛教经论的学习是同时进行的,先是"诵经日万言,过目则能;天性纯懿,操行精苦,笃志好学",这里指的当然是佛经的学习;"是以博览六经,游心七籍"则讲的是学习儒家经学。因为可能是受中国传统教育的影响,经学内容成为敦煌佛教启蒙教育的必修课。

二是大乘佛教即入世佛教发展的需要。这个也是从竺法护时代就有的。法护能够翻译出众多的大乘佛典,与他自己的学养很有关系。法护虽然自幼出家为僧,但前半生主要接受的是中国传统的儒家的经

---

① 参见许建平:《敦煌经籍叙录》,中华书局,2006年,第406页。
② 引文参见郑炳林:《敦煌碑铭赞辑识》,甘肃教育出版社,1992年,第180、371、389、540、512页。

学教育，学习的是正心修身齐家治国平天下的儒家思想，这一方面正是大乘佛教的入世哲学和菩萨精神的体现。所以除了语言方面的功力之外，对经典思想内容的准确完整的理解也是翻译的重要条件。

二、童蒙教育

敦煌遗书中保存有一定数量的童蒙教育读本，专家们称作"蒙书"，对其有较为详细的统计和多方面的深入研究，大体可分为识字、知识和德行三大类；[①] 而这些蒙书也是僧团寺学中常用的教材，接受教育的孩童们也大多为俗家子弟。

《千字文》是古代比较流行的识字类蒙书。敦煌遗书 P.3170《千字文》有题记云"三月十九日显得寺学士郎张成子书记耳"，证明寺学的基础教育与寺外无异。

《杂抄》是有关知识类的蒙书，又名"珠玉钞""益智文""随身宝"等，内容丰富，语言精练，天文地理、历史文化、农牧工商、社交迎送等无所不包。其中 P.3469《杂钞一卷》首尾俱全，末题"丁巳年正月十八日净土寺学仕郎贺安住自书手写读诵过记耳"；另外一件有题记者为 P.3393《杂钞一卷》残损严重，只存开首数行，但保存了写卷封首题记"辛巳年十一月十一日三界寺学士郎 梁流庆记之也"；饶有兴味的是，这两件保存的题记都来自寺院，其他十数件均无题记。由此亦可窥知寺院使用社会学堂的基础教材，并且作为"随身宝"随身携带，随时可以学习；而且，这种知识类的蒙书，可能是寺院专用的基础教材。

《开门要训》也是历史上比较著名的知识类蒙书，敦煌遗书保存

[①] 详情见郑阿财、朱凤玉：《敦煌蒙书研究》，甘肃教育出版社，2002年。

有一定数量，其中也不乏出自寺院的写本，如 S.5463《开门要训》尾题"显德五年十二月十五日大云寺学郎"、P.3189《开门要训》尾题"三界寺学仕郎张彦宗写记"。① 另外，敦煌写本中的"书仪"也是属于基础性的知识大全，在启蒙教育阶段也有知识类蒙书的性质，在寺院的童蒙教育中也作为教材使用。如 P.3386《书仪》及相关文书题记"显德七年岁次庚申大云寺学郎邓清子手记"。②

德行类蒙书是敦煌遗书中保存最多的蒙书，有家训类的《太公家教》等，也有约束言论行为和规范为人处世的《百行章》等，这些内容都是敦煌寺院的教材，如 S.1163《太公家教》"庚戌年十二月十七日永安寺学仕郎儿顺进自手书记"、P.3569《太公家教》"景福二年二月十二日莲台寺学士索威建记耳"；P.2808《百行章》"时维大梁贞明九年癸未岁四月廿四日净土寺学士郎清河阴义进书记之"、北京首都图书馆 8442（位字 68 号）《百行章》"庚辰年正月廿一日净土寺学使郎王海润书写祭保住。薛安俊用"。

郑阿财、朱凤玉书将敦煌《王梵志诗》写本中"教诲诗的一卷本"列为德言类蒙书，主要是从诗中有关警世格言方面的内容，特别是突出讲孝道主题来考虑。"一卷本"S.778《王梵志诗》"大云寺学仕郎邓庆长""壬戌年十一月五日邓庆长"、S.3393《王梵志诗》背"三界寺学郎董人形图己酉年九月拾五日"，是寺院将其作为教材的记录。③

从童蒙教育的教材内容方面看，大多与佛教关系不大。当然，寺

---

① 参见郑阿财、朱凤玉：《敦煌蒙书研究》，甘肃教育出版社，2002 年，第 15、167、178、53、56 页。
② 参见施萍婷、邰惠莉：《敦煌遗书总目索引新编》，中华书局，2000 年，第 303 页。
③ 以上两段所引题记，分别参见郑阿财、朱凤玉：《敦煌蒙书研究》，甘肃教育出版社，2002 年，第 357、358、323、324、424—438 页。

院的童蒙教材中也有许多佛教启蒙读物，是作为专门知识来传授的，也应该是寺院学郎们的必修课。但通过佛教之外的启蒙读物可以看出，寺院授业也是分了基础教育与佛教专门知识教育两个方面。

三、专门知识教育

因为是面向社会的教育，就少不了历史知识和文学题材等专业知识，以及相关技能和应用的教育：

P.2633 正面抄有《齿牙齿可新妇文》《书仪》《酒赋》《崔氏夫人耍女文》《杨满山咏孝经》等文献，涉及各方面的专门知识。背面杂写有"壬午年正月九日净土寺南院学仕郎"题记，看来也是寺院用过的教材。P.3386 也抄有《大汉三年季布骂阵词文》《杨满山咏孝经十八章》等多份文献，题记有"唯大晋天福七年壬寅岁七月廿二日三界寺学士郎张富盈记""戊辰年十月卅日三界寺学士"等，[1] 也是属于寺院中使用的与佛教内容无关的其他教材。

除了综合知识外，写作能力也是学习的重要内容。敦煌保存下来的各种诗、赋类文献，有很大一部分就是教材和作业，其中也不乏寺院学子者。赋是中国古代常见的文章体裁，也是训练基本写作功夫的文学形式。敦煌遗书中保存了数十件赋，其中记述西汉时代贰师将军李广利率兵讨伐大宛途中以剑刺石壁、飞泉涌济三军的《贰师泉赋》，是产生于敦煌本地的历史故事，撼天动地，荡气回肠！其为敦煌当地喜爱，自然也就成为青少年的必读作品，僧团寺学的学郎们也不例外，如 P.2712《贰师泉赋》即有题记云"贞明六年庚辰岁龙兴寺学郎张安

---

[1] 参见施萍婷、邰惠莉：《敦煌遗书总目索引新编》，中华书局，2000 年，第 247、280 页。

人写记之耳";同卷属同一个所抄还有《渔父歌沧浪赋》,演绎《楚辞》故事,述为官遭放逐者(屈原)与渔夫的对答。P.2621《沧浪赋》有题记曰"长兴伍年岁次八月五日敦煌净土寺学士郎……"另外,《燕子赋》也是敦煌保存较多的一篇赋文,讲述燕雀争巢的寓言故事,S.214《燕子赋》"癸未年十二月廿一日永安寺学士郎杜友遂书记之耳""甲申年三月廿三日永安寺学士郎杜友遂书记之耳",P.3757《燕子赋》"金光明寺学士郎就载红"。①

敦煌的高僧除了佛教修行和学问方面的成就外,好多人都有另外的一技之长。如有好几件"邈真赞"记载和歌颂了这些高僧又是治病救人的医师:P.4660《河西都僧统翟和尚邈真赞》谓这位身居高位的大德"五凉师训,一道医王";同卷《索义弁邈真赞》云"神农本草,八术皆通";同卷《索智岳邈真赞》云"药闲中道,病释两遍";P.2481《僧统和尚邈真赞》曰"畅三教而应病良医"② 等,都说明他们接受了服务于大众的医学教育,以僧人身份造福全社会。

与佛教无关的寺院教材还有寓言故事《孔子项讬相问书》和历史故事《苏武李陵往还书》。前者如 S.395 有题"天福八年癸卯岁十一月十日净土寺学郎张延保记";③ 后者如 S.173《苏武李陵往还书》题"三界寺学士郎张英俊"、S.785 背面专门粘贴了一条读书记录"灵图寺学郎曹延叶题记之耳",④ P.3692 题"金光明寺学士索富通书卷";⑤ 等等。实际上,《苏武李陵往还书》里除了一些历史知识之外,更可

---

① 参见伏俊连:《敦煌赋校注》,甘肃人民出版社,1994年,第287、299、418页。
② 引文参见郑炳林:《敦煌碑铭赞辑释》,甘肃教育出版社,1992年,第175、180、108页。
③ 参见加向达等编:《敦煌变文集》上,人民文学出版社,1957年,第236页。
④ 参见《英藏敦煌文献》(图录)第2册,四川人民出版社,1990年,第163页。
⑤ 参见施萍婷、邰惠莉:《敦煌遗书总目索引新编》,中华书局,2000年,第6、293页。

贵的是还包括了个人的民族气节的教育。

敦煌写本中还发现一件佛寺学郎抄写的官文书 P.4065《表文二件》，题名"乙亥年十一月十六日乾明寺学士郎杨定千自书手记"，①内容记录军政相关事宜。从学郎题记看，可能是属于官府应用文书的学习范本，是僧团为官府培养人才的记载。

四、现实教育

敦煌遗书中保存了一些描写社会现状的诗作，比较著名的是唐末五代的官宦诗人韦庄的长篇叙事诗《秦妇吟》，假托一位被黄巢农民军俘虏的妇女（秦妇）之口，为人们描述了公元881年，诗人身在战乱之中的长安的亲眼所见，如唐军抵御农民军的不力、农民军对百姓的侵凌等，但更多描写的是战乱中普通百姓所遭遇的苦难，是对晚唐时代社会风貌的较为真实的反映。这首长诗后来失传，原因是作者韦庄自己成为五代十国时期的前蜀国王建的宰相后为避主讳，极力查禁自己的这首成名之作，连自己的作品集《浣花集》也不收录这首诗，于是这首诗竟然就这样从中国诗歌史上消失了一千余年。所幸敦煌藏经洞出土了本诗作的十余件写本，其中有两件还是僧团寺学的抄本：P.3381《秦妇吟》"天复五年乙酉岁十二月十五日敦煌金光明寺学仕郎张龟写"和 P.3780《秦妇吟》"丙子年五月十五日（乾明寺）学士郎杨定千自书手书记之耳"。② 尤为重要的是，P.3381《秦妇吟》不仅书写工整，首尾齐全，而且卷末所记抄写时间天复五年即公元905年为所有抄本中最早者，当时还是作者韦庄本人在世期间，所描写的当

---

① 参见施萍婷、邰惠莉：《敦煌遗书总目索引新编》，中华书局，2000年，第310页。
② 参见徐俊：《敦煌诗集残卷辑考》，中华书局，2000年，第231页。

代社会现状特别受到关注。特别是这一段令人痛心疾首的记忆：

扶羸携幼竞相呼，上屋缘墙不知次。南邻走入北邻藏，东邻走向西邻避。北邻诸妇咸相凑，户外崩腾如走兽。轰轰混混乾坤动，万马雷声从地涌。火迸金星上九天，十二官街烟烘焖。日轮西下寒光白，上帝无言空脉脉。阴云晕气若重围，宦者流星如血色。紫气潜随帝座移，妖光暗射台星拆。家家流血如泉沸，处处冤声声动地。舞伎歌姬尽暗捐，婴儿稚女皆生弃。

还有繁华的唐都变成废墟和屠场的凄惨景象：

长安寂寂今何有？废市荒街麦苗秀。采樵斫尽杏园花，修寨诛残御沟柳。华轩绣毂皆销散，甲第朱门无一半。含元殿上狐兔行，花萼楼前荆棘满。昔时繁盛皆埋没，举目凄凉无故物。内库烧为锦绣灰，天街踏尽公卿骨！①

多卷本的《王梵志诗》是敦煌保存下来的记述古代下层和底层劳苦大众的贫困生活、揭露社会黑暗的另一面的不朽作品，是对社会现实的生动描述，包括对一些不平等现象和阴暗面的揭露。它也在寺院作为教材使用，如P.3211《王梵志诗卷第二》"维大唐乾宁二年乙卯减月十六日灵国寺学士郎书记之耳"，P.3833《王梵志诗卷第三》"丙申年二月拾九日莲台寺学郎王和通写记"，P.2914《王梵志诗卷第三》"大汉天福叁年庚戌岁润四月九日金光明寺僧自手建记写毕""大汉天

---

① 参见徐俊：《敦煌诗集残卷辑考》，中华书局，2000年，第235页。

福叁年岁次甲寅年本月廿九日金光明寺僧大力自手记"。① 这里不光有学郎题记,还有成年僧人的学习记录。我们可以选出几段描述来看看:

> 当乡何物贵?不过五里官。县局南衙点,食并众厨餐。文簿乡头执,馀者配杂看。差科取高户,赋役数千般。处分须平等,并檑出时难。职任无禄料,专仰笔头钻。管户无五百,雷同一概看。愚者守直坐,黠者駅駅看。②

这里活灵活现地描写了当时乡村的基层官吏对百姓的欺压和剥削。

> 世间慵懒人,五分向有二。例着一草衫,两膊成山字。出语觜头高,诈作达官子。草舍元无床,无毡复无被。他家人定卧,日西展脚睡。诸人五更走,日高未肯起。朝庭数十人,平章共博红。菜粥吃一盏,街头阔立地。逢人若共语,荒说天下事。唤女作家生,将儿作奴使。妻即赤体行,寻常饥欲死。一群病癞贼,却搦父母耻。日月甚宽恩,不照五逆鬼。

这里通过对懒人行为的描写,展示出作者深刻洞察世间万象。

> 只见母怜儿,不见儿怜母。长大取得妻,却嫌父母丑。耶娘不采括,专心听妇语。生时不恭养,死后祭泥土。如此倒见贼,打煞无人护。

---

① 参见郑阿财、朱凤玉:《敦煌蒙书研究》,甘肃教育出版社,2002 年,第 323、324 页。
② 此处及以下所引《王梵志诗》原文,均出自项楚:《王梵志诗校注》,上海古籍出版社,1991 年。

这里是对不教子女的批驳。看来在古代并不都是男尊女卑,妻子当家致使丈夫不养父母,亦为世间常见现象。

　　工匠莫学巧,巧即他人使。身是自来奴,妻亦官人婢。夫婿暂时无,曳将仍被耻。未作道与钱,作了擘眼你。奴人赐酒食,恩言出美气。无赖不与钱,蛆心打脊使。贫穷实可怜,饥寒肚露地。户役一概差,不办棒下死。宁可出头坐,谁齿被鞭耻。何为抛宅?良由不得止。

这里描写统治者对下层手工业者的经济剥削与人身侮辱,逼着工匠夫妇弃宅舍家,远走他乡,是对包括艺术家们在内的唐代工匠们的生活与命运的真实记录。

　　世间何物平?不过死一色。老小终须去,信前业道力。纵使公王侯,用钱遮不得。各身改头皮,相逢定不识。人生一代间,有钱须吃著。四海并交游,风光亦须觅。钱财只恨无,有时实不惜。闻身强健时,多施还须吃。

这是对人生的感悟。

　　百姓被欺屈,三官须为申。朝朝团坐入,渐渐曲精新。断榆翻作柳,判鬼却为人。天子抱冤屈,他扬陌上尘。代天理百姓,格式亦须遵。官喜律即喜,官嗔律即嗔。总由官断法,何须法断人。一时截却项,有理若为申。天下恶官职,未过御史台。努眉复张眼,何须弄师子。傍看甚可畏,自家困求死。脱却面头皮,还共人相似。

这里展示的是事非颠倒、酷吏横行、冤情遍地、无法无天的社会景象，与封建史学家们赞颂的大唐盛世形成鲜明的对比，是来自最底层的真实写照。

> 官职莫贪财，贪财向死亲。有即浑家用，遭罗唯五身。法律刑名重，不许浪推人。一朝囹圄裹，方始忆清贫。

自古为官清廉，是最基本的道理。这些内容也进入寺院教材，说明敦煌的佛教教育是全面面向社会的教育。

在寺院从事社会现实方面的教育，明显是为了让学子们全面深入地了解社会，加强对社会的认识和对个人社会责任、义务的担当。

五、余论

敦煌僧团学的童蒙教育是中国古代的传统教育，无论是经学、知识、技巧还是言行规范，行的都是道德教育，讲的都是如何做人、做好人；接受教育的过程就是学习做人的过程，包括知识与技术的训练，实际上也是为了完善人格。另一方面，与当时的教育背景不同的是，敦煌僧团的经学教育、童蒙教育等，似乎没有受到中原盛行的科举制度的影响；这可能是由于敦煌偏居一隅，只满足于本地人才需求，与名义上所谓"奉中原正朔"基本没有联系。

佛教从出世到入世的嬗变
——以常州天宁寺为例

〔美〕宏　正

(美国佛教正信会　美国法印寺)

佛教自传入中国以来,与中华传统文化和社会习俗不断碰撞、冲突和融合,逐渐形成了独具特色的佛教文化。

综观佛教在中国发展的历史,我们不难发现,佛教从最初的皇家贵族信仰逐步转变为民间通俗信仰,经历了一个漫长的发展过程。在唐朝以前,佛教的信仰群体基本是以皇亲贵族为主,这个时期的佛教寺院建设基本依靠贵族群体。宋代,因为社会和经济的变革,商业化对社会各个阶层皆有所冲击。因此,自宋以后,佛教寺院建设的经济来源主要是社会各阶层富裕施主的布施,不再局限于皇亲贵族。正如《为权力祈祷》一书中说:"晚明也是宗教公共机构复兴的一个时期:佛教寺院在传统经济濒临崩溃之际,穷困而训练不足的僧侣获得新生,居士佛教运动扎根下来并蓬勃发展。这种复兴的主要机遇是地方绅士的形成和扩张。正是他们捐助寺院,供养僧侣,使佛教信仰呈现了数世纪以来未曾见到的规模。佛教复兴于士绅之间的关联也十分密切而广泛,不可以将其视为一种纯粹性工具性的现象。"① 这个时候的佛教

---

① 卜正民:《为权力祈祷》,张华译,江苏人民出版社,2005年,第3页。

应该是受到世俗"士绅之支持而形成的产物"①。

随着士绅以居士身份或以出家人身份加入佛教后,佛教寺院慢慢地形成了一个地区的文化中心,他们可以轻易地获得当地精英的支持。寺院不再是与世隔绝的封闭场所,而是变成了一个公共场所,不仅要满足广大信众的要求,更要满足精英们的要求。因此,佛教与中国文化真正融为一体,佛教文化成为中国文化的重要组成部分,形成了具有中国特色的佛教文化。

本文以常州天宁寺作为个案,探讨佛教文化如何与中国传统文化相融合而形成中国特色的佛教文化,期许能从中获得更多的经验,同时对佛教今后的发展,乃至佛教文化成为世界性文化提供一些借鉴。

一、常州天宁寺历史

关于常州天宁寺的历史考证,可以上溯到唐贞观、永徽年间的牛头禅初祖法融大师。据说法融大师曾得到四祖道信禅师亲授,后悟入佛之知见。所谓:"吾受璨大师顿教法门,今付于汝,汝今谛受吾言,只住此山,向后当有五人达者,绍汝玄化。"② 从此,法融大师大开法筵,当时跟随大师修习牛头禅的人多达数百人。因人多口粮少,法融大师常前往他的故乡(今天的镇江丹阳)去化缘,家乡士俗人闻后都慷慨布施供养。随后,法融大师不仅在丹阳化缘,也到常州化缘。为

---

① 卜正民:《为权力祈祷》,张华译,江苏人民出版社,2005年,第3页。
② 杜洁祥主编:《武进天宁寺志 破山兴福寺志》,《中国佛寺史志汇刊》第1辑第35册,明文书局,1980年,第155—169页。

了方便化缘和储存粮食，他就在现在天宁寺的地基上搭建了几间草房①，至此，开创了天宁寺基业。

直到后晋天福年间，维亢法师因受法融大师事迹的感召，在原有的地基上创建"广福寺"。在历史的变迁中，天宁寺曾经取名"齐云寺""万寿崇宁寺""天宁寺""报恩广孝寺""报恩光孝寺"，直至元朝元至年间定名为"天宁寺"，延续至今，未曾再有变化。

天宁寺的地址最终确定下来，有据可考，是从元朝国师杭州西天目山中峰明本禅师的法嗣弟子瀹潭禅师任住持开始。②虽然天宁寺与法融大师有很大关系，但天宁寺并不是牛头禅，而是六祖禅门下的临济禅。明末清初，天宁寺曾经一度改为律寺。清顺治年间，戒润律师曾任天宁寺住持，并受僧俗四众弟子的邀请，开坛传戒，宣演戒律。之后，纪荫禅师重新恢复临济法脉的传承。③可见，天宁寺的法系传承在清乾隆之前是没有连续性的，直至大晓实澈禅师开始，天宁寺法脉才有了连贯性，并且一直延续至今。

经过历代住持的艰辛付出和近代冶开清镕禅师、月霞禅师、惟宽禅师等大德高僧的不懈努力，天宁寺创办了与金陵刻经处相媲美的佛经流通处——毗陵刻经处，同时还创办了佛教学校，培养僧才。曾几何时，到天宁寺佛学院读书和禅堂参禅打坐成为一种时尚，曾有人题

---

① 法融大师，据记载是润州延陵人，也就是今天的镇江丹阳人。但是关于延陵，有一种说法，即今天的丹阳、江阴、常州，在历史上都称为延陵，故有"延陵季子"的说法。今天常州天宁寺的地址就是延陵中路。具体无法考证，不过看起来天宁寺确实与法融大师有一定的关系。

② 在《武进天宁寺志》的序中有一点差错：中峰本禅师应该是元朝人，非是明朝人，没有亲自担任天宁寺住持。在后面有说到是其法嗣弟子瀹潭禅师担任住持，这个说法应该是正确的。

③ 杜洁祥主编：《武进天宁寺志 破山兴福寺志》，《中国佛寺史志汇刊》第1辑第35册，明文书局，1980年，第16页。

词"过江到此,第一丛林"。

近现代常州天宁寺也遭到一些劫难,在各方面的大力支持下,在天宁寺的前任住持松纯大和尚的带领下,经过近四十年的奋斗,常州天宁寺不仅恢复了勃勃生机,更是新建了神州第一塔——天宁宝塔。天宁寺重新发出光芒。

二、士绅介入寺院主持任免

禅宗形成初期,禅师们并无固定修禅场所,禅林也无制度、仪式。禅师们或深居山野,或寄住在其他宗派的寺院。马祖道一禅师为了禅师们可以专心用功办道,创建了禅宗道场。由于修禅的僧侣聚集多了,产生了许多的问题。为了解决问题,怀海禅师根据寺院的具体情况和戒律的精神,制定了一定的规矩来约束大众,期许能有一个清净、如法如律的清修道场。由此,全国的禅宗丛林开始盛行,所谓"天下名山僧占多",禅宗名僧辈出,禅寺名气大振,诸多禅僧一时纷至沓来,遍访名山,遍寻名僧。

《百丈清规》为禅宗丛林所制定的规章制度略显简单。随着佛教的发展,丛林的增多,宗赜又编写了《禅苑清规》。后来又因各家丛林寺院家风不同,住持又根据各家的具体情况,因时因地制定了符合自家的规约,有名的如《金山规约》《高旻寺规约》等等。天宁寺因为与金山的渊源,将《金山规约》定为自己的规约。

汉传佛教寺院有子孙丛林和十方丛林两种,天宁寺属于十方丛林。在十方丛林中住持的选任有两种类型:一种是选贤,一种是传法。随着佛教的发展、社会的变革,现在的丛林基本都是传法丛林,选贤丛林已经很少见了。天宁寺在大晓实彻禅师以前属于选贤丛林;大晓实澈禅师后，逐渐变成传法丛林。天宁寺原任住持敏智老和尚就是冶开老和尚的法嗣。① 前任住持松纯大和尚又是沿袭敏智老和尚三人所嗣的临济法脉。

根据丛林的规矩，住持的选任无论是选贤还是传法，都是僧团内部事务，除了朝廷敕封的住持外，在家佛弟子是不参与的。寺院住持选任一般是先经僧人的长老开会研究，再由两序大众同意，最后共同推选出住持。住持的选任就相当于今天的民主选举一样，由大众公议选出。如大晓实澈禅师任住持时，《天宁规约》中记载："长老须选举道德夙高，实心为千年常住者，不得轻易退院。如果年老不能领众，方许养静。若无实心为众，德行不足者，两序大众公议，再举法眷下选道德者，于韦驮菩萨前拈阄为证，违者公摈。"② 此处没有提到选举住持是僧俗二众共同参与，文献中只提到，对于不合格的住持是由两序大众公议后决定去留。

随着明清时期士绅对经济文化影响的增强，士绅在寺院住持的选任上也有了一定的影响力和话语权。《天涛法师行略》中记载，清雍正年间，天涛法师的师公是"以常州绅衿请住天宁"，任天宁寺住持。③ 其中没有邀请僧人参与，都是邀请当地有名望的士绅人参与，足见当时士绅对寺院影响力之大。《净德禅师塔铭》中记载："乾隆岁丙午，常州天宁寺方丈虚席，众议非师不可，郡之绅士赵瓯北等，嘱监院玉峰、悟性等同至，既顶礼而恭迎，复膝跪而坚请。"④ 这段文字也

---

① 同时从冶开老和尚接法的应该还有佛声禅师和戒德禅师。
② 杜洁祥主编：《武进天宁寺志 破山兴福寺志》，《中国佛寺史志汇刊》第1辑第35册，明文书局，1980年，第349页。
③ 杜洁祥主编：《武进天宁寺志 破山兴福寺志》，《中国佛寺史志汇刊》第1辑第35册，明文书局，1980年，第349页。
④ 杜洁祥主编：《武进天宁寺志 破山兴福寺志》，《中国佛寺史志汇刊》第1辑第35册，明文书局，1980年，第186页。

说明住持是由僧俗二界共同邀请，乡绅在其中起主导作用。在《净德禅师行略》中记载："五十一年丙午，师年五十有六，是年常州天宁方丈虚席，众议非师来不可，于是监院玉峰师与悟性等，同至嘉禾，延师主席，师辞不应。秋间，复以绅衿护法等书至，师仍坚辞，玉峰等见师意决，遂长跪恳请。"① 可见，住持的邀请不再是僧团内部事务，而是僧俗二界共同的事情。这说明了以下问题：一是士绅借助寺院住持的任免，来显示自己在当地经济、文化中的社会地位和影响力；二是寺院的政治、经济生活开始依赖当地的士绅。《武进天宁寺志》中记载，净德禅师任住持的第一年的除夕，寺院无一粒存粮，幸亏常州西门陈姓士绅布施供养了三千石大米，才使寺院渡过难关。②

当地有影响的士绅加入寺院住持的任免中，也会使寺院吸引具有一定影响力、有名望的僧人担任住持；在寺院百废待举之时，一个有修为、有能力的住持对于寺院的重振、佛法的弘化也有着极其重要的作用。同时，因为士绅对新住持的认可，会对寺院重兴尽一份责任，寺院可以得到他们的大力支持。另外，士绅参与寺院住持的任免，代表佛教的教理受到了当地知识分子的青睐，他们对佛教教理的兴趣可以使佛学研究能力得到很大提升，使佛教能够融入社会的每一个阶层，佛教也因此能够获得一定的群众基础，得到大家的支持与拥护。③

---

① 杜洁祥主编：《武进天宁寺志 破山兴福寺志》，《中国佛寺史志汇刊》第 1 辑第 35 册，明文书局，1980 年，第 191 页。
② 天宁寺在净德禅师任住持时，田地在原有八百多亩田地的基础上，又增加了五百多亩地。参见杜洁祥主编：《武进天宁寺志 破山兴福寺志》，《中国佛寺史志汇刊》第 1 辑第 35 册，明文书局，1980 年，第 192 页。
③ 周齐：《明代佛教与政治文化》，人民出版社，2005 年，第 103 页。

三、天宁唱诵盖三江

梵呗即是以曲调诵经，赞咏、歌颂佛德。又作声呗、赞呗、经呗、梵曲、梵放、声明。略称梵。呗，全称呗匿，又作婆师、婆陟，即赞叹、止断之意。因依梵土（印度）曲谱咏唱，故称为梵呗。天宁寺不仅是著名的禅宗丛林，它的梵呗唱诵也非常著名。所谓："金山的腿子，高旻的香，天宁寺的唱诵盖三江。"常州素乃齐梁帝王出生之地，南方梵呗发祥之处。齐永明七年（490），竟陵文宣王萧子良"集京师善声沙门"研讨我国佛教音乐创作，确定了南方梵呗以哀婉为主的风格特点。"天宁寺梵呗"曲调一直保持着较为统一的规范，节奏沉稳扎实，唱腔悠扬潇洒，韵味古朴清雅，素为全国汉传佛教寺院公认之典范。著名音乐学家田青说："在过去的时期内，这个寺的唱念一直被视作典范，目前中国一些大丛林都喜欢称自己的唱念学自常州天宁寺。"周耘在其《当代中国大陆佛教仪礼音乐的宗教性与世俗性交织现象探析》一文中说："自明清以来，汉传佛教多数宗派日渐式微，寺院传承佛教仪礼与礼仪音乐的作用愈益重要，一些特别重视佛教仪礼活动的禅寺，逐渐成为梵呗唱诵的中心道场。"① 天宁寺也不例外，以"音声为佛事"的方便善巧，弘扬佛法，度化众生，经过寺院几代高僧的不懈努力，使天宁寺梵呗的音声佛事广为流传，成为梵呗音声佛事的典范。20 世纪 40 年代，每年有一百多位僧徒在天宁寺佛学院结业后分赴各地，使天宁寺梵呗唱诵遍传国内。1949 年，该寺戒德等数位高僧大德赴台，分别担任台湾地区一些著名寺院住持，前方丈敏

---

① 周耘：《当代中国大陆佛教仪礼音乐的宗教性与世俗性交织现象探析》，《中国音乐》（季刊）2008 年第 4 期。

智大和尚，任美国纽约世界佛教中心导师及美国纽约大乘寺住持，遂使天宁寺梵呗远播海外。现今，天宁寺的唱诵已被列入首批国家非物质文化遗产名录。

据《长阿含五阇尼沙经》记载，梵呗具有如下特征："一者，其音正直。二者，其音和雅。三者，其音清彻。四者，其音深满。五者，其音遍周远闻。具此五者，乃名梵音。"窥基大师在《妙法莲华经玄赞》中说："妙音与乐；观音拔苦；梵音深净；潮音应时；胜音出世。"可见梵音可以使人远离烦躁不安，令心清净无染，易生起向上向善之心。天宁寺梵呗之所以得到大家的尊崇，在于他们对传统梵呗的继承，梵呗的传授基本保持了"口口相传""师徒传承"的办法。通过修习梵呗，令人对佛法僧三宝生起崇敬之心，仰慕之心。专注在唱腔上，可以令人"受摄六根"，身口意三业合一，心灵得到洗涤，获得身心自在。在佛教中有持名念佛一说，其目的是通过持名念佛达到"一心不乱"的境界，获得"念佛三昧"。起初举行佛事、唱诵梵呗都是用来个人修行的，明清以后，随着信众的需求，诵经拜忏逐渐变成专门超荐亡者的佛事，同时也出现了专门赶经忏的应付僧。随着经济的发展，各种文化表现形式层出不穷，天宁寺的梵呗唱腔也受到了一定的冲击。譬如在梵呗唱腔中加入一些地方歌谣和现代流行歌曲，例如在唱诵佛号时，加入民歌《苏武牧羊》或者黄梅戏的曲调，甚至有流行歌曲《青藏高原》的曲调，这就使原汁原味的梵呗唱诵脱离原来的庄严肃穆的神圣性，逐渐被民间音乐、世俗流行音乐所替代，走入世俗。由此可见，佛教的发展也是从注重个人出世的修行逐渐演变成注重度化众生入世的修行。

天宁寺梵呗正是通过音声佛事，令大众在不知不觉中接受佛法教义的熏陶，宣扬了正法，阐述了佛法的真善美，引导大众进入佛门，悟入佛陀知见；通过梵呗的礼仪，令大众能够如法受摄身心，远离烦躁，获得身心灵上的宁静、平和，对于人心的安抚有着积极向上的绝对意义。

四、结语

佛教传入中国两千多年的历史，也是一部佛教从阳春白雪走向下里巴人的历史。佛教最初传入中国时，由于得到皇亲贵族的护持，寺院建设和僧侣生活有很好保障，佛法得到很好的弘扬。尤其在隋唐时期，佛教不仅得到了皇家的支持，同时也得到了士绅贵族的捐赠护持，当时的寺院资产极其富饶，这也是导致后来三武一宗的禁佛法难的最大原因。① 法难之后，为了寺院健康发展、佛法顺利弘传，禅宗丛林开始实行"一日不作，一日不食"的农禅并重的禅家精神，以此保证僧侣的正常生活。明清以后，由于商业化的发展，寺院的经济来源也受到很大的影响，寺院获得士绅捐赠的土地逐渐减少。② 这也说明寺院经济不再主要依靠士绅的捐赠，信徒也不再局限于士绅人群，开始延伸到普通人民群众中。由此可见，佛教逐渐融入民间，开始在普通民众中发展。

天宁寺作为都市丛林，为了保持佛教禅宗修行的优良传统，非常注重选择良才贤能的禅师充任住持，贤能的主持不仅带领大家精进修行，同时还可以更好地加强寺院的发展建设。为了佛法更好地弘扬，寺院不再固步自封、"关门修行"，而是打开大门、走出去，加强与当

---

① 三武一宗法难，前面的北魏太武帝和北周武帝灭佛，基本是思想上的纷争而导致，后面两次唐武宗和后周世宗灭佛则完全是经济问题所造成，这应该是当时寺院接受了太多的捐赠，以致寺院的财富积聚太多，威胁到国家的财政收入，故而导致了法难。

② 丛林有山野丛林和都市丛林。山野丛林，是建立在山上的禅宗寺院，基本可以开垦山野荒地用于耕种，以提供生活所需；而都市丛林还是要靠乡里士绅捐献土地，一部分由僧人自己耕种，一部分则用于收租，以作为寺院的生活来源。

地有名望的士绅联系，让他们参与寺院住持的任免寺务，以此获得广大士绅各方面的支持。明清以来，天宁寺为了以多样化的形式接引教化大众，开始注重梵呗的教授和研习，使天宁梵呗广为流传，成为全国汉传佛教寺院公认之典范。梵呗起初是个人修行的法门，为弘扬佛法、度化众生，法师亲自教授，令大众在学习梵呗礼仪的同时，可以更好地接受佛法教义的熏习；让佛教走入民间，得到更好的弘扬。

从天宁寺的发展可略见中国佛教丛林寺院发展的一角，寺院一方面要保持佛教的基本传统，另一方面为了弘扬，要用中国人所能接受的传教方式。由此，佛教开始从注重个人修行的神圣性走向民间世俗性，逐渐与中国文化融合，成为中国传统文化不可分割的一部分。

汉传佛教寺院与亚洲社会生活

地方性、世界性与资本主义[①]
——新加坡汉传佛教变迁的实践脉络

圣 凯

(清华大学)

佛教的传播与商业、移民是紧密相关的。佛教无论是从印度传到中国，还是从中国传到日本、韩国、越南等，在中古、近代都是以商人的移动为中心；而19世纪初以来，移民成为文化传播最活跃的主体，成为汉传佛教在世界传播的载体，加速了汉传佛教在亚洲的扩散，扩大了亚洲作为汉字文化圈的势力范围。

19世纪20年代，随着新加坡的开埠，漂洋过海的华人移民亦将自己家乡的佛教信仰带到新加坡；移民们供奉佛菩萨造像，修建寺院，奉请僧人住持寺院，马六甲海峡的璀璨明珠呈现出海天佛国的景象。同时，随着新加坡的独立与现代化进程，传统的汉传佛教面临着民主化、商业化、城市化、世俗化等现代化社会的挑战，因此汉传佛教亦不断地调整自身的定位与"论述"，促进汉传佛教的现代"转型"。同时，由于新加坡多元的族群、社会、复杂的地缘政治，汉传佛教不得

[①] 本文为2017年度国家社会科学基金重大项目"汉传佛教僧众社会生活史"（17ZDA233）阶段性成果、清华大学自主科研计划资助成果。感谢超闻法师提供了数据汇总、表格制作的帮助！

不跳脱出固有的"被中国化了的佛教"的框架，重新回到一个世界性宗教的视角，并且直接面对"现代性"所带来的全球普遍性的重大挑战，这些经验对于其他国家、地区的汉传佛教"转型"深具借鉴和参考意义。

因此，要从汉传佛教的实践脉络、佛教与社会的互动中，去把握与理解新加坡汉传佛教的变迁；从汉传佛教不同类型道场的兴建、不同团体的出现、佛教界兴办的不同事业，在林林总总的复杂现象背后，体察新加坡汉传佛教自身的实践脉络。汉传佛教在新加坡已经完全离开了原有的经济、社会土壤，其发展与新加坡的殖民、独立与现代化进程等国家命运息息相关。因此，以宗派和高僧为中心的中国佛教史原有的叙事方式已经完全不适用于新加坡汉传佛教的研究；反之，要以新加坡的政治、社会进程为基础，结合汉传佛教的全球传播路径，思考汉传佛教的超越性与菁英特质，探讨汉传佛教的宗教实践脉络与社会功能，考察汉传佛教与政治、社会、文化等的互动和影响，凸显出新加坡汉传佛教从"地方性文化"向"世界性宗教"的回归。

有关新加坡汉传佛教的研究，传发、释能度皆有专著面世。[①] 尤其是后者，全面叙述了汉传佛教在新加坡的发展概况，共计有79所寺院、22个缁素团体与36个机构组织，所涉及人物有171位，为本文研究提供了第一手资料。本文将在释能度著作的基础上，以汉传佛教寺院的建立、佛教团体的成立、慈善机构、研究机构的创办、佛教艺术活动的举办等为要素，以殖民时期、独立时间、新加坡现代化等为背

[①] 传发：《新加坡佛教发展史》，新加坡佛教居士林，1997年；释能度主编：《新加坡汉传佛教发展概述》，新加坡药师行愿会，2010年。尤其是释能度主编的《新加坡汉传佛教发展概述》，介绍了汉传佛教传入狮城的时代及其百余年的传播概况，新加坡佛教总会的成立经过及其发展，佛教在教育、文化、慈善方面的成果，全国佛教寺院及缁素团体为弘护佛法所做的努力，在新加坡弘法布教的僧俗大德，以及有关汉传佛教的学术研讨会、佛教艺术与素食等。

景,通过统计学的"世代"分析、宗教人类学、宗教社会史等方法,集中展现新加坡汉传佛教的变迁过程。

一、作为一种象征和"权力"的传入——汉传佛教寺院的早期建立

19世纪至20世纪初期,新加坡的华人庙宇无论供奉何种神明,庙宇的住持一般都是僧人。但是,早期的僧人都是受雇于庙宇,自身并没有拥有权和管理权。因为华人庙宇大都与帮权机构相结合,商人们积极地参与庙宇活动,通过捐赠、修建庙宇等提高社会形象,从而获得华族社会的领导权。① 1898年,刘金榜邀请贤慧法师创建莲山双林寺,肇启了新加坡汉传佛教的真正传播。

Kenneth Dean(丁荷生)在研究当代中国东南沿海民间活动时,使用"地方性的社区宗教"(local communal religion)来指称这个至今仍活跃在汉人基层社会里的最基本的信仰形式:

> 我会把莆田的庙宇网络视为一个"第二政府",它提供给当地人各种服务,同时收集资金和动员群众。这种地方治理以及地方相对自主性的程度,自从明朝中叶以后即逐渐发展,而且在当代中国当国家由对人民的日常生活控制中退出来的时候,地方有能力有所反应。这个关于地方自主性的制度、技巧和实践的逐渐建立,在中国的社会文化发展中是一个重要的面向,在未来,这

---

① 柯木林主编:《新加坡华人通史》,新加坡宗乡会馆联合总会,2015年,第339页。

汉传佛教寺院与亚洲社会生活空间

一件事实的存在，是有着相当的重要性的。①

寺院是佛教三宝住世的象征，是佛教弘扬佛法、进行社会教化、满足民众的精神需要及僧俗大众修学佛法的空间。因此，寺院是佛教信仰、思想等观念呈现的空间，是佛教作为一种"制度"嵌入政治、社会的平台，更是僧众的日常生活和社会生活空间；是佛教的社会福利事业中心，集中呈现、保存、传承传统文化的精华。但是，华人从中国移民至海外，包括佛教在内的中华文化作为观念体系、生活模式、华人社团等则直接"嵌入"地理环境、文化生态完全不同的异质社会。因此，对于新加坡华族移民而言，汉传佛教不仅是一种宗教信仰的选择，更是一种民族、文化的象征，而且与新加坡早期的华人社团有着密不可分的关系。

汉传佛教在新加坡的早期传入，除了一种移民的心灵寄托的宗教需求以外，更是一种政治、经济、社会规范等"权力"的象征。Gianfranco Poggi 在《权力的形式》一书中将"权力"分为"政治""经济"与"意识形态/规范性"（ideological/normative）三种形式，他对"权力"的思考，对我们检视新加坡汉传佛教早期传播中的宗教、民族、文化等要素非常具有启迪意义。Poggi 指出，"权力"是一种能够对于外在世界创造出差异性的能力。② Poggi 强调"意识形态/规范性"权力是出于人类世界对于意义建构的三种需要③，可以引申出汉传佛教的三重社会功能，即解释世界的概念体系的需要、社会规范的需要、神圣化和强化的象征体系。

1. 新加坡汉传佛教的发展，首先是为了解决移民的心灵寄托与意

---

① Kenneth Dean, "Local Communal Religion in Contemporary Southeast China", *The China Quarterly*, No. 174, 2003, p. 355.
② Gianfranco Poggi, *Forms of Power*, Cambridge: Polity Press, 2001, p. 3.
③ Gianfranco Poggi, *Forms of Power*, Cambridge: Polity Press, 2001, p. 60.

义安顿，这是就个体意义的有限性与意义建构的必要性而言，即是解释世界的概念体系的需要。人需要对这个世界形成一套清楚的解释体系，并且在这种解释体系中能够感受到自己的存在和发展都是有意义的。汉传佛教融摄了印度佛教与中华文化，通过一套整合性的观念或范畴去论证世界和人生的意义，并且能够持续地证明佛教信仰与思想观念的有效性与合理性。

华人移民漂洋过海，这相当于创伤性的经验，移民带来的不安全感，增加了人们对宗教信仰的接受程度；宗教为背井离乡的人们提供安慰，减轻他们的孤独感，这就是"灵魂的慰藉"。因此，华人把对汉传佛教的虔诚信仰当作一种"缓冲"（buffer），以应对在移居国的艰难生活。其次，对于远离故土与亲人的移民来说，汉传佛教不仅是心灵慰藉的归宿，为移民在早期安置中面临的歧视和创伤提供心理支持，更提供了一种文化归属感与参与感。

因此，佛教僧众和寺院通过传播与弘扬佛法，论证并且维系人生和社会的有意义与整体性；同时通过供给和提出观念与意义，从而在社会获得独特地位。

2. 英国殖民政府实行自由贸易、自由移民和分而治之的政策，政府对社会的干预程度低；同时，政府的活动主要围绕着转口贸易需求运转，导致在教育、福利等方面作为不大，社会整合程度低，从而客观上促进了多元社会的形成与发展。① 这为汉传佛教实现地方性社区宗教和"第二政府"的社会功能提供了良好的环境，有助于实现"社会规范的需要"。因为社会的主要作用在于资源的交换与分配，以彰显社会的公正与平等。汉传佛教的因果观念与"诸恶莫作、众善奉行、

---

① 陈祖洲：《新加坡——"权威型"政治下的现代化》，四川人民出版社，2001年，第67页。

"自净其意"无疑是一种关于人们应该如何互动的行为期望,有助于提升人们的相互信任和社会集体意识,从而促进社会更顺畅的运作。

汉传佛教寺院具有明显的社团组织作用,提供让移民可以聚集起的社群和相互支持的社会网络。在参与寺院的活动中,新移民往往能够找到同伴和友谊。同时,富商通过捐建寺庙、组织参与寺院仪式活动,从而成为佛教信徒中的领导者,能带来更多的声望,成为佛教与社会的"桥梁"。

如创建莲山双林寺的大檀越——刘金榜(1838—1909)是开创新加坡华资银行的先驱,是中华总商会发起人之一,历任新加坡中华总商会董事、新加坡福建会馆董事、华人参事局委员、保良局委员、皇家艺术会会员等。刘金榜不仅献地兴建双林寺,同时亦参与天福宫的修建事业,列为"协理"。[①] 同时,刘金榜更花巨资购买官衔,目前双林寺石柱的题记上留有他的官衔变化记录:1904年,"例授通议大夫赏戴花翎候补道信官";1907年,"赏戴花翎钦加二品顶戴"。在双林寺的董事中,邱菽园(即邱炜爰)(1874—1941)为"花翎二品顶戴广东试用道甲午科举人"[②],他不仅是富商,更是早期儒家运动的大将,1899年,为配合新加坡华人女子学校成立的需要,他写了《谈字文》一套两册,作为女学的读本;1920年,又编成《新出千字文》一册,以适应学童的需要;1900年,邱菽园、林文庆等为首的一批绅董,积极推进创建孔庙学堂。

在莲山双林寺的董事中,陈杞柏是陈嘉庚的父亲。可见,当时双林寺的支持者皆为"福建帮",希冀建立一统"神权",凭借"神权"建立"绅权",再运用"绅权"领导一帮,进而超越帮派,促使"帮

---

① 光绪丙午年《重修天福宫碑记》,见丁荷生、许源泰编:《新加坡华文铭刻汇编(1819—1911)》上册,广西师范大学出版社,2017年,第136—137页。
② 丁荷生、许源泰编:《新加坡华文铭刻汇编(1819—1911)》下册,广西师范大学出版社,2017年,第1075页。

权"合法化。① 但是，1920年邱菽园撰《募建莲山双林禅寺碑记》亦表现出其对"中华文明"深深的尊崇②：

> 西来妙谛，融和以禹城之文明，遂进为中国之禅学，五宗门下，临济风盛于闽。然福田利生之说，虽宗圆顿者，亦有取尔焉。星洲在昔，本无丛林之建筑物，有之则自莲山双林寺始也。初发心于刘金榜长者，献地布金，迎僧临济宗怡山派之贤慧禅师来开山。师偕弟性慧，全眷出家有名。戊戌（1898）先成后院，以俾安禅。继而环岛信者，若颜、邱、陈、林等众，旁及锡兰贾胡，诸埠檀越，均乐崇隆三宝。丁未（1907）合成中殿，而终之以前座而山门，而廊庑，而净室，而护法神祀，巍然屹为宝坊矣。夫以工程浩则岁月绵，尘世迁则人事改。辛丑（1901）贤师涅槃，未几性师随寂。癸卯（1903）法眷相率旋国。性慧之徒明光乃继起，甲辰（1904）恒化，徒孙敬亮暂护。至戊申（1908）间，明徒兴辉来接席，已而弃世，时长者刘公亦寿终。嗣君启祥勉焉勤述，惜仍未举落成之典，故碑誌秩然。后八载，福慧、证明、碧辉、增慧暂护。越丁巳（1917），众举兴徒普亮主持，今三载矣。慨然想见前功之不易，且当请余追记以文。余以世变方滋，非大慈悲曷以持世？来游胥宇者，倘有悟于禅家色空心佛之微言，其所沾接也广已，而灵囿遗规，兼资众乐，足以表吾侨公共建筑物之文明者，犹余事也夫。
>
> 闽海邱炜爱菽园甫撰
> 天运庚申元月主持普亮敬立

---

① 释能度主编：《新加坡汉传佛教发展概述》，新加坡药师行愿会，2010年，第35页。
② 丁荷生、许源泰编：《新加坡华文铭刻汇编（1819—1911）》下册，广西师范大学出版社，2017年，第1035页。

双林寺作为新加坡第一座丛林，不仅是中国汉传佛教的象征，更是中华文明的表征。贤慧禅师、刘金榜等僧俗大众不遗余力地去推动修建，更为重现中华"文明"的辉煌。

　　3. 社会需要在象征性的层次上予以神圣化和强化，这是汉传佛教的文明功能。汉传佛教能够透过某种"非工具性形式"（non-instrumental）等诠释，通过仪式性的言论和行为、建筑空间艺术等，体现文明教化的神圣性与超越性的象征。而僧众和寺院具有生产仪式和象征性符号的能力，从而获得独特的"权力"。刘金榜、邱菽园等商人提供资金以及社会支持，佛教僧侣提供神圣的意义、空间的神圣地位，寺院修建成为一种"权力"生产活动的"共同场域"。汉传佛教透过与主流社会维持某种区隔，而想要重新肯定传统社会关系里的伦理价值，并进而可能"再现"出传统宗教文化符号所可能展演出来的各种权力的基本形式。① 因此，除了帮权、绅权、神权之外，更有对中华文明的尊崇之敬意。

　　在新加坡汉传佛教的早期传入中，贤慧禅师、刘金榜、邱菽园等人严格遵守佛教丛林规范，摈弃了华人庙宇儒释道混杂的传统。这不仅是要在移居地重现中国汉传佛教的菁英性格与出世的超越性，更是要继承"中华文明"。因此，双林寺等早期汉传佛教寺院的兴建，不仅是宗教、中华文明的象征，而且是现实的"权力"——"政治""经济"和"意识形态/规范性"的"象征"②。

---

① 丁仁杰:《当代汉人民众宗教研究：论述、认同与社会再生产》，台北联经出版社，2009年，第81页。
② 象征是一种文化的建构，一个象征只有放在与其他象征的关联中，才能被理解，它们构成同一个文化复合体的组成部分。参见菲奥纳·鲍依（Fiona Bowie）:《宗教人类学导论》，金泽、何其敏译，中国人民大学出版社，2004年，第46页。

二、文化认同、性别意识与公民权运动

汉传佛教在新加坡的发展，是与亚洲殖民史、"二战"史、新加坡独立等息息相关的。1884 年至 2006 年的 122 年间，新加坡共出现 79 所汉传佛教寺院，列表如下：

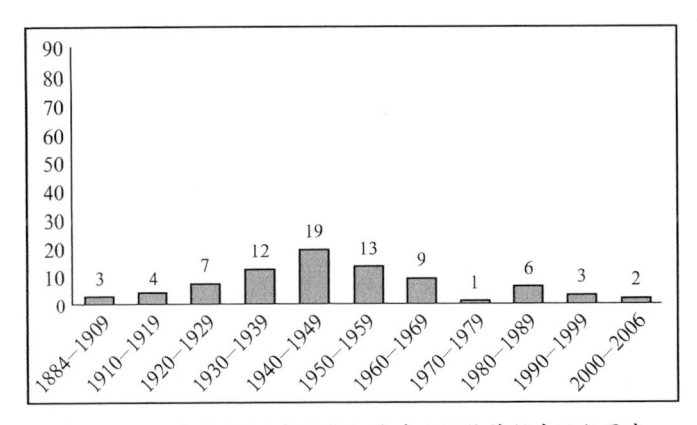

表1　1884 年至 2006 年间新加坡建立汉传佛教寺院数量表

从上表可以看出，汉传佛教寺院集中出现的年代为 1920—1929、1930—1939、1940—1949、1950—1959、1960—1969、1980—1989。汉传佛教寺院的建立，具有深厚的文化、民族、国家与国际形势背景。20 世纪 20 年代，随着英殖民政府治理环境相对宽松，来自中国的高僧在新加坡逐渐扎根。[①] 而且，在清廷、保皇党与革命运动等三种势力的冲击下，20 年代至 30 年代的新加坡佛教徒一方面从现实政治上效忠英殖民政府，另一方面在民族认同、宗教文明传承的情感上则心系

---

① 许源泰：《沿革与模式：新加坡道教和佛教传播研究》，新加坡国立大学中文系、八方文化创作室，2013 年，第 105 页。

中国、不忘本源。① 同时，根据新加坡宗教与人口比例调查表（1849—1931 年）② 可得出，儒释道人口在 1911 年占总人口 69.4%，1921 年占 72.8%，1931 年占 72.5%，可见华人传统宗教在社会生活中的重要性。

表 2　新加坡宗教与人口比例调查表（1849—1931 年）

宗教/年份	1849	1911	1921	1931
儒/道/释	27526（52.0%）	216501（69.4%）	310163（72.8%）	411665（72.5%）
回教	22007（41.6%）	53595（17.3%）	69604（16.3%）	86827（15.3%）
基督教	1861（3.5%）	16349（5.2%）	21386（5.0%）	30068（5.3%）
印度教	1452（2.8%）	15580（5.0%）	19772（4.6%）	31128（5.5%）
锡克教	—	146（0.05%）	1022（0.2%）	2988（0.5%）
犹太教	22（0.04%）	707（0.2%）	623（0.14%）	777（0.14%）
其他	23（0.04%）	14（0.004%）	38（0.009%）	306（0.05%）
无宗教	—	—	—	—
未说明	—	62（0.02%）	3269（0.8%）	3694（0.7%）
总计	52891 人（100%）	311987 人（100%）	425877 人（100%）	567453 人（100%）

综合寺院的数量与儒释道人口可见，汉传佛教从混杂的"民间信仰"中逐渐分离出来，作为制度性宗教的佛教的影响力一直在提升，这涉及高僧们法化南天、移民的文化认同等。汉传佛教在新加坡有组织地展开弘法宣教，创建佛教组织，提倡正信，应该始功于转道法师

---

① 张文学:《论新加坡汉传佛教与殖民政府的关系》，《世界宗教文化》2013 年第 1 期。

② 资料来源：Tong Chee Kiong, Religious Trends and Issues in Singapore in Religious Diversity in Singapore, edited by Lai Ah Eng, Singapore: Institute of Southeast Asian Studies, 2008, p.32. 转引自柯木林主编:《新加坡华人通史》，福建人民出版社，2017 年，第 424 页。

（1872—1943）。1913年，转道法师抵达新加坡，先后创建普陀山、光明山普觉禅寺、佛教居士林、中华佛教会和英文佛教会，为新加坡开创出一个新的局面。同时，他邀请圆瑛（1878—1953）、太虚（1889—1947）、道阶（1870—1934）等中国高僧到新加坡弘法，为新加坡带来了学佛风气。1922年，圆瑛法师在普觉寺宣讲《大乘起信论》，开创了汉传佛教弘法的先河。① 1926年9月2日，太虚大师抵达新加坡，受到陈嘉庚、胡文虎等侨领的热烈欢迎；他演讲佛法，倡议筹备中华佛教会。1928年8月22日，他前往欧美，途经新加坡，在中华佛教会演讲。1940年4月7日，太虚大师为宣传抗日救国，前来新加坡，在中华佛教会、中正中学、维多利亚纪念堂、静芳女学宣讲佛法。同时，他将慈航法师（1895—1954）留在新加坡，从而开启了新加坡"人间佛教"的事业。慈航法师旅居新马约10年，先后倡办了灵峰菩提学院、槟城菩提学院及马来西亚各州佛学院，讲经说法，掀起了知识分子学佛的热潮。

圆瑛、太虚、道阶、慈航、法舫等高僧前来新加坡弘法，有助于汉传佛教迅速从儒释道混杂中剥离出去，以菁英性格和出世的超越性吸引知识分子和士绅阶层。同时，"人间佛教"的社会指向性，促进新加坡汉传佛教创办具有现代意义的佛教组织和制度，如中华佛教会、居士林、菩提学校等。

1942年，日本占领新加坡，太虚、圆瑛等人前来新加坡宣传佛教救国②。新加坡华人佛教徒一方面以各种方式支持祖国的抗战。如莲

---

① 1937年12月，圆瑛法师于新加坡总商会演讲，号召组织"中华佛教救护团新加坡募捐委员会"维持救护队经费；1939年4月，在新加坡天公坛传授皈依；1948年1月，借明旸法师在中华佛教会和圆通寺开示。

② 有关太虚、圆瑛等人到东南亚宣传抗战等背景，见张学智：《中国僧侣南亚、东南亚抗战宣传活动考述》，《福建师范大学学报（哲学社会科学版）》2015年第3期。

山双林寺在1939年成为南洋华侨机工回国抗日的报名处,是南洋华人积极从事支援中国抗日活动的一大据点;当日本占领新加坡后,住持普亮法师在1944年被日方逮捕。在日本侵略的时代,新加坡华侨与中国的联系完全被切断。"二战"后,在当时的东西方冷战思维下,英殖民统战禁止华侨与中国保持联系;同时,华侨亦对新中国成立初期的"左倾"错误感到担忧与焦虑,进一步促进了华侨在居住地的本土意识的成长。①

20世纪40年代,新加坡汉传佛教界共兴建了19座寺院。但是,这些寺院的创建者大多皆是二三十年代来到新加坡,这与"二战"后新加坡与中国的联系被切断有关系。如慈航法师于1940年灵峰般若讲堂办学,法施林是1942年林达坚居士(1900—1991)为慈航法师讲学而创建;青凯法师(1910—1985)于1934年南下狮城,1942年创法华寺;妙寿法师(1911—1992)于1938年南渡星洲,1943年创观音寺。同时,这一阶段寺院的创建与在家女众有密切的关系,列表如下:

表3 20世纪40年代新加坡创建的汉传佛教寺院与在家女性的关系表

时间	寺院/团体名	创始人
1940	灵峰般若讲堂	林达坚创建,为慈航法讲学处
	清德庵	丘昌柔
1937	妙华山自度庵	简慧珠,后出家为慧平法师。初名陶养园,后易名自度庵
1942	法施林	林达坚发起,慈航法师驻锡处
	度善庵	梁达施,后出家为慧观法师
	坤德观音堂	苏静湘、陈亚美

---

① 参见李奕志:《历史的扫把——"二战"后新加坡华侨争取公民桥运动》,人民出版社,2018年,第298页。

续表

时间	寺院/团体名	创始人
1945	清莲寺	李莲净
1947	慈净精舍	胡达转，后出家为达转法师；
1948	菩提兰若	林达坚，后出家为慧圆法师；文智顺，后出家为慧敏法师
1949	天寿堂吕祖宫	谢秀贤
20世纪40年代	如是我闻	郭群好
	慈云庵	关达华

40年代创建的19座寺院，其中12座皆为在家女众所创建。如林达坚原籍福建同安，幼随父南来经商，中年学佛皈依宗绕法师，和一群居士共创六和园素食馆、灵峰般若讲堂、法施林、菩提兰若等。有些在家女众在60年代发起成立"新加坡女子佛学院"并且出家为尼，一直影响着新加坡佛教的发展。40年代的女性学佛，与慈航法师的教化有密切的关系；同时，也与战乱有关，引发女性对世界苦难的更多感受。战乱为女性摆脱社会羁绊提供了机会，而佛教则为她们提供了生命的意义与价值空间。因此，战争、性别意识成为40年代新加坡汉传佛教的突出特点。

50年代的新加坡，随着华侨本土意识的崛起，争取公民权便成了华侨社群的共同愿望。同时，本土的独立意识与公民权运动影响到新加坡汉传佛教，佛教自身亦加速了本土化的进程，新加坡佛教总会的产生是这个时代最重要的佛教事件。50年代，新加坡汉传佛教共兴建了13座寺院；创建者中，只有常凯法师是1949年从中国大陆到新加坡定居的，其余皆为"二战"前南下的法师和信徒。李俊承（1888—1966）原籍福建永春，26岁到新加坡创立太兴洋杂行，并从事房地产业，也是华侨银行第一届董事会董事。1925年，李俊承返国朝礼南海普陀山，皈依印光法师，信仰纯笃，认为大乘精神可以改造人心。返新后，一方面致力于商务，出任中华总商会会长，主持和丰、华侨、华商三银行合并事宜；另一方面，则领导创办佛教居士林。1949年，李俊承与转岸、达明、瑞于、广洽等法师筹组佛教总会（简称"佛总"），并被推举为常务委员会主席。从1950年至1964年，蝉联八届佛总主席。[①] 公民权运动引发佛教界重视自身的权益，从1947年开始，新加坡佛教界便向殖民政府申请卫塞节为公共假日；佛总成立后，通过对佛教徒的号召与对政府的沟通协调，终于在1955年6月27日获得批准。[②]

"二战"后的新加坡汉传佛教随着大陆佛教输入的停止，移民佛教在制度上必须无条件地服从殖民政府，从而原有的大陆佛教"中原正统主义"尽失，反而成为一种"地方性宗教"，"被嵌挂"在资本主义制度上。同时，汉传佛教开始了自身的本土化运动，庙宇、寺庙等等宗教圣殿的兴建，除了具有宗教的意涵之外，也是当时社会经济能力的展现，是心灵寄托的表征和有意落地安居的象征。一旦华人有能力在移居地建立象征宗教神圣空间的寺宇时，也就是有意从"落地归根"的故国情怀转换成"落地生根"的本土认同的滥觞。[③] 佛教寺院作为"制度嵌入"的载体与实体，资本主义制度的制约性环境间接地影响着佛教教义和信仰的内容；准确地说，佛教的社会生态确实制约着佛教信仰的社会表达，影响着佛教与民众日常生活之间"生活融

---

① 释能度主编：《新加坡汉传佛教发展概述》，新加坡药师行愿会，2010年，第323—324页。
② 释能度主编：《新加坡汉传佛教发展概述》，新加坡药师行愿会，2010年，第52—55页。
③ 陈美华：《马来西亚的汉语系佛教：历史的足迹、近现代再传入与在地扎根》，载《马来西亚与印尼的宗教认同：伊斯兰、佛教与华人信仰》，台北"中央"研究院人社中心亚太区域研究专题中心，2009年，第57页。

入"的互动。因此，40—50年代寺院的创建，明显地体现"落地生根"的特征；而且，新加坡佛教总会的出现，代表着佛教制度已经嵌入新加坡的政权体系中；卫塞节被纳入公共假日，则体现了佛教的节日生活已经获得社会的普遍认同。这样，从佛教的信仰观念到组织制度、社会生活，汉传佛教已经完全融入新加坡社会中，成为新加坡多元文化的重要组成部分。因此，1898年莲山双林寺的创建，标志着新加坡佛教的正式传入；1949年新加坡佛教总会的成立，标志着新加坡佛教的形成。

三、现代性与资本主义——"人间佛教"在新加坡的实践脉络

新加坡从1819年沦为英国的殖民地，到1959年取得国家独立，刚好是140年。殖民统治给新加坡这个社会发展水平相对较低的国家"嵌入"式强加了一部现代国家的机器，传统文明与现代文明开始撞击，一个全新的社会开始在这个世界海上贸易的联结点产生。在英国殖民统治时期，新加坡受到世界上第一个工业化国家的强大冲击与刺激，被"强迫"式地纳入资本主义的生产体系，在政治、经济和社会各个层面皆出现强烈的"现代性"色彩。[①] 而汉传佛教作为农耕文明的宗教形态，亦被"嵌挂"在资本主义的政治与经济制度中，受到资本主义的洗礼而完成其现代化的过程。汉传佛教的发展受到城市环境和氛围的制约，造成新加坡特色的宗教。[②] 当然，资本主义的现代性与

---

① 参见陈祖洲：《新加坡——"权威型政治下的现代化"》，四川人民出版社，2001年，第14页。
② 参见许源泰：《沿革与模式：新加坡道教和佛教传播研究》，新加坡国立大学中文系、八方文化创作室，2013年，第175页。

"人间佛教"的现代性无疑具有一种历史的"暗合"。

移民与殖民社会、独立与重建现代社会,这些剧烈变迁与矛盾冲突,促进了有普遍人道关怀与能有效动员民间社会资源的汉传佛教,在现代资本主义商业领域与法治社会里获得新的正当性与迫切性,并且逐渐从社区向社会扩张。太虚大师的三次新加坡弘法,将"人间佛教"理念深深地扎根于新加坡。同时,慈航法师、法舫法师、演培法师、竺摩法师、印顺导师等,都在新加坡传播、发展与实践"人间佛教",推动教育、文化、慈善等佛教事业,创建佛教组织。20世纪60年代,共创建了9座寺院;同时,"人间佛教"的理念已经深入新加坡佛教,其中最著名的事件应该是"新加坡女子佛学院"的成立。

40年代,在家女众参与创建寺院的潮流,在家女众的力量逐渐成长的同时,加强女众的佛教教育迫在眉睫。1962年,林达坚发起,联合妙理、觉真、永兆、达庆、永空诸法师与简达贤等,利用菩提兰若旧址创办"新加坡女子佛学院",并且得到教育部批准注册。林达坚任首届董事长,觉真法师为副董事长,妙理法师主理财政,简达贤为总务。女子佛学院经过13年的办学,于1975年停办。[1] 而且,佛学院的师资有竺摩、演培、优昙、隆根、能度、慧理等,这些授课老师皆认同"人间佛教"的理念,深受太虚、印顺"人间佛教"思想的影响。1965年11月,隆根法师前往中国台湾参加世界华僧大会,而林达坚、简达贤等七位[2]前往中国台湾请印顺剃度出家,在台北市平光寺举行落发典礼,随后于苗栗法云寺证莲法师座下受具足戒。[3]

---

[1] 释能度主编:《新加坡汉传佛教发展概述》,新加坡药师行愿会,2010年,第412—415页。贤祥法师在1975—1978年接着开办夜间成人佛学班。

[2] 根据《新加坡汉传佛教发展概述》,分别是:林达坚(慧圆)、文智顺(慧敏)、梁达施(慧观)、简达贤(慧平)、慧坚等。

[3] 隆根:《七十自述》,新加坡灵峰般若讲堂,2010年,第88页。

这七位女众在40年代受到慈航法师的影响，而且是50至60年代新加坡汉传佛教的中坚力量，一起在印顺导师座下剃度出家，这是"人间佛教"在新加坡传播的里程碑事件：一、台湾佛教代替了大陆佛教，成为新加坡汉传佛教的"典范"与人才培养基地，这是当时亚洲政局决定的。1964年，隆根法师从中国台湾地区、马来西亚移居至新加坡；1969年，印顺导师便开始前来新加坡弘法。二、新加坡在1965年独立建国后，强调"精英、诚信、竞争、自由、纪律、自力更生和尊重成功"的价值观；① 这些价值观与"人间佛教"所具有的菁英色彩、追求进步、社会行动暗合。因此，汉传佛教在新加坡建国后明确地选择"人间佛教"，不仅有历史的渊源，更符合新加坡政府的政治观念。三、女性地位的上升与"人间佛教"的实践脉络。具有"人间佛教"背景的佛教团体，皆具有女性地位上升的特点，如中国台湾的慈济、佛光山、法鼓等佛教团体。② 佛教的柔性特质有利于女性游移在家庭与社会的宗教参与之间，以非革命的方式营造独立自主的生活与情感空间。因此女性本身，尤其是母亲角色也成为一种象征，是男性进入佛教、佛教进入社会的媒介。③ 因此，40年代在家女众创建寺院、1962年成立新加坡女子佛学院，皆是"人间佛教"背景下性别意识、菁英色彩、社会行动的结合，一直影响着后来的新加坡汉传佛教。

同时，"人间佛教"的现代性，在一定程度上远离了传统民间佛教中所常有的巫术与仪式主义的宗教形式，其"理性化"色彩与现代教育、文化等具有一致性。因此，新加坡汉传佛教在大学校园内亦获

---

① Jean E. Abshire, *The History of Singapore*, California: Greenwood Press, 2011, p.144.
② 参见林素玟：《人间佛教的女性观——以星云大师为主的考察》，《普门学报》2001年第3期。
③ 卢蕙馨：《性别、家庭与佛教——以慈济功德会为例》，收入李丰楙等主编：《性别、神格与台湾宗教论述》，台北"中央"研究院文哲所，1997年，第118页。

得推广，从60年代开始建立佛学会。列表如下：

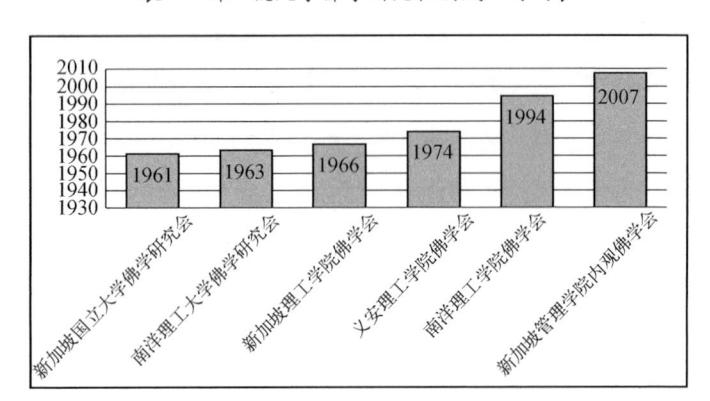

表4　新加坡大学佛学研究机构成立时间表

机构	成立年份
新加坡国立大学佛学研究会	1961
南洋理工大学佛学研究会	1963
新加坡理工学院佛学会	1966
义安理工学院佛学会	1974
南洋理工学院佛学会	1994
新加坡管理学院内观佛学会	2007

汉传佛教虽然不能同时生产社会各个集团间各自承认的某种和谐性与正当性，但是又与主流社会适当区隔，反而躲避了其被主流商业价值所过度侵蚀的危险。这样，重新肯定了传统社会关系里的伦理价值，于是在价值观上"再生产"出传统文化符号里所可能展演出来的各种权力基本形式。[①] 这就是在资本主义中的社群再建构模式（community-reconstructing within capitalism）。因此，汉传佛教在新加坡有机会"嵌入"大学，在现代大学里组织各种研究机构。这些佛学会充分展现了"人间佛教"的菁英色彩，而且在一定程度上打破了汉传佛教的原有藩篱，实现了不同佛教传统、不同佛教派系的会员彼此交流，促进各种族群与宗教的和谐与谅解，促进汉传佛教从"地方性宗教"回归其"世界性宗教"的传统。

同时，在"人间佛教"的实践脉络里，佛教必须转化其宗教组织的神圣性特质，走出寺院，获得一种进入社会的组织形式，与其他群体、组织进行平等互惠的沟通。因此，"人间佛教"的社会化途径一直在慈

---

① 参见丁仁杰：《当代汉人民众宗教研究：论述、认同与社会再生产》，台北联经出版社，2009年，第76—77、81页。

善、文化、教育等非营利领域，既符合其神圣性与超越性的特质，也符合国家的政治期待与社会法律。因此，新加坡汉传佛教在教育方面，创办了菩提学校、弥陀学校、文珠中学，出版《南洋佛教》《佛友资讯》等杂志，创办南洋佛学书局、长青佛教文化服务社、菩提迦耶佛学局等。

在传统的寺院道场以外，佛教界出现了各种团体，列表如下：

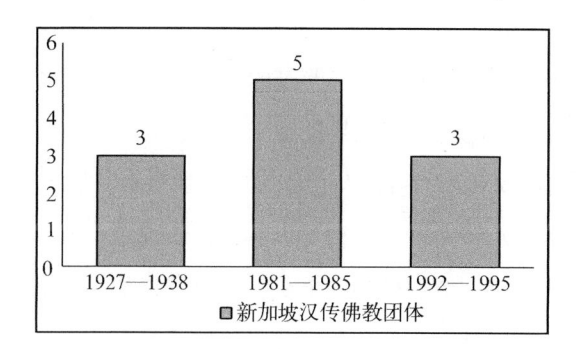

表5　1927—1995年新加坡佛教团体数量表

年份	新加坡汉传佛教团体
1927—1938	3
1981—1985	5
1992—1995	3

1927—1938年，受到太虚大师"人间佛教"思潮影响，新加坡出现了中华佛教会（1927年）、佛教居士林（1934年）、英文佛教会（1938年）。1981—1985年，出现新加坡佛教福利协会（1981年）、大众学佛研究会（1982年）、大悲基金会（1985年）、慧严佛学会（1985年）、海印丛林（1985年）。80年代这些团体的繁荣，与新加坡政府在80年代初调整教育政策，在中学教育中加入宗教课程与儒家思想[①]有关。因此，20世纪末新加坡佛教徒激增，有两个主要原因：第一，佛教组织在团结

---

① 新加坡政府为了推广"儒家伦理"，在1982年从国外请来了八位儒家学者，分别是纽约大学政治系熊玠教授，史丹福大学胡佛（战争、革命与和平）研究所吴元黎教授，纽约市立大学亚洲研究系唐德刚教授，台湾师范大学教育系伍振鷟教授，耶鲁大学历史系余英时教授，密西根大学东亚研究与教育文化、教育咨询规划陈真爱博士，匹兹堡大学历史系许倬云教授，哈佛大学东亚语言文明系杜维明教授。他们在新加坡做公开演讲，接受电视台记者的访问，与政府领导人、社会领袖进行多次的对话。其中，杜维明的演讲、交谈和报告，更被编辑成书，1984年由新加坡课程发展署出版，后被翻译成中文《新加坡的挑战：新儒家伦理与企业精神》（高专诚译，生活·读书·新知三联书店，2013年）。

佛教徒及宣扬佛教教义方面，扮演积极的角色，如 1984 年，隆根法师在新加坡佛教总会提议开办夜间成人佛学班；第二，与 20 世纪 80 年代中学生选修佛学有关，促使古老的佛教通过"知识化"的传播方式，突破传统祭拜的框框，理性地选择自己的信仰。①

20 世纪 90 年代，出现具有"人间佛教"背景的台湾佛教团体，慈济新加坡分会成立于 1993 年，新加坡佛光山成立于 1996 年，法鼓山新加坡护法会创办于 1996 年。这些具有丰富的"人间佛教"实践经验，并且具有庞大的组织背景与严谨的制度体系的佛教组织传入新加坡；这些组织所体现出来的超越性追求、入世化行动、僧俗结构制度等无疑为原有的汉传佛教寺院与组织带来新的挑战与借鉴。

慈善作为"人间佛教"的重要事业，在新加坡呈现多元化、专业化的特点。1969 年，新加坡第一个获得免税资格的佛教慈善组织"新加坡佛教施诊所"诞生；80 年代，应社会需要，配合政府的法令与时代政策，佛教界创办了中医院、西医院、洗肾中心和辅导中心。列表如下：

表6 新加坡佛教慈善机构表

新加坡佛教施诊所	1969		
观音救苦会	1975		
新加坡佛教福利协会			1992
释迦善女会			1997
观音堂佛祖庙			1998
龙华禅寺			2002
仁慈医院		1994	
广化医疗服务队		1992	

① 李慧玲：《1990 年人口普查宗教调查报告》，《联合早报》1995 年 4 月 25 日第 7 版。

慈善事业改变了传统佛教过度重视仪式的面貌，彰显了佛教的菁英色彩与进步性，很好地解决了"佛教徒身份认同"与"追求进步"的双重目的上平衡；尤其新加坡佛教慈善机构重视创办洗肾中心，体现了"人间佛教"以慈善事业作为实现现世规范与佛教修行的联结场域。

四、结语：新加坡汉传佛教——地方性宗教向世界性宗教的回归

在过去中国的文明环境中，汉传佛教已经过度融合于华人的社会文化环境，或者说已经相当大众化和社会化，并且完全符合儒家的伦理规范。当汉传佛教进入新加坡，面对全新的地理、社会与文化环境，则实现了真正的"淮橘为枳"。因此，完全融合于中国农耕文明的汉传佛教面对完全陌生的新加坡多元社会，以及以资本主义为中心的现代化世界，必须跟上现代化的进步标准，重现佛教作为世界性大宗教的世界性、超越性与开放性。

新加坡以英文为主流语言，使得华人文化遭遇了前所未有的危机，作为传统文化代表的道教无法实现从"地方性"向"世界性"的转换，所遭遇的冲击也最为强烈；而佛教依靠"人间佛教"的现代性觉醒，彰显世界性宗教的普适性，在面对西方文化冲击时，迅速应变，避免了巨大的损失。如宗教与人口调查表所示：

表7　新加坡宗教与人口比例调查表（1980—2010年）①

宗教/年份	1980	1990	2000	2010
天主/基督教	10.1%	12.7%	14.6%	18.3%
佛教	27%	31.2%	42.5%	33.3%
道教	30%	22.4%	8.5%	10.9%
回教	15.7%	15.3%	14.9%	14.7%
印度教	3.6%	3.7%	4.0%	5.1%
其他	0.5%	0.6%	0.6%	0.7%
无宗教	13%	14%	14.8%	17%
总计%	100%	100%	100%	100%

从上表可以看出，在20世纪80年代，15岁及以上的新加坡佛教徒占总人口的27%，略低于道教徒的30%。到了20世纪90年代，上升至31.2%，道教徒则迅速下降至22.4%。至2000年，佛教徒人数激增至42.5%，道教徒则迅速下降至8.5%。这一时期，是佛教团体、慈善、文化艺术等事业快速发展的时期，这既有外部因素，即20世纪90年代中国台湾佛教在新加坡扎根，产生了广泛的影响，营造了新加坡佛教的繁荣局面。21世纪头十年，佛教徒人数滑落了约9%，这9%基本上被天主/基督教（3.7%）、道教（2.4%）和无宗教（2.2%）所瓜分，这显示了由于英文教育的全面普及和全球化的影响，西方文化正在快速地改变新加坡华人的思想和生活。②

在全球化时代，所有的世界性宗教都必须面对现代性的全球扩张，以及这种全球扩张所带来的重重挑战与考验。事实上，对拥有悠久历

---

①　资料来源：Singapore Census of Population 2000，2010. 转引自柯木林主编：《新加坡华人通史》，新加坡宗乡会馆联合总会，2015年，第333页。

②　柯木林主编：《新加坡华人通史》，新加坡宗乡会馆联合总会，2015年，第344页，第442页。

史的世界性宗教来说,全球化不但为它们提供了一个从民族国家的疆域限制中解放出来、重新获取跨国影响的机会,同时也为世界宗教本身带来威胁,因为全球化带来的这种"去疆域化"特性消解了存在于历史、人民和领土之间,并定义所有文明和世界性宗教的至关重要的纽带。

现代性的冲击给汉传佛教在新加坡华人社会的位置带来了变化,一方面,传统大众化的佛教团体,在家庭与地方社区的解体中,其原有"文明象征""文化认同"等功能逐渐减弱,于是必然出现了功能上的延续、转型与扩张;另一方面,原来被限定在"中国汉传佛教"的位置而产生的特定历史框架,因为受到现代性的挑战而开始松动,这让新加坡的汉传佛教必须要重新回到"世界性宗教"的立足点而重新出发。

因此,新加坡汉传佛教不仅要解决"英文"作为传播途径的问题,更重要的是,要成为现代资本主义背景下的意识形态与规范性权力:重新解释"现代性"意义下的生命意义与生命安顿,成为资本主义国家制度的"第二政府",重构而成为资本主义文明的象征体系。而新加坡汉传佛教自 20 世纪 60 年代以来的实践脉络,无疑是全球汉传佛教最重要的经验与资源。

汉传佛教与和谐社会
——以汉传、南传佛教僧俗在新加坡的互动合作为例

〔新加坡〕许源泰　〔美〕丁荷生

(新加坡国立大学中文系　新加坡国立大学中文系)

佛教随着早期南来的商人和移民传播至东南亚,传播方式与亚洲地区类似,即在保留其精神内涵的同时,又能入乡随俗,以当地人所能接受的形式植根发展。虽然面对迥异的外在环境,佛教均能以灵活的姿态加以适应,同时又不削弱其慈悲、容忍及虔诚等核心思想。直至今日,佛教依然维持这种令人称羡的特质。佛教传入英国殖民地时代的新加坡时,也以同样的方式调整而融入本地人的生活。当时,新加坡仍是穷乡僻壤,佛教领袖在慈善与福利服务方面,扮演重要角色。在教育尚未发展之时,佛教界领袖积极办校;在公共医药不足之机,佛教寺院还为贫困人士施医赠药。长期以来,新加坡佛教居士林等佛教团体不仅致力于弘扬佛法,同时也通过服务社会,依照佛陀的教诲身体力行。要在新加坡取得蓬勃的发展,佛教团体不能仅局限于满足信徒们在精神与世俗方面的需求。同其他团体一样,佛教团体必须对我国多元种族与宗教的社会特质有透彻了解,彼此和睦共处。

——新加坡建国总理李光耀题[1]

---

[1] 《李光耀内阁资政献辞》,载《走过狮城七十年 1934—2004 新加坡佛教居士林七十周年纪念特刊》,新加坡佛教居士林,2004年,第16—17页。

今日新加坡佛教的进步与发展，是中国大陆、中国台湾、泰国、斯里兰卡、缅甸和中国西藏佛教僧俗四众遵行传统文化的交流与交迭之结果，这正是"亚洲文明"大框架下的"佛教文明"和睦共处的集中体现。上述各国的佛教传统本是皆从古印度的恒河流域出发，经过了两千余年的各自发展与沉淀，如今都汇集到新加坡作为其中一个聚合点，这确实是一个千载难逢的殊胜机遇。然而，一个国家的宗教文化之底蕴和魅力，并不在于它究竟能够从多少个国家的风土人情中汲取养分，最终还是取决于它是否具备了本身的宗教文化之辐射效应。特别是在全球化的时代里，佛教文化之交流也必须是对等的、双向的。新加坡佛教除了从中国大陆、中国台湾、泰国、斯里兰卡、缅甸和中国西藏等国家和地区汲取各大传统的佛教理念以外，似乎也该考虑如何兼采各家之长，并且结合新加坡的自然与人文环境的特点，累积和孕育出属于自己的佛教特色作为文化精神的支撑点。

当然，古往今来的一切优秀文化之形成是需要时间的累积与沉淀，在这个阶段便要求新加坡佛教拿出足以与其他传统佛教对等的、双向的文化交流之特色，无异于过分苛求。然而，我们从多方面的探讨中不难发现，新加坡佛教的本质精髓"宽容性"，早在这个特殊的人文环境中崭露头角。我们或许可以考虑以这方面作为切入点，将它进一步发扬光大，使它成为新加坡佛教与众不同之主要特色。这个有待进一步丰富、定型的新加坡佛教之"宽容"特色，是一股在种种差异中维持和谐、团结之高尚美德。例如，虽然各大传统佛教来自不同的国家或地区，其信徒属于不同肤色、不同种族的各国移民，却都可以在同一个大前提下和睦相处，彼此互相尊重，互相礼让，不仅没有重大争议，甚至还出现了互相配合、互惠互利的多项紧密合作案例。兹举两个实例说明。

汉传佛教寺院与亚洲社会生活空间

一、汉传佛教法师赴南传佛教圣地瞻仰与修行，南传佛教僧俗向汉传佛教学习与拓展

1899年12月29日，新加坡英文报 Straits Times（《海峡时报》）刊登了一则佛教新闻：一支由锡兰和缅甸僧俗组成的佛教代表团在新加坡逗留和转站，俾前往泰国曼谷接受 King of Siam（暹王，即泰皇）恩赐的佛陀舍利。在新加坡负责招待这支佛教代表团者是锡兰侨领 B. P. De Silva。《海峡时报》进一步介绍当时发生了一件引起新加坡佛教徒极大兴趣的大事，即来自中国福建的贤惠禅师僧团曾到锡兰静修 6 年，如今将在新加坡创建一座佛寺，由刘金榜捐赠约 56 英亩土地。这项工程已经耗资 25000 美元，并将继续筹资 30000 美元。锡兰侨领 B. P. De Silva 不但慷慨捐资支持，而且是负责兴建这座汉传佛教丛林的总监督。[①]

当年《海峡时报》所介绍的中国福建贤惠禅师曾到锡兰静修 6 年的历史点滴，以及在回程途中接受刘金榜捐赠土地兴建新加坡第一丛林双林禅寺的典故，至今仍然可见于双林寺内一座非常具有历史意义的石碑，碑记名为《莲山双林禅寺缘起》。此石碑为慈妙尼师在两位儿子贤惠禅师与性慧禅师先后圆寂后，决定举家返回中国大陆之前所立。由于这块碑记关系到新加坡第一座北传佛教寺院的创建因缘，故具有非常特殊的历史意义，我们不妨全文誊录如下：

> 余泉州惠邑人也，俗姓萧，一家团圆，颇裕田园之乐。缘吾二子觉悟浮生如梦，劝请安素从缁，于壬辰年率合家男女一十有

---

① "To Siam for Relics", Straits Times（Singapore），1899-12-29.

二人，航海到高浪雾，在楞伽山岩栖六载。至戊戌年季春下山，遍游佛国后，因游槟过叻，拟回故国。蒙刘姓施主喜舍此山，故吾长子贤惠在此创建双林禅寺，并拟于大殿之后结构珠琳庵一区，以为余并吾长女尼禅慧及吾甥女尼月光三人栖身之所。讵意吾子贤惠于辛丑季夏顿舍幻化之躯，遽入涅槃之藏，致此工程未能告竣。浮生如梦，固如是乎！但吾母子在此数年，满望大功克竣，上报佛恩，今既如此，复何言哉。今吾子贤惠既已归真，吾三女尼未便居此，故将后事咐嘱我次子性慧之徒明光大师管理，唯冀克乘先志，不堕宗风，是余所厚望焉。兹因将次附航返国，未免感慨系之，特叙数言，勒之贞石，庶游览诸君知其缘起，并知此珠琳庵即法堂，法堂即珠琳庵也。

光绪任寅年秋吉旦
比丘尼慈妙立①

贤惠禅师，祖籍福建省泉州府惠安县。长大后与弟弟一同发愿出家，其父母不但首肯，还亲自斥资"创建清音寺和清德庵，（全家）男女分住二座寺庵"②。正如石碑所记载，公元1892年，贤惠禅师、弟性慧禅师、母慈妙尼师、妹禅慧尼师与表妹月光尼师等12人航行到佛国锡兰（今斯里兰卡）朝圣，在楞伽山修道6年，1898年回国时先后途经槟城和新加坡。根据中国福州怡山西禅寺的文献记载，就在这个时候，刘金榜父子均梦见金人西来，恰逢贤惠禅师一家人从槟城回国

---

① 陈荆和与陈育崧《碑铭》，第155—156页；《莲山双林禅寺缘起碑》，Kenneth Dean and Hue Guan Thye, *Chinese Epigraphy in Singapore 1819–1911 Vol. 2*. Guilin: Guangxi Normal University Press, 2017, pp. 1030-1。

② 《莲山双林寺》编辑组编:《莲山双林寺》，新加坡莲山双林寺，2001年，第12页。

途经新加坡，刘氏疑即梦中金人出现。随即迎接贤惠禅师一家人驻锡星洲。同时，刘氏也率先捐资聘请中国名师巧匠南来星洲，仿福州怡山西禅寺之丛林格局兴建该寺，使之成为新加坡最早期、最宏伟的中国式佛教建筑，借以迎请贤惠禅师主持。这项建寺工程于公元1898年正式启动，于1909年竣工，前后历时一十一载，耗资近50万元叻币。①

至于B. P. De Silva，汉译"巴拉惹"（Balage Porolis de Silva），是新加坡为数不多的扎根致富之锡兰移民。今日在新加坡落地生根、来自包括锡兰在内的南亚印度人，人数约35万，仅占全新加坡总人口的9%。百多年来，新加坡商场上出现了少数传承数代的南亚显赫家族，B. P. De Silva的Amarasuriya家族，便是其中一家历经5代的珠宝企业。Amarasuriya家族企业的创始人巴拉惹本是锡兰的小贸易商，于1869年带着几小袋的加勒（Galle）著名天然宝石，漂洋过海千里迢迢来到新加坡经商贸易。1872年，年仅20岁的巴拉惹便在新加坡成立了B. P. de Silva公司，并以20元租金在谐街开了第一家珠宝店铺。如今其已发展成名表经销、珠宝业、茶业、镀金礼品及餐饮业的百年大企业家族。②

身为一位成功的锡兰企业家兼佛教徒，当年巴拉惹自然很关注锡兰移民在马来西吉隆坡建筑的佛寺（印度城十五碑等），并一直留意地点和机会在新加坡创办锡兰佛寺，以为锡兰移民群体提供佛教祭祀

---

① 《莲山双林寺》编辑组编：《莲山双林寺》，新加坡莲山双林寺，2001年，第15页。
② 郑明彬：《兰卡Amarasuriya家族五代打拼，几包宝石变出五个聚宝盆》，《联合早报》（新加坡）2017年1月8日。

活动和安顿身后丧葬等仪式之场所。① 在此之前，既然贤惠禅师僧团曾在他的家乡锡兰静修六年，而且在新加坡创建大乘佛教寺院，那么这一寺院无异是一个足以让他和锡兰同乡移民获得宗教和情感认同的宗教圣地，可以处理锡兰移民佛教徒和日常祭祀和丧葬仪式。因此，巴拉惹在率领侨民创办锡兰佛寺之前，便以锡兰商人之身积极捐资和参与汉传佛教的莲山双林寺之建筑工程。1904年，莲山双林寺不仅成为华族移民的佛教寺院，也成为锡兰移民佛教徒的活动中心。为了迎接佛历2448年佛诞日，英文佛教会（English Buddhist Mission）和日本佛教会（Japanese Buddhist Mission）分别在Havelock Road和Serangoon Road举行庆典，锡兰佛教徒则在汉传佛教的双林寺庆祝。巴拉惹不仅特别在双林寺张灯结彩以资供养佛陀，更布施食物给三千位孤苦无依者享用，创下了新加坡自开埠以来的首次大布施。② 理解了这段历史渊源，再重读邱菽园撰写的《募建莲山双林禅寺碑记》，对这一段纪录中"锡兰贾胡诸埠檀越，均乐崇隆三宝"，以及寺内出现的两个百年文物——百年楹联和梁签均出现"西廊"或"息理末"（见图1&2），不禁有更深一层的感悟和体会，新加坡的锡兰佛教与汉传佛教僧俗四众之缔交善缘，竟早如斯：

> 师（贤惠）偕弟性慧全眷出家有名，戊戌先成后院，以俾安禅，继而环岛善信若颜、邱、陈、林等众，旁及锡兰贾胡诸埠檀越，均乐崇隆三宝。丁未合成中殿，而终之以前座而山门……③

---

① Anne M. Blackburn, *Ceylonese Buddhism in Colonial Singapore: New Ritual Spaces and Specialists, 1895 – 1935*. Singapore: Asia Research Institute, Working Paper Series No. 184. May 2012, pp. 7–8.
② The Buddhist New Year, *Straits Times*, Singapore. 1904-04-28.
③ Kenneth Dean and Hue Guan Thye, *Chinese Epigraphy in Singapore 1819–1911 Vol. 2*. Guilin: Guangxi Normal University Press, 2017, pp. 1034–5.

图 1　双林禅寺百年楹联　　图 2　双林禅寺梁签

二、汉传佛教与南传佛教僧俗四众紧密合作，争取佛诞日为法定公共假日

初期新加坡的南、北传佛教徒，都是按照各自的传统而选择在不同的日子庆祝佛教教主释迦牟尼佛的圣诞。斯里兰卡、泰国和缅甸等南传佛教徒是以每年阳历五月的月圆日作为释迦牟尼佛的佛诞日，中国大陆和中国台湾的北传佛教徒则以农历四月初八作为佛诞日。当他们是在各别的祖籍地以不同日子庆祝佛诞时，由于没得比较，旁人自是毫无异议；然而，当他们都集中在新加坡这块小岛上却还分别在不同的日子庆祝教主的寿辰时，有了差异和对比，就难免会招惹非议。后来，经过了新加坡第一位土生土长的海峡华人（峇峇）之南传法师法乐法师（俗名陈景碌）、① 新加坡佛教总会主席李俊承居士、世界佛教友谊会新加坡区分会主席毕俊辉女士和光明山普觉寺住持宏船法师等僧俗四众的努力斡旋，南、北传佛教徒都同意选择以每年的农历四月十五日作为佛诞日，并且都愿意假维多利亚纪念堂共同庆祝卫塞节之盛会。这是一个非常艰难的决定和争取过程，亦可视为新加坡多元佛教之间集体努力与合作的成果。

根据殖民地政府华社事务所秘书档案（Secretary for Chinese Affairs File）的记载，最初采取主动权向海峡殖民地政府提出申请者，是锡兰佛教徒组织的"新加坡佛教会"（Singapore Buddhist Association）。当时是1947年10月14日，新加坡佛教会的秘书与其他10人联署盖章投递请愿书，要求新加坡总督金姆森爵士（Sir. F. C.

---

① Willie Tay, "Ven. Dhammasukha (1900-1966): Founder, The Buddhist Union, Singapore," in *Golden Anniversary Souvenir*, Singapore: The Buddhist Union, 1987, p.129.

Gimson）宣布纪念佛陀圣诞的卫塞节成为新加坡的公共假日，理由是新加坡基督教徒、伊斯兰教徒和印度教徒都有各自的宗教节日被政府订定为公共假日，但多达将近50万来自中国、斯里兰卡、泰国、缅甸、印度和其他国家的新加坡佛教徒，却没有属于佛教节日的公共假日。① 然而，负责审查这项申请的官员认为华人自称是佛教徒，其实是回应本身属于什么宗教信仰时的一般答辞，却未必是真正实践佛教仪轨的佛教徒（Practising Buddhists）。同时，他们根据所搜集到的部分资料进行推论和估计，相信40年代末的新加坡有50万个佛教徒纯属夸大之辞。② 因此，新加坡总督的秘书于1947年11月10日代替总督回函给新加坡佛教会，表示总督不予批准这项申请，因为没有足够的佛教徒人数显示出有订定卫塞节为公共假日的需要。③

为了进一步提出申请，英文佛教会（The Buddhist Union）创办人陈景禄居士向宏船法师提议，获得后者的鼓励和支持后，两人于1949年一同向英国驻东南亚最高专员麦唐纳爵士（British High Commissioner, Mr. Malcolm MacDonald）提出建议。陈景禄居士是受英文教育者，由他负责向麦唐纳爵士阐明星马各宗教都有特定的纪念节日和公共假日，基于宗教平等的原则，佛教的卫塞节也应该获得政府的尊重，同样被定为新加坡的公共假日。麦唐纳爵士在详细询问了卫塞节的来历和意义后，便认同他们的建议，嘱咐他们具函呈交，以

---

① "Department File Reference No. 364/47, C. S. O 3579/47, Enclosure 1: Request to have the birthday of Load Buddha, The principal Buddhists festival, declared as a public holiday," in *Secretary for Chinese Affairs Files*, Microfilm Exposure 073-096.

② "Department File Reference No. 364/47, C. S. O 3579/47, C. S. O 5618/49, Vesak Holiday Minutes," in *Secretary for Chinese Affairs Files*, Microfilm Exposure 073-096.

③ "Department File Reference No. 364/47, C. S. O 3579/47, Enclosure 4: Letter from Colonial Secretary Singapore," in *Secretary for Chinese Affairs Files*, Microfilm Exposure 073-096.

方便他亲自面谒新加坡总督时请他考虑。①

于是，宏船法师与来自50余所佛教寺院和佛教团体，在是年的释迦佛圣诞假新加坡维多利亚纪念大礼堂一起庆祝卫塞节。多达两千余位来自华族、印度族、锡兰族的佛教徒共同参加了这场巨大的佛教盛会。法会结束后，全体佛教徒站立表决支持再次向政府申诉订定佛诞为公共假期。②由于当时的新加坡佛教总会还没成立，便由陈景禄居士准备文件提出申请。③这是一个集合了全新加坡51所寺庙庵堂和佛教团体的代表名单，由他们组成"新加坡卫塞节公共假日委员会"（Singapore Vesak Holiday Committee），并于1949年9月9日正式投递公函。委员会在该申请书函中指出，他们保守估计全新加坡有多达六成人是佛教徒。然而，由于过去的南、北传佛教徒是分别在阳历五月月圆日和农历四月初八庆祝释迦牟尼佛圣诞，因此无法取得共识，向殖民地政府申请佛教卫塞节为公共假日。但如今南、北传佛教徒已经取得一致认同，全新加坡佛教寺院都决定在每年的阳历五月月圆日举行卫塞节庆典，因为这是一个集合了释迦牟尼佛"圣诞、成道、涅槃"三大节日的神圣日子。当时其他主要宗教的教主圣诞都被订定为公共假日，而且同样属于海峡殖民地的槟城、马六甲，甚至是霹雳州和吉达州，都已经宣布了卫塞节为公共假日，因此希望新加坡总督能够订定卫塞节为新加坡的公共假日。④然而，殖民地政府还是拒绝了

---

① 《关于卫塞节成为公共假日的来源及其他》（以下简称《卫塞节》），《南洋佛教》1982年第153期。
② "Buddhist call for holiday" in *Straits Times*（Singapore），May 13, 1949；《各民族联合举行佛诞大会决请政府订定佛诞为假期》，《南洋商报》（新加坡）1949年5月13日。
③ 《卫塞节》，《南洋佛教》1982年第153期。
④ "Appendix G: 'Vesak' Holiday Memorial" in *Proceeding of the First Legislative Council, Colony of Singapore, 3rd Session, 1950.* (Singapore, 1952), Microfilm, pp. C357-C358.

这项申请。①

1950年2月27日，新加坡卫塞节公共假日委员会的另一轮申请，以公共假日法令（第174章）为由，正式提交到新加坡立法议会的"特别委员会"（Select Committee），但结果还是被拒绝了。② 特别委员会在做出决定前，有考虑"华人参事局"（Chinese Advisory Board）的意见。该局认为仅有一小部分的新加坡人要求卫塞节成为公共假日，况且新加坡不应该有太多公共假日。③ 宏船法师则以委员会主席的身份反驳华人参事局的说辞，也表示若政府不能增加公共假日，他并不反对以卫塞节取代既定的两个华族新年公共假日之一的建议。④

1951年2月8日，新加坡佛教居士林的林长呈上了一份新的请愿书给新加坡总督。1951年2月12日，这份请愿书被转交给殖民地政府的秘书长。⑤ 同样，华人参事局在召集了5月22日的会议后，再次否决了这项请愿。⑥ 尽管1951年的卫塞节还不是公共假日，而且是在必需工作的星期一，但全新加坡佛教徒从星期六便开始举行了一连三天的盛大庆典，强烈凸显了新加坡佛教徒的心愿。新加坡佛教会在其属

---

① 《卫塞节》，《南洋佛教》1982年第153期。

② "Report of the Selected Committee appointed by the Legislative Council to examine and report on the Holiday ordinance (Chapter 174) and to make recommendation thereon," in *Proceeding of the First Legislative Council, Colony of Singapore, 3rd Session, 1950.* (Singapore, 1952), Microfilm, pp. C348-C349.

③ "Department File Reference No. 364/47, C.S.O 3579/47, Enclosure 5: Extract from Minutes of meeting of the Chinese Advisory Board held on 12th May, 1950," in *Secretary for Chinese Affairs Files*, Microfilm Exposure 073-096.

④ "Appendix J, Part I: Singapore Vesak Holiday Committee," in *Proceeding of the First Legislative Council, Colony of Singapore, 3rd Session, 1950.* (Singapore, 1952), Microfilm, p. C360.

⑤ "Department File Reference No. 364/47, C.S.O 3579/47, Enclosure 9," in *Secretary for Chinese Affairs Files*, Microfilm Exposure 073-096.

⑥ *Proceeding of the First Legislative Council, Colony of Singapore, 3rd Session, 1950.* (Singapore, 1952), Microfilm, p. C360.

下的欧南路佛寺内举办了一场法会。星期日，全国超过一百所的佛教寺院和佛教团体，都在清晨高高升起了佛教旗帜。上午11点整，所有的佛寺都一起敲击了钟响，开始在各自的寺院内举办庆祝活动。下午，新加坡佛教会除了在欧南路佛寺举行佛陀舍利子的展览以外，也到杨厝港麻风病院进行了拜访600位麻风病人的慈善活动，并在该麻风病院举行放生鸽子的活动。夜幕低垂时，所有的佛寺都张灯结彩，灯火通明。① 当天，Sri Lankaramaya Temple（斯里兰卡佛寺）的 Ven. Narada Thera（纳兰达法师）亲自拜访英文佛教会（The Buddhist Union），并联合提出呼吁，希望海峡殖民地政府肯批准卫塞节为公共假日。②

到了星期一的卫塞节，当晚8点，超过一千名各族群的新加坡佛教徒齐聚于维多利亚纪念大礼堂，共同庆祝卫塞节庆典。当晚，新加坡佛教总会主席李俊承居士正式公开呼吁，希望海峡殖民地政府肯批准卫塞节为公共假日。③ 同一个晚上，在斯里兰卡佛寺（Sri Lankaramaya Temple）的法会上，很多信徒都围集在该寺聆听纳兰达法师（Ven. Narada）的说法。纳兰达法师向佛教徒们分析，由于目前缺乏强大的灵修活动来吁请政府宣布卫塞节为公共假日，因此，在往后的卫塞节当天，希望大家都放下工作，虔诚地参加法会和静坐修持。只有通过这种方式，卫塞节才会被宣布为公共假日。④

4年后，英国殖民地政府同意在新加坡举行立法议会选举制，给

---

① "Wesak Day Programme," in *Singapore Standard*（Singapore），May 18, 1951.
② "Buddhists say Vesak should be holiday," in *Straits Times*（Singapore），May 21, 1951.
③ "Mass Celebration ends Wesak," in *Straits Times*（Singapore），May 22, 1951；《世界佛教联谊会星分会庆祝佛诞 佛总主席李俊承希望当地政府规定卫塞节为假期》，《南洋商报》（新加坡）1952年5月22日。
④ "Make Wesak a 'Holy Day' - Rev. Narada" in *Singapore Standard*（Singapore），May 22, 1951.

佛教界的申请带来了新的契机。在1955年4月的立法议会选举中，劳工阵线的马绍尔律师（Mr. David Marshall）被推选为第一任首席部长，新加坡佛教总会即刻把握良机，再度联合全新加坡佛教寺院提出申请。这次的申请终于获得成功，新政府议会于1955年6月正式批准卫塞节为新加坡的公共假日，并于是年6月27日发函照会所有部门的常任秘书。①

有关消息一经在宪报正式刊登，全新加坡的佛教徒都雀跃万分，兴奋不已，并且纷纷写信向马绍尔首长致谢。尤其是来年（1956年）的卫塞节，将是全世界佛教徒共同庆祝释迦牟尼佛圣诞2500年的大节日，全新加坡佛教徒都可以在第一次的卫塞节公共假日里庆祝这个千年盛典，意义更是非同凡响。马绍尔首长在回复众多人民的致谢信时，也致上他对这个神圣节日的祝福，并说出以下的一番话：

> 我能够协助忠诚、爱好和平和值得尊敬的广大公民争取到属于他们的合法权益，确实感到非常高兴。②

从马绍尔首长的这番言语中，我们不难发现一个事实，即由于当时的新加坡已经开始从海峡殖民地转型为初步实行民主选举制的半自治国家，一个人数日渐增多的新兴宗教社群，是接受人民信任和委托政权的政党领导人所不能忽视的。因此，马绍尔首长甫上台，便签署批准全新加坡佛教寺院和信徒的集体申请，正间接地反映了一

---

① "Department File Reference No. 364/47, C. S. O 2606/50, Enclosure 17: To Permanent Secretaries. All Heads of Departments (A) on 27th June, 1955," in *Secretary for Chinese Affairs Files*, Microfilm Exposure 073-096.

② Colin McDougall, *Buddhism in Malaya*, 37.

个没有明说的现实：当时的新加坡佛教在"量"的方面，也已经发生了显著的变化，而北传佛教联合南传佛教所展现出来的力量，更有助于彼此在这个多元宗教的岛国内占有一席之地。这是由新加坡两大传统佛教界同仁历经重重波折，依然不屈不挠地向殖民地政府争取宗教平等、合法权益的结果，为新加坡佛教的传播与发展，谱写了历史性的重要篇章。

三、小结

新加坡佛教界追求和谐社会的意愿，不仅体现在佛教宗派之内互相合作，甚至延伸到主动向其他宗教伸出友谊之手。今日，位于维多利亚街圣婴女修道院内的圣尼各拉女校之课室拱门上，陈列着多达数十尊的弥勒尊佛，便是笑佛和天主同在一个屋檐下和谐相处之确凿证据（见图3&4）。据知，这是由于百余年前英殖民地时代，有一个佛教团体经常捐款给天主教修道院的孤儿院，为了感激这些佛教徒，天主教的修女们便把一尊尊笑佛陈列在课室的拱门上，以示敬重之意。可是这个宗教大同的和谐景象随着岁月的流转已经少有人知，直到为了准备女修道院庆祝建立150周年的一项"寻秘"活动，大家才惊讶地发现这个百年前的奇异景观。新加坡的天主教女修道院小学部一排课室之拱门上，门门皆有弥勒笑佛，既显示了当年的天主教修女们怀有一颗宽大包容、敬重各宗教之心，也反映了新加坡佛教的先贤们在追求宗教和谐方面所下的一片苦心。[①]

---

① 《联合早报》2004年7月1日。

图3 天主教女修道院小学部的课室拱门上之笑佛（1）

图4 天主教女修道院小学部的课室拱门上之笑佛（2）

新加坡佛教团体积极提倡各种族、各宗教之间的和谐共处，其并存并荣之跨宗教理念，恰与李光耀资政在建国之初的期望不谋而合：

> 在类似我们这样的世俗国家里，宗教绝对不能成为各种宗教团体之间的矛盾和仇恨之泉源。佛教有其温和的性质，足以成为社会团结的主要因素。仁爱、自律、和平与非凡的博大智慧可以协助佛教徒传播友好和仁爱。因为在佛教的哲学里，所有的生命都是宝贵的，不论其他人是基督教徒、印度教徒或是伊斯兰教徒。因此，我们能够从中获得安定。对于一部分的佛教徒而言，连动物和昆虫的生命都是宝贵的，尽管这也许会把事情做得太过头了。无论如何，我还是希望"佛教会"能茁壮成长，并协助塑造新加坡成为一个更宽容、更和谐的国家，即使我们是一个多元宗教的国家。①

佛法本是平等的，而非对立的；是容他的，而非排他的。唯其如此，宽容、博大的佛法绝对可以为形成新加坡佛教与其他族群的文化兼容并蓄，汇合成一股波澜壮阔的滔滔洪流的和谐前景带来可能。

以上的两项案例说明了一件事实，与其他地区传统的佛教文化相比，新加坡佛教文化所具有的"宽容性"特质相当突出，其社会意义也更为重大。这是各大传统佛教在这个多元社会之文化脉络下的随机调整，与整个都市的特点和精神有密切关系。不论是在表现形式上，或是在深层内涵里，都已逐渐形成了具有多元文化的新加坡本土色彩。因此，新加坡佛教四众除了需要以加倍努力来培养佛教人才和优化佛

---

① Lee Kuan Yew, "Message for The Buddhist Union's 35th Anniversary Souvenir Magazine," in *35th Anniversary Souvenir*, Singapore: The Buddhist Union, 1972, p. 5.

教生态外，或应考虑以此作为切入点，从中加强及发挥狮城佛教文化的辐射效应，使新加坡佛教能以多元而独特的精神面貌超越国界和种种的藩篱，既为这个小国的国民培养起视野恢宏的气度，也为这个国家的宗教底蕴增添厚度。

成双成对：新加坡莲山双林寺楹联艺术概说

〔新加坡〕林 立

(新加坡国立大学中文系)

一、导言

始建于1898年的莲山双林寺，位于新加坡大巴窑，是当地最古老、最具规模的佛教寺庙。该庙由旅新福建漳州人、富商刘金榜（1838—1909）献地布金兴建，历时十一载始竣工。双林寺除了是新加坡的佛教胜地外，也是庙宇建筑的典范。该庙参考了福州西禅寺的建筑格局兴建，并融汇了泉州、漳州，甚至潮州等地寺庙的建筑风格。由于历史悠久，又有独特的建筑艺术价值，双林寺在1980年被新加坡政府列为国家古迹之一。[①]

双林寺还是新加坡楹联数目最多最集中的地方。走进寺内，人们的眼光不但会被宏伟的建筑群所吸引，也会注意到遍布于寺内各处门楣、柱子上成双成对的楹联。这些楹联总共有九十一副（两副在双林

---

① 关于双林寺的创建、历史与建筑风格，参见叶钟铃：《刘金榜创建双林禅寺始末》，《亚洲文化》1997年第21期；莫美颜：《莲山双林寺：百年古刹独树一帜》，《联合早报》2015年5月4日；释传发：《新加坡佛教发展史》，新加坡佛教居士林，1997年，第59—62页；Kenneth Dean (丁荷生) and Hue Guan Thye (许源泰), *Chinese Epigraphy in Singapore 1819-1911*, Guilin: Guangxi Normal University Press, 2017, pp. 1010-1012。

城隍庙。其中有些非原创。未张挂或铭刻的不计在内）。① 随着寺内殿堂不断重建与翻新，相信楹联的数目日后还会增加。除了内容丰富，具有浓厚的宗教色彩外，双林寺楹联的文学水平也相当高，充分体现了楹联艺术的特色。然而对此过去并没有专文研究介绍，只有叶钟铃抄录了若干条，以及丁荷生、许源泰的全面收集。2016年我担任"特选中学学术幼苗计划"的导师，指导圣公会中学的一组同学对双林寺楹联做了初步的分析。② 本文拟在此基础上，更全面深入地探讨双林寺的楹联艺术。首先，我会讲述楹联的对仗概念与文化意涵，剖析楹联如何有助于凸显名胜区、园林和寺观等建筑物的人文特征、历史与文化氛围，然后介绍双林寺楹联的撰写年代、分布情况和题撰人，再从宗教性、功能性和艺术性等方面，对这些楹联做细致的文本分析。

二、楹联的对仗概念与文化意涵

对联艺术是中华文化的精髓之一。③ 除了新春时张贴于各家各户门前的春联外，还有许多具有各种功能的对联，如节庆联、行业联、贺联、挽联等，而刻写在名胜区、园林、寺观等人文场所的楹联，则增添了游赏时的趣味性，有助于游人了解该处的历史、文化、掌故、景色以及题咏者、建筑物管有者的胸衿与见识，起到渲染景物和教育、

---

① 丁荷生与许源泰共同整理了新加坡各寺庙的碑刻，包括楹联。据他们列出的双林寺楹联清单，共有八十六副，另两副是后来增添的。见 Kenneth Dean and Hue Guan Thye, *Chinese Epigraphy in Singapore*, 1819–1911, Guilin: Guangxi Normal University Press, 2017, pp. 1019–1026。本文所引楹联，大多参考该书。

② 同学的研究报告见圣公会中学（李怡宁、王清、马广恒、蔡凯明）:《成双成对：新加坡莲山双林寺的对联艺术》，载萧裕泉协调:《新加坡特选中学学术幼苗计划论文集》（第十二期），新加坡南华中学，2016年，第8—14页。

③ 关于对联的起源、发展概况及对联的别称，见苍舒:《中国对联艺术》，山西教育出版社，2000年，第15—50页。

提点与激发游人内心情感意识的作用。

讨论楹联，不得不提及中国古典诗中的对仗艺术。我们知道一首律诗里面，中间两联（颔联、颈联）一般都要求在声律、词性和词义方面作对仗。例如声律方面，要平仄相对；词性方面，名词要对名词，动词要对动词；词义方面，则以同类或异类的事物、辞藻相对，如天对地、明对暗等。而这种对仗方式，也体现了中国人二元对立的宇宙观与自然观，或阴阳相反相成的对称概念。① 一副对联在声律、意象和辞性方面的对立，实质也形成一种文意和美学上的平衡与和谐，少了另一句，则显得有所缺失、不完美，如人体双手缺了其一。对联对得不工整，则像左右手不对称一样。除了对立，对联的两句其实也有互补作用。蔡宗齐即以阴阳八卦图中分隔黑白两区（阴阳）的曲线为喻，指出这意味着阴可转化而为阳，阳亦可转化而为阴，形成推挤和反推挤、盈与亏的对等现象，而不是单纯的对立与融合。而诗中对联两句的关系，正好反映了这种平衡互补的宇宙与自然观。② 例如"明"对"暗"，"日"对"月"便是这种阴阳概念的体现。张贴或刻写于建筑物的楹联，既从视觉上使实体物质（门楹、柱子）、文字以及书法形成左右的对称和互补，则更能把这种平衡的宇宙与自然观以视像化的形式呈现出来。

刻写在名胜区、园林和寺观等人文场所以至店铺门前的楹联，与即时性的对联（如书写在纸上的贺联、挽联）不同之处，是其具有相

---

① 详见 Zong-qi Cai (蔡宗齐), "The *Lushi* Form and Yin-Yang Cosmology," in Cai ed., *How to Read Chinese Poetry: A Guided Anthology*, New York: Columbia University Press, 2008, p. 173; 类似的见解，另见于杨大方：《对联论：文化语言学视野下的研究》，中央民族大学出版社，2011年，第78—80页。

② Zong-qi Cai (蔡宗齐), "The *Lushi* Form and Yin-Yang Cosmology," in Cai ed., *How to Read Chinese Poetry: A Guided Anthology*, New York: Columbia University Press, 2008, p. 173.

对的永久性。这些地方的管有者既知道楹联一旦刻在门楣和柱子上便不能随意更换，且须花费一笔制作的工钱，则自然在选用楹联时慎重为之。其最主要的考量角度应是，该副楹联的内容是否与题咏场所的属性、景观（自然或人文的）以及管有者的情感意识匹配，能否对观赏者产生导览、启发、怡情悦性或教化的作用，能否凸显该场所的功能和提高其吸引力与价值。双林寺的楹联，既往往能反映个别殿堂的功能，为观赏者带来美学享受之余，又能体现佛教思想，对他们起到醍醐灌顶的启发作用。

不少学者都曾探讨过题匾和楹联对于人文场所的重要性。段义孚曾提出"命名即是力量"（Naming is power）的说法，认为这是一种唤起某些事物的生命、将不可见的变为可见、为事物注入某些特性的创造性力量。①他引述《红楼梦》第十七回大观园修竣完毕后贾政所说的话道："若大景致，若干亭榭，无字标题，任是花柳山水也断不能生色。"意即没有题匾，园林的建设就好像没有完成一样，无法彰显园中的优美景色和精神境界。他指出，文字是使园林变得完满的一环。水石亭台所隐含的丰富话语，若缺乏文字权威性的提点，就仿佛沉默下来和变得不确定了。所视之物本身，就不能完全发挥其潜在的力量。有关园林的书法、诗歌以及绘画，目的都是要勾起、营塑景观的个性和情调，而文字更有助于提升人们的视野和感受，使他们的注意力能集中在景观不能直接呈示的感官效果方面，例如声音、气味与情感。他又认为，文字可以为景观提供时间维度，而单纯的视像是无法做到这点的，例如，晨昏时先后出现的薄雾怎能以图像来呈现？当诗人疲乏地摊开书本阅读时，惊觉案上长出了青苔，这种情感又如何能以图

---

① Tuan Yi-fu（段义孚），"Language and the Making of Place: A Narrative-Descriptive Approach," in *Annals of the Association of American Geographers*, 81.4 (Dec. 1991), p.688.

象呈现出来?① 我们可以想象,一处园林如果缺乏了楹联和题匾,游赏者单凭外在的物象,是无法完全了解园主的思想境界和人生态度的。同样地,一所寺庙没有楹联的话,则它向来访者宣示教义的机会便相对少了一些。

莫里斯在研究中国园林时亦提出"命名"的重要性。他说,题匾可加强景观的艺术效果,士大夫传统中的文学意象,透过文字的标题,便可与园池、花卉等联结在一起。文人所重视的个性和行止,亦会因此呈现于访者的心眼之中。这些题匾引导访者悠闲地"徘徊""流连"于园林之间,在穿行于曲折回旋的走廊或九曲桥时,访者就如浮游于道教所谓的天地大流之中。② 他的看法其实和中国山水诗里的"游观"概念颇为吻合。颜崑阳在分析谢灵运与谢朓的山水诗时道,"观"呈现由视听官能经验所获致的自然景物,都是声、色的表象,"游"则呈现"叙述我"的行为动机及历程。意即在登山临水之际,游赏者并非单纯地观览,而是掺入了个人的观感。最后,从"自然域"的游观经验,导入了"心理域"的"悟道"或"明志",呈现一个"理念自我"。③ 我们知道,不是所有人都像谢灵运和谢朓等诗人那样,在游览时能透过自身经验的反省而"悟道"。如此一来,具备心灵启发作用的楹联对一般的游赏者而言便显得更为重要。它可引导游赏者进入他们先前或许未能领会到的精神境界,或让他们初步了解该地的历史和

---

① Tuan Yi-fu (段义孚), "Language and the Making of Place: A Narrative-Descriptive Approach," in *Annals of the Association of American Geographers*, 81.4 (Dec.1991), pp. 691-692.

② Edwin T. Morris, *The Gardens of China: History, Art, and Meanings*, New York: Charles Scribner's Sons, 1983, pp. 78, 148.

③ 颜崑阳:《从感应、喻志、缘情、玄思、游观到兴会:论中国古典诗歌所开显"人与自然关系"的历程及其模态》,载氏著:《诗比兴系论》,台北联经出版社,2017年,第378页。

人文背景。如此，他们才不会如入宝山空手回：除了获得感官方面的享受外，情感意识并未得到升华。到访双林寺的香客及游人，品味过寺内的楹联之后，想必在思想层次上能获得提升。

楹联在寺庙建筑中一直扮演重要的角色，对于佛教教义的传播作用显著。杨大方指出，佛教寺院中，尤以北传的大乘佛教在利用对联方面最为积极。佛殿内外，随处可见到相当多的楹联，包括抱柱长联和佛龛联。它们有意识地宣扬教义，兼具文学、书法、工艺美术等多方面的内涵，同时对寺院建筑起到很好的装饰作用。另外，寺院楹联还是信众们布施的一种方式，随着寺院的翻修、佛像金身的重塑而不断得以更新。杨大方又举了各地的寺庵楹联为例，说明楹联使佛教教义的宣传更通俗化、大众化，同时缩小了佛教教义的广度，浅化了佛教教义的深度，而有些寺庙楹联则属于纯粹的写景。总括而言，他认为佛教博大精深的思想，透过寺庙的楹联，得以活化于现实生活和自然景观之中。① 另外，佛教寺庙也体现了中国建筑艺术中所追求的对称稳重，例如进入山门后左右并立的钟楼、鼓楼，天王殿内各立于两边的四大金刚像，僧房、斋堂分列于中路的左右两侧，各个殿堂的门槛、柱子，自然也呈左右对称的格局。虽然佛教教义有尝试超越二元对立之说，最简单的如"空即是色，色即是空"，或如《金刚经》中提到的"无相"，指出"凡所有相，皆是虚妄"，没有"来去""有无"、"生灭"的观念。② 但在解说这些概念时，仍不免会提到二元对立，始可从而试图泯灭此种对立，即所谓的先立而后破。寺庙的建筑格局与楹联的设置，或可视为这种概念的外部呈现。双林寺的楹联，大抵都具备了以上所说的美学与哲学元素，而且有些还切合本土情况，

---

① 参见杨大方：《对联论：文化语言学视野下的研究》，中央民族大学出版社，2011年，第193—205页。
② 明太祖御制《金刚般若波罗蜜经集注》卷一，《大藏经补编》第21册。

反映了南洋岛国的文化特色。

可惜除了双林寺及一些寺观外，新加坡多处中式园林，尤其是新近落成的，如裕华园和滨海湾花园内的中国花园等，都没有添置楹联，使这些景区徒具外表的美，而缺乏内在的文化和精神素养，总让人觉得美中不足。或许当局对楹联的美学作用和功能性缺乏足够的了解，又或许是要维护不同族裔间文化的平衡，不欲过于突出华文。无论如何，楹联是传统园林艺术的有机组成部分，没有楹联或题匾的园林，就像身体缺少了灵魂一样。而若干人文景区，如牛车水广场及都城隍庙，虽然添置了楹联，却不符合对联的写作规则。① 这些新时代的文化缺憾，令人觉得双林寺的楹联弥足珍贵。它们既是可观的艺术作品，又有很高的历史和人文价值，仿佛是文化沙漠中难得一遇的绿洲。

三、双林寺楹联的撰写年代、分布情况和题撰人

双林寺现存最早的两副楹联撰写于 1903 年（光绪二十九年），位于大雄宝殿内。随着兴起工程的开拓，至 1909 年竣工为止，又陆续添置了多副楹联。这些早期的楹联都位于现今的大雄宝殿、天王殿、斋堂、客堂、文物室、地藏殿、伽蓝殿、祖堂和功德堂内。1919 年，由于部分栋梁蛀腐，第十任住持普亮法师（1900—1944）建议进行重修，至 1920 年整修完成。为纪念此事，当时的双林寺董事、著名诗人邱菽

---

① 都城隍庙是由诗坛领袖邱菽园（1873—1941）在 1905 年为诗僧释瑞于（1867—1953）捐资建成，让后者在该庙任住持。释瑞于的诗艺高超，可是都城隍庙后来添置的多副由他人撰写的楹联，水平却相当低劣，配不上释瑞于的诗名。有关该庙的建设，见许源泰：《沿革与模式：新加坡道教和佛教传播研究》，新加坡国立大学中文系、八方文化创作室，2013 年，第 113 页。

园（1874—1941）撰有《募建莲山双林禅寺碑记》一文，但却不见有新添的楹联流传下来。

战后的双林寺满目疮痍，破漏不堪。1948年，在第十二任住持高参禅师（1887—1960）的呼吁下，寺院做了三次重修，也未见有新添的楹联。至1991年，在双林寺管理委员会的主持下，寺院做了大规模的重修，增建了观音殿，至1993年完成。楹联则只增加了一副，即在观音殿的门楹。1994年始，经市区重建局与古迹保存局的批准，双林寺又再分四个阶段进行修复工程，维修对象包括大雄宝殿、天王殿、东西配殿、斋堂、香积厨、僧寮、客堂、报本堂、功德堂、祖堂等，又增建了龙光宝塔、山门，至2001年全部竣工。这次重修新增了多副楹联，包括新加坡"国宝"诗人潘受（1911—1999）撰写的一副（1996年），在大雄宝殿内，其余的分别位于天王殿、西配殿、功德堂、山门、报本堂等处。之后在2003、2007、2010年共又新增了三副楹联。2017年法堂落成，另增添了一副。

从以上的修建情况可见，双林寺的楹联撰写年代大致分为前后两期，即光绪年间初建时的一批以及20世纪90年代重建后的一批。另外的是零星的添加。

这些楹联的题撰人，包括了创建人刘金榜在内的多位善信（或由他人代笔）、著名文人、寺内住持、法师等，另有若干没有题撰人的名字。署名刘金榜题献的楹联共有十五副，但除了一副刻在大雄宝殿的标明了"敬题"字样外，其他大都只附上"献"字，故这些对联的撰写或出于他人之手。刘金榜还在多副楹联上署明他获赐的官衔。善信题献的楹联一般在名字前加上"信士""信女"字样，并标明籍贯，如有官位的，则加上"信官"二字（如位于大雄宝殿后由泉州府同安县金门人颜仕份所撰的一副）。双林寺住持题献楹联的有第三任住持明光、第四位住持敬亮和第五任住持兴辉三位法师，其中敬亮和兴辉似乎合献了一副（1907年），联上的署名是"敬辉"（双林寺住持并没有一位叫敬辉的）。其他为双林寺题联的大德有新加坡的松年法师、中国香港的超尘法师和腾光法师、中国大陆的佛源法师和一音法师，这些都属后期的撰作，而在般若室则有一副弘一法师（1880—1942）的楹联，而这并非专门为双林寺撰写的（一音法师的写于天王殿的四副以及松年法师所题四副中的两副也非特别为双林寺撰写）。著名居士文人撰写的楹联，包括了早期邱菽园题于大雄宝殿的一副（1904）、曾到访新加坡的陈宝琛（1848—1935）所撰、题于五观堂的一副（1904），还有后期潘受、赵朴初、许梦丰所撰的作品。

后期的楹联，除了题撰人外，一般都标明是何人的笔迹，有些是题撰人的亲笔，有些则是另请书法家书写，而许梦丰撰于山门的其中两则，并写明是善信"敬赠"的，说明题献楹联是信众布施、捐款的一种方式。以上这些楹联的书写年份、撰作人及其在寺内的位置，详见本文后的附表（此表根据丁荷生、许源泰 *Chinese Epigraphy in Singapore 1819—1911* 一书开列，按年份顺序编排，但加入了楹联所在位置、附注和新增的楹联）。

四、双林寺楹联文本分析

（一）宗教色彩

双林寺宗承北传佛教，重视禅净双修，以普度众生为宗旨。第十三任住持谈禅法师（？—2006）在该寺出版的《莲山双林寺》一书中，即言明"双林寺既是禅宗丛林，弘法利生以为命，晨钟暮鼓，每日功课不辍，百年来度生无数"。他又提到修行过程中文字的作用道："禅，乃直指心源之修持，虽不能言诠，然修行过程，仍借文字桥梁作方便，辅为初机禅释修禅法要，故禅宗之不立文字，旨在免去知解葛藤的虚妄分别心。"① 他指出文字有可能变成悟道的一种障碍，但修行仍不得不以文字为桥梁。由此观之，寺内的楹联，除了为寺庙建筑起到装饰作用外，还是宣扬教义、潜移默化地教导僧徒、善信的一种方式。

大乘教义很自然地成为双林寺楹联最主要的内容。以最早期的一副刻在大雄宝殿的楹联为例（括号内数字为文后"双林寺楹联一览表"内的序号）：

心是慈悲，度己度人度含识；
法成清净，了尘了意了妄缘。（1）

上联即开宗明义地教导人们要自度度人、普度众生（含识），下联则提醒修行者需要摒弃一切的尘相，即所谓的"六尘"（眼、耳、鼻、舌、身、觉等六根接触到的事物），以及妨碍悟道的意识、虚妄不实的尘世之缘，即我们所理解的"六根清净"。另一则刻在大雄宝殿、由刘金榜题献的楹联亦云：

破梦幻影泡，曾向昏衢燃法炬；
度生老病死，常于苦海笃慈航。（11）

下联同样拈示度人脱离苦海的善愿，上联是说在昏暗的世界燃起佛教之光，来助人破除一切虚妄之念。而要做到这一点，除了他人的帮助

---

① 僧谈禅:《序三》，载《莲山双林寺》编辑组编:《莲山双林寺》，新加坡莲山双林寺，2001年，第8页。

外，还要修行者自身达到"六根清净"的境地：

色相皆空，六根清净方成佛；
法轮常转，一尘不染乃为僧。(47)

这是刘金榜献于祖堂的一副楹联。谈禅法师特别提到禅净双修的法门，是"以信愿行作资粮，依自力引发他力感应护念，自他二力相辅相成"①。因此个人的修行，是极为重要的。

佛教教义中有不少名词术语，像上面提到的"六根"就是其一。双林寺的楹联包含了颇多这类佛学辞汇。例如刻写于大雄宝殿的一联：

最上教乘，罗列七觉八正；
无边法力，俱是五眼六通。(12)

对佛学缺乏研究者，都会被"七觉八正""五眼六通"这些词汇难倒。"七觉"又名"七菩提分"，又称"七觉支""七等觉支""七觉分""七觉意"等。觉，意谓菩提智慧，七觉即是七种能助菩提智慧开展的方法。② "八正"是八种正确的概念，包括正见、正思、正语、正业、正命、正进、正念、正定。③ 下联的"五眼"，是指五种眼睛的形态，分别为肉眼、天眼、慧眼、法眼、佛眼。④ 最高层次的当然就是佛眼。"六通"是六种神通境界，包括天眼通、天耳通、他心通、宿命

---

① 僧谈禅：《序三》，载《莲山双林寺》编辑组编：《莲山双林寺》，新加坡莲山双林寺，2001年，第8页。
② 绍德等译：《佛说大乘随转宣说诸法经》卷二，《大正藏》第15册，第777页中。
③ 绍德等译：《佛说大乘随转宣说诸法经》卷二，《大正藏》第15册，第777页中。
④ 玄奘译：《大般若波罗蜜多经》卷四〇四，《大正藏》第7册，第21页中—22页中。

通、神足通、漏尽通。① 要一一解析这些名词，还须费一番工夫。

除了佛学名词，双林寺的一些楹联也包含了佛教的传说故事。例如晚清大臣、著名学人陈宝琛书于法堂外的一副联语云：

鹿苑布金，遥忆当年长者；
鸡园饰玉，欣瞻此日祇林。（14）

上联"鹿苑布金"，述说佛祖的前世迦叶佛居住于鹿野苑，憍萨罗国的富商须达（又名给孤独）想邀请佛祖到舍卫国说法，但佛祖说须建造一座精舍他才会去。须达回去后，发现只有祇陀太子的园林适合兴建精舍。可是太子却戏言，除非须达将黄金铺满园地，才把园子让出。结果须达耗尽家财，达成了太子的愿望。太子大为感动，也帮忙一起建造精舍，就是后来的"祇树给孤独园"，简称"祇园"。② 这里指刘金榜捐地兴建双林寺的善举，所以称他为"当年长者"。下联的"鸡园寺"，是阿育王所建，相传他崇奉佛法，广为布施，在寺中每日供养三万比丘。③ 这里赞美刘金榜建寺的功绩，堪比阿育王。又例如文物室所挂的一联：

飞锡徐来常返鹤；
度杯远至不惊鸥。（46）

上联的"飞锡"，原指僧人有执禅杖飞空的法力。相传唐代高僧隐峰

---

① 法护等译：《佛说除盖障菩萨所问经》卷七，《大正藏》第 14 册。
② 龚概采注：《金刚经正解》卷一，《卍新续藏》第 25 册，第 607 页上。
③ 达喇那他著，王沂暖译：《印度佛教史》卷六，《大藏经补编》第 11 册，第 838 页上。

禅师游五台山,出淮西,掷锡飞空而往。① 后引申为僧人游方之意。下联的"度杯",指刘宋时代的杯渡禅师挈木杯渡水的故事。② 这里大概是指高僧来往南洋和中土进行传教事业。后期刻于观音殿门楹的一副联语,则切合了观音菩萨的法身和愿力:

依即心自性,现身而说法;
显随类逐形,救苦以寻声。(56)

观音菩萨又称"得自性清净法性如来",其所传法门有"返闻闻自性"之说。③ 即是要修行者不去闻外界的音声,而返求诸己身。下联是说观音随类逐形,变化己身以救助有需要的人,而他又有寻声救苦的愿力,哪里有人需要救助,他都有求必应。

　　以上这些和佛学、佛典有关的联语,往往给人一种深奥典重的感觉,使寺院的宗教气息更形浓厚。而不明其理者,读后当然会感到佛学修为尚未到家,尚需努力。但双林寺的楹联,所用的佛学词汇相对而言还是颇为通俗易懂的,例如"不二法门"、"五蕴皆空"、"大千世界"、"菩提"(智慧)等。因为它们的阅读对象并不限于每日诵经修课的僧徒,更多的反而是来寺上香参拜的俗家子弟和游客,而他们的佛学素养一般并不那么高深。较为浅白明了的楹联,或许更有弘法的效力,尤其对当下的读者而言更是如此。所以双林寺艺术顾问许梦丰先生尝对我说,他所撰的楹联也尽量浅白,太深奥的,一般读者不会明白。从双林寺楹联一览表中很容易看出,后期的楹联总体上篇幅都

---

① 志明撰,德谦注:《禅苑蒙求》卷上,《卍新续藏》第87册。
② 志磐:《佛祖统记》卷三十六,《大正藏》第49册,第344页中。
③ 般刺密谛译:《楞严经文句》卷六,《卍新续藏》第13册,第316页上。

比较短，而且也相对少用了佛典。这多少和现时社会整体的文学水平较为低落有关。

浏览双林寺的楹联，可发觉"觉悟""清净"是常见的字眼或概念。这类楹联一般都是比较通俗易懂的，即使对佛学无甚研究者，也容易理解。例如关于"觉悟"的，有刘金榜题献于地藏殿的一副：

> 暮鼓晨钟，每以金绳开觉路；
> 慈云法雨，长将宝筏渡迷津。(34)

"金绳"出自《法华经》，说在离垢国有八交道，黄金为绳，以界其侧，引导人们走向觉悟。① 下联的"宝筏"，是指佛法如船一样，助众生渡过苦海到达彼岸。而"金绳开觉路，宝筏渡迷津"原出自李白《春日归山寄孟浩然》一诗。② "暮鼓晨钟"本指佛教徒每日的修行，又引申为令人警醒的言语。再如双林寺董事之一邱德松献于大雄宝殿的一副楹联云（这副楹联其实取自福州西禅寺的大雄宝殿）③：

> 人相即非，一片湖光参色界；
> 我佛如是，四围松籁悟禅机。(8)

上下联分别嵌入了"参""悟"二字。而佛寺周遭清净优雅的环境，则有助于修行者看破色界，领悟禅机。佛经中认为，"四相"（人相、我相、众生相、寿者相）都是虚妄的，如《金刚经》即指出，"一切

---

① 鸠摩罗什译:《妙法莲华经》卷二，《大正藏》第9册，第11页中。
② 瞿蜕园、朱金城校注:《李白集校注》第二册，上海古籍出版社，1998年，第870页。
③ 福建宗教场所联（一），网址：http://wuming.xuefo.net/nr/13/130053.html。

诸相，即是非相……一切众生，即是非生"①。只有佛法才是真确的。不过，要参悟这一层，还是要通过观察自然界的水光林木，从它们四时晨昏的变化中，来领会世间一切众生皆是无常的道理。

所谓"佛门清净地"，像其他名刹内的楹联一样，双林寺的联语每每刻画出寺院内外清幽宁静的环境。如署名谢妳媚、题于弥勒殿的一副云：

万境幽闲，花影泉声俱寂；
山林清静，禅心法味同弥。（17）

修行必须摒除一切俗念，因此寂静、幽闲的环境是极其重要的，如此才能达到心地的空寂，"禅心法味"才会充然弥满。除了之前提及的几副楹联外，以下几则都嵌入了"清""静""净""闲"的字眼：

一水萦回，树色苍茫兰若静；
万山环绕，钟声迢递白云深。（16，天王殿）

数声柳巷蝉吟静；
半榻松风鹤梦清。（33，地藏殿）

极清净一尘不染；
无罣碍五蕴皆空。（35，地藏殿）

---

① 曾凤仪：《金刚经宗通》卷四，《卍新续藏》第25册，第20页上。

尘心栖息无余事；
禅室幽闲独自由。（44，文物室）

性地虚灵，明光夜见峰头月；
心渊清净，妙道时开火里莲。（52，大雄宝殿）

大家若得闲，闲来方外地；
老僧本好静，静悟道中机。（53，祖堂）

昙华献瑞禅林静；
萎草分芬法界深。（54，祖堂）

双楼月明昭觉路；
林泉水净出迷津。（71，牌楼）

碧松影里天常静；
红藕花开水亦香。（79，钟楼）

清韵不随夜月转；
余音常傍暮云流。（81，鼓楼）

和本节开首提到的开宗明义地阐扬大乘教义的楹联不同，这些联语大都借助幽闲景物的描写，来烘托寺院清静（净）、一尘不染的宗教氛围，从而引导善信觉悟。但当中有些意象却不一定是实景，而是含有佛门典故在内。如第52联的"峰头月"，可能指佛教胜地灵鹫峰，佛祖曾在此说《法华经》。"火里莲"则比喻稀有之事，表示菩萨虽受五欲,亦复行禅,在逆境中仍能出没自由,如火中生莲。[①] 另外一些佛教常用的意象,如菩提树、莲花、明镜、月等,也不时出现于联语中。例如松年法师题于天王殿的一联云:

香云普覆真如界；
皓月常明自在天。(60)

上联的"香云"显然运用了佛教的意象,一指祥瑞的云朵,一指拜佛的香火。"真如"则指佛法的真实本质。下联的"皓月",比喻心地澄明,不染尘俗。而有一两则联语,就近乎纯粹的写景,不一定有什么宗教色彩,即使放在园林或私人的庭院也一样适合。例如文物室外所挂的一副由刘启东所撰的对联云:

岸边竹影连窗秀；
池上荷花入座香。(43)

又例如前面所引地藏楼的一副楹联:

数声柳巷蝉吟静；
半榻松风鹤梦清。(33)

无论如何,这类以写景为主的楹联,无非都是想以形象化的事物来昭示佛性无处不在。修行者静心细味自然景色,同样也能悟道。正如天王殿一副楹联所说的那样:"山色水光齐呈妙相；花香鸟语共露玄

[①] 法护等译:《大乘集菩萨学论》卷十三,《大正藏》第32册。

机。"(24)

(二)写作功能

双林寺规模宏大,寺内按功能分为朝圣区、宗教区、教育区、生活区、接待服务区和庭园区等,分置前后和两侧。主体建筑包括山门回廊、天王殿及东西配殿、钟鼓楼、客堂、祖堂、大雄宝殿、法堂、藏经阁。东边有功德堂、报本堂、三圣殿、斋堂、香积厨、僧寮、方丈室、佛学院等;西边有寺务处、讲堂、图书室、上客堂、长者堂、禅堂等。山门外有照壁、半月池、东西牌楼、八大灵塔和左侧的龙光宝塔。① 楹联主要刻写于主体建筑和东边的功德堂、报本堂等地,西边较少,山门外的楹联主要集中在牌楼。

楹联除了反映人文景区的历史和精神面貌外,还有显示建筑物功能的作用。前面提到的一副刻于双林寺观音殿的楹联,就着重描写了观音菩萨的特征和愿力。双林寺楹联中最能显现建筑物功能的作品,一般都出现于一些配殿和辅助建筑,而不是主要的殿堂如大雄宝殿等。例如寺前牌楼的一些楹联,就开门见山地指出这是一处庄严的佛门之地:

不二法门,诸佛行处;
大千世界,群生道场。(66)

光明心地菩提地;
磊落山门般若门。(69)

---

① 《莲山双林寺》编辑组编:《莲山双林寺》,新加坡莲山双林寺,2001年,第29页。

这两副楹联都不约而同地用了标示地方（空间）的字眼如"处""场""门""地"。再配以一些佛教名词如"不二法门"、"大千世界"、"菩提"、"般若"（终极智慧）等，就突出了双林寺的宗教性质。

进入山门后的第一座建筑就是天王殿，这里供奉了四大天王的神像。他们是佛教三十三天里的第一重天的守护神。本地艺术家赖瑞龙篆刻的一副楹联，就充分反映了这些神祇的职能：

> 护法安僧，亲受灵山咐嘱；
> 降魔伏怨，故现天将威风。（74）

上联说四大天王是受了佛祖的嘱咐，去守卫天界。但此联并非双林寺所独有，而是出现于许多佛教寺院的天王殿里。另一个供奉了守护佛教的诸天善神的（此处特别供奉关公）堂室是伽蓝殿，其中一副由刘金榜所题的楹联就提到了这些神祇：

> 廿五圆通，度世以无量；
> 十八罗汉，奉佛为至尊。（39）

上联的"廿五圆通"，指诸菩萨声闻证误的方法，"圆通"就是圆满周遍，融通无碍之义。"廿五圆通"里又分六尘、六根、六识和七大，各代表了廿五位善神的修行手法。[①] 下联"十八罗汉"就是永住世间、护持正法的十八位尊者。因此这副楹联放在伽蓝殿是非常适合的。再如法堂是说法皈戒之处，有很浓厚的教育功能，因此其中的一副楹联就说：

---

① 惟则会解、圆通疏:《楞严经圆通疏》卷五、卷六,《卍新续藏》第12册。

功德林中，一一蒲团依樾荫；

莲花座下，声声贝叶颂檀勋。（13）

上联指殿内放满了听法打坐用的坐垫（蒲团），它们都获得了佛法的庇荫（樾荫原指树荫）。下联描写了僧众在释迦牟尼的宝座下诵经的情形，"贝叶"就是写在贝树叶上的经文（佛经因此又称贝叶经）。"檀勋"就是菩萨布施的功德。

祖堂是供奉历代祖师、双林寺开山住持以及历任圆寂住持的觉灵之处，有慎终追远、纪念先贤之意味。[①] 由超尘法师撰、许梦丰题书的一副对联，就表达了对前贤的钦仰：

祖印重光寒立雪；

宗风永振夜传衣。（64）

上联写禅宗二祖神光法师（慧可，487—593）伺候在达摩祖师门外求法，忽天降大雪，达摩出来看见，说除非天降红雪，始肯传法。神光领悟，即抽出戒刀，自断左臂。祖师见他心意坚定，遂将衣钵、法器传授予他。[②] 下联的"夜传衣"，指弘忍禅师（601—675）半夜传授佛法予惠能（638—713）的故事。[③] 此联总的来说，都是赞颂禅宗祖师和双林寺各代主持衣钵相传的美德，也祈愿佛法传承不衰。功德堂是安奉先贤往生灵位与骨灰之所，潘受所撰的一副对联，就甚能反映此堂的功能：

[①] 《莲山双林寺》编辑组编：《莲山双林寺》，新加坡莲山双林寺，2001年，第30—31页。

[②] 昭如、希陵等编：《雪岩和尚语录》卷三，《卍新续藏》第70册。

[③] 释道原：《景德传灯录》卷三，《大正藏》第51册，第223页上。

寂归日月周旋外；
活在亲朋记忆中。(63)

追悼先人、思亲友的意思不言而喻，而且巧妙地以"寂"和"活"相对，意谓虽然肉身已归于空寂，但音容、面貌、精神等仍在亲友的记忆中磨灭不去。报本堂同样是供奉往生者莲位的堂室，是善信唁吊祖先亲友、表孝思亲之所。因此纪策所题的一副楹联就说：

思亲致孝千家祀；
报本崇源万世尊。(75)

下联直接把"报本"二字置于句中，表达了报答亲恩的愿望。

更有趣味性的楹联出现在有特别功能的堂室，例如鼓楼、客堂和斋堂。前面提过的鼓楼联云：

清韵不随夜月转；
余音常傍暮云流。(81)

上下联以"韵""音"二字紧扣鼓声，而且符合佛门的清规，即"暮鼓晨钟"的修行作息。这些"清韵""余音"也可以引申为僧徒诵经的声音，即使入夜后，仍会余音缭绕，意谓修行是持续不断的。再如刘金榜题于客堂的一副楹联：

蓬梗萍飘，共从身外证；
兰因絮果，好向佛前参。(31)

客堂是招待访客的地方。人的聚合讲求缘分，就像水上漂浮的萍蓬一样，因果都是前定的。这副对联很好地传达了这种概念，指能够到访也是一种缘分，但最终仍须参悟、求证于佛法，始能更好地了解这些因果关系。斋堂与客堂并列于寺院的东厢，是用膳之所，又称"五观堂"，指用膳时要食存五观①。在进行饮食这样的日常行为时，不能忘记修行。堂中的联语既切合饮食的主题，也富有深意：

五眼圆明金易化；
三心未了水难消。（21）

铁脊梁将勤补拙；
金刚屑易食难消。（22）

有弥勒肚皮，斗金易化；
无维摩手段，滴水难消。（86）

这几副联语，都见于中国其他寺院。它们都提到"消化"的问题，但这些"消化"都与佛学概念有关。第21联见于《禅林疏语》，原来的上联是"五观若明金易化"。② 此处的"五眼"，在前面已提过，意思指若是心地澄明，就算像金子那么坚硬的物质，也能消解。下联的"三心"，指过去心、现在心、未来心。如果被这些心念束缚，那么喝水也无法消化。全句提醒人们，只要理解了佛法，吃多少饭菜都能很好地受用，否则吃什么都不行。第22联见于福州鼓山涌泉寺的斋堂。

---

① 所谓五观，一是思念食物来之不易，二是思念自己德行有无亏缺，三是防止产生贪食美味的念头，四是将饭食只作为疗饥的药，五是为修道业而受此食。
② 元贤:《禅林疏语考证》卷四,《卍新续藏》第63册,第722页中。

原句是:"五夜工夫,铁脊梁将勤补拙;二时粥饮,金刚屑易食难消。"上联说修行要有坚强的意志,将勤补拙便能得道;下联"金刚屑",出自《木人剩稿》,指若无修行,就像吞食金屑一样,虽然容易进口,却难消化。① 第86联也见于中国多处寺庙,同样是提醒信众,要心存佛性,积极修行,才会饮食调和。可见,这些联语一方面切合了堂室的实用功能,另一方面也不忘传达佛教教义。

(三) 本地特色

如果我们把前面所讨论的楹联,放到新加坡以外的寺院,会发觉同样适合。事实上,有些楹联就是从别的寺院或佛经里挪用过来的。如此就造成了问题,即:怎样透过楹联的书写,表明这是双林寺而不是其他寺院,楹联又如何反映南洋或新加坡的地方特色?双林寺内的楹联,其实有不少呈现了该寺及其所在地的独特性,最简单明了的方法就是把寺名嵌入联内,例如:

娲皇补天特留片石;
菩萨觉世藉辟双林。(32,大雄宝殿)

佛法无边,皈依何止四众;
善门广大,修证共尊双林。(51,钟楼)

信知大事因缘,畅说法华明一乘;
证得无量寿命,永垂足迹现双林。(62,大雄宝殿)

---

① 弘赞编:《木人剩稿》卷二,《嘉兴藏》第35册,第487页上。

殿宇巍峨，庄严三宝；
烟霞霭瑞，毓秀双林。（68，牌楼）

双楼月明昭觉路；
林泉水净出迷津。（71，牌楼）

双清茂绕莲座；
林翠花承神机。（58，西配殿）

双修福慧三摩地；
林接云霞万里天。（65，牌楼）

这些都是被称为嵌字格的对联。前面四联是整嵌，即把专名完整地放在上下联其中一句；后面三种是分嵌，即把专名分拆，分嵌在上下联对等的位置。① 这些楹联让人一看便知是双林寺特有的，放置在其他寺院就不行了。顺带一提"双林"一名的由来。据说佛祖在拘尸那城（Kushinagara）涅槃时，坐于两棵娑罗树下，因此"双林"便有纪念佛祖涅槃之意。另外一些楹联，则加入了新加坡或南洋的地理名称，例如：

福地振禅宗，喜万卷金经初翻竺国；
莲山开法界，与千年觉树共荫新州。（2，大雄宝殿）

---

① 关于嵌字格的各种方法，详看苍舒：《中国对联艺术》，山西教育出版社，2000年，第274—288页。

叻屿泊慈航，一乘原为最上乘；
莲山开法苑，双林即是大丛林。（18，弥勒殿）

星屿纵横，莲开金叶；
万山功德，刹建双林。（19，天王殿）

景教亘重瀛，西土宗风终不坠；
市场通九译，南溟精舍此无尘。（25，天王殿）

八水双林，泽敷闽海；
一花五叶，法被星洲。（70，牌楼）

"新州""叻屿""星屿""南溟""星洲"这些名称，都标示出双林寺的地理位置，有些楹联更加上"莲山"（表示僧伽丛集如林）、"双林"的名号，就更为准确了。值得一提的是第 25 联，上联称景教（基督教）虽然影响甚大，但有幸西土传来的佛教始终没有衰落。下联提到新加坡与世界各地都有频繁的贸易来往，应该是沾满俗尘的地方，但双林寺却保留了一片清净之地。第 70 联还提到双林寺与福建的渊源，盖创寺的刘金榜是福建人，首任住持贤慧法师及之后的住持也多为福建人，双林寺的建筑也模仿福州西禅寺，因此这副对联有追源溯始之意。另外许梦丰题于山门的楹联，更清楚地说明双林寺是继承了福建寺院的规制：

宝殿巍峨，规制遥承八闽；
因缘具足，众生普乐三施。（78）

下联的"三施"指三种施为,即财施、法施、无畏施。① 而牌楼的其中一个横批,也写上"道传八闽"的字样。像这样的楹联铭刻,便简明地交代了寺院的渊源和历史。

值得特别一提的是邱菽园和潘受的两副楹联,二者的眼光都不限于佛教,并联系到新加坡的地理位置与文化特质。先来看邱菽园题于大雄宝殿的一副:

> 光夺恒星,先孔耶回以千秋,东亚为四洲圣;
> 宗传象教,合佛法僧之三宝,西竺成一家言。(3)

上联称佛教的创始更早于儒教、基督教和伊斯兰教。"四洲"是佛教认为在须弥山以外的东胜神洲、西牛贺洲、南瞻部洲、北俱芦洲。这里泛指世界各地,而佛教尤其对东亚的影响最巨。下联的"象教",是指释迦牟尼涅槃后,弟子刻木为佛像来传教,故称象教。"三宝"就是佛宝、法宝、僧宝,是佛教的核心和基础。虽然邱菽园道出了佛教的影响力,却没有突出双林寺本身。再看潘受的一联:

> 儒佛水乳交融,应有慧远渊明一辈人物啸咏生缘,好为莲山结莲社;
> 东西海空枢纽,但愿椰风蕉雨多元种族和平共处,永瞻星岛耀星旗。(57)

这的确是一副相当独特的楹联。上联谈到儒士、僧人通过吟咏结缘,以慧远和陶渊明所结的白莲社为例,又切合了莲山双林寺的名称。潘

---

① 鸠摩罗什译:《大智度论》卷十四,《大正藏》第25册,第162页中。

受本身就是一个深受儒家学说影响的文人,他和双林寺关系匪浅,曾出任该寺的艺术顾问。历史上另有不少儒士和僧人为友的例子,例如佛印和苏东坡。双林寺西配殿更悬挂了一副名联:"此处有僧皆佛印;往来无客不东坡。"(61)此外,双林寺历任住持都和新加坡的文士关系密切,除了潘受外,现任的双林寺艺术顾问便是新加坡文化奖得主许梦丰先生。更值得注意的是,在1957年的端午节,为庆祝纪念屈原的诗人节,三十多位本地诗人,联同来自香港的两位诗人,在双林寺举行雅集,作品收入《丁酉诗人节双林寺雅集特刊》,催生了后来的"新社"(即现时的"新声诗社")。创寺以来,另有不少诗人曾到双林寺游览并写下诗篇。① 可见双林寺向来都是本地文士喜欢造访的人文胜地。潘受的下联更为奇特,基本上跳离了宗教色彩和双林寺本身,而关注到本地东西文化交汇、多元种族共处的社会状况,表达了种族和谐、国泰民安的良好愿望。可以说,这是整个双林寺里,内容最为别具一格的楹联。

(四)艺术手法

对联写作,首要讲求对仗工整。双林寺的楹联都符合这一要求,且有不少别出心裁的作品。一些楹联也运用了对联独特的技巧,其中最显而易见的便是嵌字格。前面已提过一些把"双林"二字整嵌在一句或分嵌在上下联的例子,此外还有以下两则嵌字联:

功在山林名垂宇宙;
德兴一念祀享千秋。(49,功德堂)

---

① 见本人主编:《新洲雅苑》2018年第6期(新加坡全球汉诗总会)。

圆音演妙法，宏开梵宇；
满愿证菩提，应现金容。（88，圆满殿）

上下联的结构，造就了这种把两字组成的名词分拆于两句之中的写作方式。笔者另注意到，双林寺中有好几则楹联，都有"万山"二字，例如：

一水萦回，树色苍茫兰若静；
万山环绕，钟声迢递白云深。（16，天王殿）

星屿纵横，莲开金叶；
万山功德，刹建双林。（19，天王殿）

创建肇万山，金精耿耿神祇护；
庄严昭千载，玉宇巍巍龙象朝。（20，天王殿）

此地踞万山最顶；
当年说诸石点头。（27，斋堂）

万境幽闲，花影泉声俱寂；
山林清静，禅心法味同弥。（17，弥勒殿）

万法归宗，心垒长菩提之树；
山灵护教，帝天雨优钵之花。（36，地藏殿）

万德圆融，破有法王福慧两足；

山林寂静，出尘世界风月双清。（42，鼓楼）

这些都属于早期的联语。观乎将"万山"二字整嵌于其中一句的例子，不禁令人疑惑，因为双林寺所在地并没有什么山，何来万山围绕？从字面上理解，当然可以将之视为一种自然环境的想象，但这样说始终不符实际情况。笔者于是查考，始知"万山"有两个特别的意思：一是指"万山港"。据蔡曙鹏的研究，这个名称并没有坐落在山区与海港之意，而是指加冷河下游流域。百多年前，此地有许多以椰叶和木板搭建的工人宿舍，马来人称这些宿舍为 bangsal，华人音译过来就是"万山"。而所谓"港"，是闽南人和潮州人对河口的说法。[①] 双林寺就坐落在加冷河不远处，因此说它在"万山"是不错的。另一是指刘金榜所开设的万山栈或万山号中药铺。双林寺城隍庙（原为广福宫，创建于1903年）的"广福宫缘碑"上，就刻有"万山刘金榜"的字样。[②] 而在双林寺内的各种碑文，却不见有标榜"万山号"的文字，是以令本地历史学家柯木林先生感到奇怪。[③] 殊不知"万山"二字，原来却是以嵌字格的方式，出现在双林寺的几副楹联里，上面第42联，就是刘金榜题献的。

双林寺的楹联，还运用了排比或叠句（即结构相同的词语或句子）、顶真等写作手法。前者如：

心是慈悲，度己度人度含识；

[①] 蔡曙鹏：《万山港福德祠在当地新加坡的新角色》，见厦门市台湾艺术研究院，http://xmtys.com/mnwh/mnwhlt/201101/t20110117_30977.htm。

[②] Kenneth Dean and Hue Guan Thye, *Chinese Epigraphy in Singapore 1819–1911*, Guilin: Guangxi Normal University Press, 2017, p. 1140.

[③] 柯木林：《刘金榜与双林寺》，见柯木林（Kua Bak Lim）博客，http://kuabaklim.blogspot.sg/2013/07/blog-post_2551.html。

法成清净，了尘了意了妄缘。（1，大雄宝殿）

叻屿泊慈航，一乘原为最上乘；
莲山开法苑，双林即是大丛林。（18，弥勒殿）

儒佛水乳交融，应有慧远渊明一辈人物啸咏生缘，好为莲山结莲社；
东西海空枢纽，但愿椰风蕉雨多元种族和平共处，永瞻星岛耀星旗。（57，大雄宝殿）

光明心地菩提地；
磊落山门般若门。（69，牌楼）

佛意教意西来意；
身如口如心也如。（84，禅堂）

这类句子构成了音韵上回环往复的效果。再如顶真：

大家若得闲，闲来方外地；
老僧本好静，静悟道中机。（53，祖堂）

这种句式，则形成音韵上连绵不断的效果。

对联的句式可长可短，上下联中的断句方式也因人而异。双林寺的楹联就为我们展现了丰富多变的句型。字数方面，最短的是六字句，如"双林茂绕莲座；林翠花承神机"（58，西配殿）。最长的是潘受撰于大雄宝殿一联，每句有二十七字之多，上下联合起来就是五十四字，几乎是一首律诗那么长了。句式方面，除了整齐的七言句外，尚有多种变化，如：

> 心是慈悲，度己度人度含识；
> 法成清净，了尘了意了妄缘。（1，大雄宝殿）

> 树法雨以长灵苗，故称化主；
> 引迷途而登觉岸，是谓导师。（7，大雄宝殿）

> 苦况只自知，六载寒岩尝傲雪；
> 化机忻普被，五洲精舍渐生云。（10，大雄宝殿）

> 星屿纵横，莲开金叶；
> 万生功德，刹建双林。（19，天王殿）

若从句法上来分析，就更为复杂了。例如指示句：

> 世外无非欢喜地；
> 空中即是故人乡。（26，斋堂）

> 此地踞万山最顶；
> 当年说诸石点头。（27，斋堂）

这些联语都有指示性质。第26联透过"无非""即是"来表示何处是"欢喜地""故人乡"。第27联以"此地"点明寺院的位置，"当年"显示以前发生过的事情。又如：

> 座上禅心，都是慈云法雨；
> 阶前生意，无非翠竹黄花。（37，西配殿）

此联的构思其实和第26联相似，都有指示作用，但却有倒装性质，即"慈云法雨"都是"座上禅心"所演化的，而"翠竹黄花"就代表了"阶前生意"。因为双林寺是一个宗教场所，楹联多有说教意味，因此属于指示句的楹联所占的比例便较高。

从语法来分析，则有子母句的使用，即以一些字词来说明另一些字词的意思，用来说明的字词就是所谓的谓语，被说明的字词就是主语。例如：

> 色相皆空，六根清净方成佛；
> 法轮常转，一尘不染乃为僧。（47，祖堂）

上下联的"佛"和"僧"是母，即主语；前面的字词都是子，即谓语，用来说明怎样才能"成佛""为僧"。而下面一联中的子母位置却倒转过来，母放在句首，而子却在后面：

> 心是慈悲，度己度人度含识；
> 法成清净，了尘了意了妄缘。（1，大雄宝殿）

上下联句首的"心"和"法"都是母，透过后面的字句来说明"心"是"慈悲"的，而"慈悲"的具体表现是"度己度人度含识"；"法"是"清净"的，"清净"的行为就是"了尘了意了妄缘"。

双林寺的楹联，颇多引用佛经或佛教传说，这属于典故的运用，

在对联写作中可称为"引用句"。① 像前面引过的刘金榜题于地藏殿的一副楹联,便引用了李白的诗句:

暮鼓晨钟,每以"金绳开觉路";
兹云法雨,长将"宝筏渡迷津"。(34)

运用前人诗句,能令读者产生熟悉感。金学智在有关中国园林美学的研究中称,这样的"述旧"集句联,让人们由极小的暗示联想起有关的句群,乃至联想起作者及其被引用的整个作品,联想起有关的人物、思想、事件、景色和审美情趣等。② 在寺院楹联中引用佛典和佛经,读者自会联系到这些经典背后的教义或佛教故事。例如一音法师题于钟楼和天王殿的两副楹联,都是《华严经》的集句:

恒以大音宣正法;
当念本愿度众生。(80)

见佛自在生欢喜;
发心回向趣菩提。(82)

第80联上下联分别出自《华严经》卷二十和卷三十八的颂言,第82联出自卷四和卷十一。③ 第80联中的"大音"有二解,一指明代曹洞宗的大音禅师(1593—1642),他早年家贫,以操舟为业,每过僧舍闻

---

① 苍舒:《中国对联艺术》,山西教育出版社,2000年,第321—323页。
② 金学智:《中国园林美学》,中国建筑工业出版社,2005年,第238页。
③ 实叉难陀译:《大方广佛华严经》卷二十、卷三十八、卷四、卷十一,《大正藏》第10册,第108页下、201页上、20页上、56页中。

诵经声，辄心生欢喜，后来就出了家；一指老子提出的至大至美之音，佛教借用来指宣教的声音。下联意谓解救众生就是学佛的本愿。第82联指诚心向佛者，见到佛陀或听到佛法很自然地心生欢喜，就如大音禅师那样；修行者则将自己所修的功德、智慧、善行等与人分享（回向），与众生一起悟道。这类联语显示作者对佛经相当熟悉，可以从不同的章节中把句子组合成联。知道这些语句的读者，也等于重温了出自不同章节的经文，对《华严经》也许有了一番新的理解。

还有一些写作手法如对比、比拟、夸张等，也见于双林寺的楹联中。对比的例子有：

寂归日月周旋外；
活在亲朋记忆中。（63，功德堂）

尘埃半点不到地；
花木四时长是春。（6，斋堂）

第63联以"寂"和"活"的反义词相对。第6联则属反对，尘埃的不到地与花木的长春形成对比。而这副对联也运用了夸张的写作手法。比拟的例子有：

身如枯木寒岩，三冬发暖；
心似澄江皓魄，万里长明。（45，文物室）

以发暖的枯木寒岩来比喻身体因修行而感觉舒畅，以江上倒影的明月来比喻心地的澄清。这些自然意象后面，原来也蕴藏了佛教典故和理念。如上联就出自《五灯会元》中的一个故事。话说一位老太婆修建茅庵供养一僧二十年，每次皆由一位少女送饭予僧人。一次，老太婆叫少女送饭时抱住僧人，测试其修行功夫。少女果然照办，而僧人却不为所动，说道："枯木倚寒岩，三冬无暖意。"然而老太婆却认为僧人的修行不到家，只是一个"俗汉"。[①] 因为她觉得那僧人像"死"人一样不能"活"，能"死"不能"活"的人，并没有真正悟道。

此外又有当句对或自对，即一句中的字词先自成对，再与下联对仗。例如：

座上禅心，都是慈云法雨；
阶前生意，无非翠竹黄花。（37，西配殿）

八水双林，泽敷闽海；
一花五叶，法被星洲。（70，牌楼）

第37联的上联，"慈云"与"法雨"自对，下联"翠竹"与"黄花"自对，然后上下联再成对句。第70联的上联，"八水"与"双林"自对，下联"一花"与"五叶"自对，再上下联成对。"八水"指八种有特殊功德的水。而"一花五叶"，指惠能确立南宗后，衍化为五个宗派。因此这联肯定了双林寺的禅宗背景。像这样别致的对句方式，真是不一而足，本文就不再赘说了。

五、结语

本文结合楹联的对仗概念和文化意涵，剖析了双林寺楹联的宗

---

① 普济编:《五灯会元》卷六，《卍新续藏》第80册，第140页下。

教色彩、美学与实用功能、本地特色以及艺术手法。双林寺既是新加坡庙宇建筑的代表，也是一个充满文化气息的佛教胜地，深受本地善信、文人和游客喜爱。除了因为它有着独特的建筑风格外，还因为寺内有数量众多、质量上乘、发人深省的楹联。如果没有了这些楹联，相信该寺的人文景观将大打折扣，变成空洞、欠缺内涵的庙宇而已。

楹联不但对庙宇建筑起了装饰作用，还能引导游人和信众领悟宗教精神，使他们在观光或朝圣时，能增长知识，并获得心灵上的启迪。此外，透过庙宇的楹联，我们还可从侧面了解庙宇以至本地的历史和文化。例如双林寺内嵌有"万山"二字的楹联，就透露了该寺的地理位置及与创建人的关系。即使只是从文学角度来说，双林寺的楹联也很有观赏性，展现了楹联艺术丰富多彩的写作手法，为我们提供了纸本以外有形的、活的教学材料，而且一些作品还甚具南洋色彩。因此，双林寺的楹联及其建筑本身一样，都是新加坡珍贵的文化和精神宝藏，在现代社会的滚滚红尘之中，尤其值得我们重视和保留。

附表：双林寺楹联一览表

序号	楹联内容	年份	位置	题撰人/书法家	附注
1	心是慈悲度己度人度含识 法成清净了尘了意了妄缘	1903（光绪二十九年）	大雄宝殿	陈门苏氏	
2	福地振禅宗喜万卷金经初翻竺国 莲山开法界与千年觉树共荫新州	1903（光绪二十九年）	大雄宝殿	刘门陈氏	

续表

序号	楹联内容	年份	位置	题撰人/书法家	附注
3	光夺恒星先孔耶回以千秋东亚为四洲圣宗传象教合佛法僧之三宝西竺成一家言	1904（光绪三十年）	大雄宝殿	邱炜菱（邱菽园）	
4	定慧双轮舌吐莲花开大觉 慈悲一片指弹甘露润群黎	1904（光绪三十年）	大雄宝殿	息理末等	
5	福地俯大千梵宇鼎新宝相庄严轮慧日 莲山开第一禅宗宏衍昙花馥郁荫慈云	1904（光绪三十年）	大雄宝殿	颜仕份	
6	尘埃半点不到地 花木四时长是春	1904（光绪三十年）	斋堂	刘金榜	
7	树法雨以长灵苗故称化主 引迷途而登觉岸是谓导师	1904（光绪三十年）	大雄宝殿	王君子	
8	人相即非一片湖光参色界 我佛如是四围松籁悟禅机	1904（光绪三十年）	大雄宝殿	邱德松	见于福州西禅寺，文字稍不同
9	引领瞻天羡金相玉毫居法界 瓣香祝圣愿慈云甘露被人寰	1904（光绪三十年）	大雄宝殿	杨本陞	
10	苦况只自知六载寒岩尝傲雪 化机忻普被五洲精舍渐生云	1904（光绪三十年）	大雄宝殿	林门李氏世娘	

329

续表

序号	楹联内容	年份	位置	题撰人/书法家	附注
11	破梦幻影泡曾向昏衢燃法炬 度生老病死常于苦海笃慈航	1904（光绪三十年）	大雄宝殿	刘金榜	
12	最上教乘罗列七觉八正 无边法力俱是五眼六通	1904（光绪三十年）	大雄宝殿	张门□□	
13	功德林中——蒲团依樾荫 莲花座下声声贝叶颂檀勋	1904（光绪三十年）	法堂	住持明光	
14	鹿苑布金遥忆当年长者 鸡园饰玉欣瞻此日祇林	1904（光绪三十年）	法堂	陈宝琛	
15	无事渡溪桥洗钵归来云满袖 有缘修佛界谈经空处雨飞花	1905（光绪三十一年）	天王殿	佚名	见于浙江永嘉隆平寺等处
16	一水萦回树色苍茫兰若静 万山环绕钟声迢递白云深	1905（光绪三十一年）	天王殿	郑炽	
17	万境幽闲花影泉声俱寂 山林清静禅心法味同弥	1905（光绪三十一年）	弥勒殿	薛门谢妳媚	
18	叻屿泊慈航一乘原为最上乘 莲山开法苑双林即是大丛林	1905（光绪三十一年）	弥勒殿	刘金榜	

续表

序号	楹联内容	年份	位置	题撰人/书法家	附注
19	星屿纵横莲开金叶 万山功德刹建双林	1905（光绪三十一年）	天王殿	刘丕显	
20	创建肇万山金精耿耿神祇护 庄严昭千载玉宇巍巍龙象朝	1905（光绪三十一年）	天王殿	刘门陈氏	
21	五眼圆明金易化 三心未了水难消	1905（光绪三十一年）	斋堂	主持明光	改自《五灯会元》
22	铁脊梁将勤补拙 金刚屑易食难消	1905（光绪三十一年）	斋堂	刘金榜	见于福州涌泉寺斋堂
23	妙宣奥偈天花落 端坐禅房春草深	1905（光绪三十一年）	天王殿	林月官	
24	山色水光齐呈妙相 花香鸟语共露玄机	1905（光绪三十一年）	天王殿	林门李氏世良	
25	景教亘重瀛西土宗风终不坠 市场通九译南溟精舍此无尘	1906（光绪三十二年）	天王殿	刘广墙 启东 启祥	
26	世外无非欢喜地 空中即是故人乡	1907（光绪三十三年）	斋堂	刘启东	
27	此地踞万山最顶 当年说诸石点头	1907（光绪三十三年）	斋堂	刘广墙	
28	宝筏渡迷津共仰禅心妙微① 金绳开觉路咸瞻西土庄严	1907（光绪三十三年）	客堂	刘金榜	
29	欢喜满腔普利无边国土 慈悲一味弘开不二法门	1907（光绪三十三年）	客堂	住持敬辉	

① 此联上联末两字按平仄规律，或应为"微妙"。

续表

序号	楹联内容	年份	位置	题撰人/书法家	附注
30	佛子生涯依禅静 法王宫殿隐烟霞	1907（光绪三十三年）	文物室	刘启祥	
31	蓬梗萍飘共从身外证 兰因絮果好向佛前参	1907（光绪三十三年）	客堂	刘金榜	
32	娲皇补天特留片石 菩萨觉世藉辟双林	1907（光绪三十三年）	大雄室殿	刘金榜	
33	数声柳巷蝉吟静 半榻松风鹤梦清	1907（光绪三十三年）	地藏殿	刘市娘	
34	暮鼓晨钟每以金绳开觉路 慈云法雨长将宝筏渡迷津	1907（光绪三十三年）	地藏殿	刘金榜	
35	极清净一尘不染 无罣碍五蕴皆空	1907（光绪三十三年）	地藏殿	刘门白氏宝娘	
36	万法归宗心垒长菩提之树 山灵护教帝天雨优钵之花	1907（光绪三十三年）	地藏殿	刘锥娘	
37	座上禅心都是慈云法雨 阶前生意无非翠竹黄花	1907（光绪三十三年）	西配殿	邱美顺	
38	福地鼓钟花雨匝 仙山楼阁碧云深	1907（光绪三十三年）	伽蓝殿	刘长寿	
39	廿五圆通度世以无量 十八罗汉奉佛为至尊	1907（光绪三十三年）	伽蓝殿	刘金榜	
40	贝叶昙花来白马 慈云法雨护青莲	1907（光绪三十三年）	伽蓝殿	刘大耳	
41	鳌海旧因缘山翠湖光福地林泉开胜景 龙天新气象心灯意蕊梵莒花月亦禅机	1907（光绪三十三年）	伽蓝殿	陈木生	

续表

序号	楹联内容	年份	位置	题撰人/书法家	附注
42	万德圆融破有法王福慧两足 山林寂静出尘世界风月双清	1907（光绪三十三年）	鼓楼	刘金榜	
43	岸边竹影连窗秀 池上荷花入座香	1907（光绪三十三年）	文物室	刘启东	
44	尘心栖息无余事 禅室幽闲独自由	1907（光绪三十三年）	文物室	刘广墙	
45	身如枯木寒岩三冬发暖 心似澄江皓魄万里长明	1907（光绪三十三年）	文物室	刘金榜	
46	飞锡徐来常返鹤 度杯远不惊鸥	1907（光绪三十三年）	文物室	刘初香	
47	色相皆空六根清净方成佛 法轮常转一尘不染乃为僧	1907（光绪三十三年）	祖堂	刘金榜	
48	明镜无台法轮可照暗室 菩提有树宝筏能渡迷津	1907（光绪三十三年）	斋堂	刘金榜	
49	功在山林名垂宇宙 德兴一念祀享千秋	1907（光绪三十三年）	功德堂	刘锥娘	
50	揽五洲最胜地镇此金山 觉一切有情人现来铁汉	1907（光绪三十三年）	功德堂	刘金榜	
51	佛法无边皈依何止四众 善门广大修证共尊双林	1907（光绪三十三年）	钟楼	刘金榜	

续表

序号	楹联内容	年份	位置	题撰人/书法家	附注
52	性地虚灵明光夜见峰头月 心渊清净妙道时开火里莲	1907（光绪三十三年）	大雄宝殿	佚名	见于西禅寺大雄宝殿
53	大家若得闲闲来方外地 老僧本好静静悟道中机	1907（光绪三十三年）	祖堂	佚名	
54	昙华献瑞禅林静 菱草分芳法界深	1907（光绪三十三年）	祖堂	佚名	
55	北秀南能女后且为护法主 三皈五戒岳神亦是听参人	1907（光绪三十三年）	东配殿	佚名	
56	依即心自性现身而说法 显随类逐形救苦以寻声	1993	观音殿	松年法师	
57	儒佛水乳交融应有慧远渊明一辈人物啸咏生缘好为莲山结社 东西海空枢纽但愿椰风蕉雨多元种族和平共处永瞻星岛耀星旗	1996	大雄宝殿	住持谈禅立/潘受撰书	
58	双清茂绕莲座 林翠花承神机	1996	西配殿	松年法师	
59	盈月景光悲旧 素心兴会殊前	1996	东配殿	松年法师	
60	香云普覆真如界 皓月常明自在天	1996	天王殿	松年法师	乾隆题北京智珠寺
61	此处有僧皆佛印 往来无客不东坡	1996	西配殿	松年法师	此现成句

续表

序号	楹联内容	年份	位置	题撰人/书法家	附注
62	信知大事因缘畅说法华明一乘 证得无量寿命永垂足迹现双林	1996	大雄宝殿	赵朴初	
63	寂归日月周旋外 活在亲朋记忆中	1997	功德堂	潘受	
64	祖印重光寒立雪 宗风永振夜传衣	1999	祖堂	超尘法师撰/许梦丰书	
65	双修福慧三摩地 林接云霞万里天	1999	牌楼	腾光法师撰/王之鏻书	
66	不二法门诸佛行处 大千世界群生道场	1999	牌楼	腾光法师撰/王之鏻书	
67	大道恢宏传妙谛 名山高峻仰宗风	1999	牌楼	腾光法师撰/王之鏻书	
68	殿宇巍峨庄严三宝 烟霞霭瑞毓秀双林	1999	牌楼	腾光法师撰/王之鏻书	
69	光明心地菩提地 磊落山门般若门	1999	牌楼	腾光法师撰/钟明善书	
70	八水双林泽敷闽海 一花五叶法被星洲	1999	牌楼	腾光法师撰/钟明善书	
71	双楼月明昭觉路 林泉水净出迷津	1999	牌楼	腾光法师撰/钟明善书	
72	北地慈门功跨孺素 南天名刹化及华夷	1999	牌楼	腾光法师撰/钟明善书	
73	归宗一念真常净 楼阁顿开弥勒门	2000	般若室	佛源法师	
74	护法安僧亲受灵山咐嘱 降魔伏怨故现天将威风	2000	天王殿	赖瑞龙篆	
75	思亲致孝千家祀 报本崇源万世尊	2001	报本堂	纪策	

续表

序号	楹联内容	年份	位置	题撰人/书法家	附注
76	万类归根成佛性 千秋祭祀念亲恩	2001	报本堂	纪策	
77	梵音上彻三千界 法藏综含八万门	2001	山门	水国章赠/许梦丰撰书	
78	宝殿巍峨规制遥承八闽 因缘具足众生普乐三施	2001	山门	钟声坚赠/许梦丰撰书	
79	碧松影里天常静 红藕花开水亦香	2001	钟楼	一音法师书	见于陕西略阳书院
80	恒以大音宣正法 当念本愿度众生	2001	天王殿	一音法师书	集《华严经》句
81	清韵不随夜月转 余音常傍暮云流	2001	鼓楼	佚名	
82	见佛自在生欢喜 发心回向趣菩提	2001	天王殿	一音法师书	集《华严经》句
83	出生无上菩提树 长养最胜智慧门	2001	般若室	弘一法师	集《华严经》句
84	佛意教意西来意 身如口如心也如	2003	禅堂	佛源法师	
85	龙王护法和风好雨随时令浮图七级高镇梵宇 光华普辉十界诸天共欢欣瑞霭八方荫庇狮城	2003	斋堂	许梦丰	此联为庆祝大雄宝殿天王殿重修圆竣暨龙光宝塔开幕而撰
86	有弥勒肚皮斗金易化 无维摩手段滴水难消	2007	五观堂（斋堂）	佚名	见于中国多处寺院的斋堂
87	是生计皆通妙喻 能会心自不多言	2010	文物室	许梦丰撰书	
88	圆音演妙法宏开梵宇 满愿证菩提应现金容	2016	法堂圆满殿	了中法师撰/许梦丰书	

续表

序号	楹联内容	年份	位置	题撰人/书法家	附注
89	高提祖印直指曹溪祖意 丕振禅纲远承怡山禅风	2016	方丈室	了中法师撰/许梦丰书	
90	问尔不答求之则应 听尔无声叫则威灵	不详	双林城隍庙	佚名	
91	尔欲欺心神未许 君能瞒己我难瞒	不详	双林城隍庙	佚名	此联见于其他庙宇